LES FRITES VIENNENT DES PATATES

LAURE DUCOS

LES FRITES VIENNENT DES PATATES

Dans les coulisses de notre alimentation et de l'agro-industrie

Illustrations de Luce Gardais

BERNARD GRASSET
PARIS

Collection Terres & Sciences dirigée par Mathieu Vidard

Couverture : Gettyimages

ISBN 978-2-246-83463-2

« On est dans le trouble. Comme les saumons. Les formes se voilent. Les corps se fondent. Les routes ancestrales et les points de rencontre se dissolvent. Les identités métamorphiques refont surface. Ce chaos est tout l'inverse d'une fin du monde. »

Jérémie MOREAU, *Les Pizzlys*

À toutes celles et ceux qui nous nourrissent.
À toutes celles et ceux, visibles et invisibles,
qui luttent pour faire advenir d'autres mondes.

INTRODUCTION

Août 2023, Toulouse. Ma sœur est rentrée des États-Unis pour quelques semaines, et nous en profitons pour organiser des retrouvailles avec toute la famille. C'est le soir, il fait encore très chaud et nous nous réunissons dans le jardin. Tout le monde contribue au repas : ma cousine, encore étudiante, dépose sur la table des rillettes au thon en boîte, des olives sous vide et des chips tandis que ses parents apportent d'excellents vins rouges bio des Corbières et de Bordeaux ; mes autres cousins amènent une quiche lorraine faite maison, mon oncle et ma tante sortent de leur sac du pâté gascon et du fromage basque, visiblement fiers d'honorer nos origines communes ; mes sœurs et moi préparons de grandes salades de crudités, un houmous maison et des aubergines au four alla parmigiana *tandis que ma mère, trop épuisée du haut de ses soixante-douze ans par la chaleur, renonce finalement à cuisiner un tiramisu, son dessert préféré, pour aller chercher une tarte tatin et de la glace vanille à la grande surface d'à côté.*

Dans ce repas, il y a beaucoup de choses : le plaisir de se retrouver en famille, la dégustation de produits du terroir qui rappellent nos origines et d'autres qui nous relient à la culture de pays différents, une touche de gastronomie française et un soupçon de réalité matérielle – tout le monde n'a pas l'énergie ni le temps de cuisiner de bons petits plats maison, et tout le monde n'a pas les moyens d'acheter de très bons vins. Après tout, n'est-ce pas cela, bien manger : se faire plaisir et partager des moments de convivialité, comme on peut, avec ses moyens ?

Oui, et non. Oui, l'acte de manger peut être une immense source de plaisir et de convivialité. Sur une planète mondialisée de huit milliards d'habitants cependant, à la surface de laquelle la logique capitaliste et néolibérale gouverne une bonne partie des échanges commerciaux et influence les actes et les possibilités d'achat, choisir son alimentation est loin d'être une pratique anodine.

Tout est allé très vite. En 1955, la France comptait plus de deux millions d'exploitations agricoles ; elle en compte moins de quatre cent mille en 2020. La situation ne va pas s'améliorer : d'ici 2029, la moitié des agriculteurs vont prendre leur retraite[1]. Or, à ce jour, pour deux ou trois départs à la retraite, seul un nouveau paysan ou une nouvelle paysanne s'installe. Dès lors, la question se pose : que vont devenir toutes les terres libérées ? Vont-elles être récupérées par les tenants d'une agriculture de firme, avec des exploitations de moins en moins nombreuses, de plus en plus grosses et de plus en plus industrielles ? Dans

1. La MSA est le 2e régime de protection sociale en France. Elle gère l'ensemble de la protection sociale des exploitants, des salariés agricoles et de leur famille.

dix ou vingt ans, les paysages seront-ils façonnés par une diversité de producteurs et de productrices passionnés par leur métier ou bien par une poignée de gigantesques coopératives et de distributeurs dont le *leitmotiv* ne sera que le profit ? Et sera-t-il encore possible de trouver sur les étals de marché des pommes, des tomates et des choux produits localement, sans pesticides et sans engrais chimiques ?

Dans les foyers, les pratiques ont également évolué à une vitesse fulgurante ces cinquante dernières années. De nos jours, les personnes qui habitent en France prennent globalement moins le temps de cuisiner, achètent plus de produits transformés, passent de plus en plus de temps devant les écrans et bougent moins. En parallèle, les recommandations officielles rappellent la nécessité de faire de l'exercice et de manger équilibré, tandis que la publicité et la culture martèlent les normes occidentales : il faut des corps musclés, minces et bronzés. En plus de cela, de plus en plus de mangeurs et de mangeuses sont inquiets de l'impact que peuvent avoir les pesticides, les additifs et les emballages plastique. Soumis à ces paradoxes et à ces envies, ils aspirent à une nourriture plus saine, plus locale, plus écologique et plus respectueuse du bien-être animal.

Le premier grand arbitre lors des actes d'achat est tout autre cependant : il s'agit, de loin, du prix des produits. Or, les prix bas vont souvent de pair avec une qualité moindre, une rémunération insatisfaisante des paysans et des travailleurs agricoles, ainsi qu'une importation de produits fabriqués à plus bas coûts que les produits français. Une mécanique néfaste tant pour la santé des consommateurs que pour la survie des agriculteurs et des pêcheurs.

Le cercle vicieux du capitalisme se resserre en même temps que la faim augmente : d'après l'Insee, fin 2021, plus de trois millions de Français et de Françaises ont eu recours à l'aide alimentaire.

Ainsi, au fil des années, la plupart des mangeurs et des mangeuses ont vu s'étioler leur lien avec la terre, avec la mer, avec ce qui se trouve dans leur assiette et avec celles et ceux qui les nourrissent. Les deux mondes – celui de la production et celui de l'assiette – ont perdu l'habitude de cohabiter, ils ne se comprennent plus ou mal, et le fossé se creuse inéluctablement. En conséquence, nous laissons des multinationales et des responsables politiques décider des modèles agricoles à développer et des alimentations à mettre à notre disposition ; nous fermons les yeux sur les désastres causés par notre alimentation sur les humains et les écosystèmes, ici comme à l'autre bout du monde. Là encore, tout est allé très vite : il y a à peine cent ans, l'électricité arrivait tout juste dans les campagnes. Dorénavant, on met des hublots aux vaches pour les étudier, on râcle le fond des océans pour récupérer du poisson et on envoie des chevaux vivants par avion au Japon pour en faire des sushis. Mais ce n'est pas la planète qui est en danger : ce sont nous, les humains, qui scions la branche sur laquelle nous sommes assis. Car depuis l'air que nous respirons jusqu'aux vêtements que nous portons, l'humanité est entièrement dépendante du vivant. Chaque plante qui pousse dépend de l'action conjointe de milliers d'organismes du sol et 35 % de la production agricole du monde dépend des insectes pour la pollinisation – insectes dont les populations s'effondrent…

Qui suis-je, et pourquoi est-ce que je prends la parole sur ce sujet ? Je suis une femme, blanche, née à la toute fin des années 80 à Toulouse, où j'ai passé mes vingt premières années. J'ai fait des études de gestion forestière et d'agronomie tropicale, ce qui m'a amenée à passer une bonne partie des années 2009-2013 dans les champs et les forêts de France, d'Indonésie et du Brésil. J'ai ensuite rencontré Claire Nouvian, fervente défenseuse des grands fonds marins, pour qui j'ai réalisé un documentaire sur le combat de son association BLOOM contre les lobbies de la pêche (*Intox*, 2014). Notre passion commune pour la défense du vivant et la lutte contre l'agro-industrie m'a amenée à travailler avec elle pendant deux ans, en tant que chargée de mission sur la pêche industrielle au sein de son ONG. Puis j'ai rejoint Greenpeace France, en tant que chargée de campagne et du plaidoyer sur l'agriculture et l'alimentation – principalement sur la consommation de viande et l'industrialisation de l'élevage. J'y resterai plus de six ans. Toutes ces années, la lutte contre la toute-puissance des lobbies m'est restée chevillée au corps. Lectures engagées, temps passé dans des fermes paysannes, implication dans les luttes et autres expériences de terrain ont creusé le sillon de mes positionnements politiques : je ne crois plus dans la bonne volonté de l'État, défenseur zélé d'une agro-industrie qui empoisonne nos assiettes, nos écosystèmes et le monde paysan. En revanche, je crois en la multitude d'hommes et de femmes croisés ces dix dernières années : dans les syndicats et les associations, dans la rue, dans les bureaux de l'Assemblée nationale, dans les cantines et les cuisines, dans les champs et dans les élevages. J'habite aujourd'hui en Bretagne et – ironie du sort ? – non loin des villages dans lesquels les premiers élevages hors-sol ont fait leur apparition dans les années 50.

Je rencontre en novembre 2022 Mathieu Vidard, qui me propose d'écrire un livre sur l'alimentation. C'est l'occasion rêvée pour répondre à cette question qui m'a été si souvent posée : comment se faire plaisir en mangeant, tout en assurant un revenu juste et décent aux agriculteurs et aux pêcheurs, et en prenant soin du vivant et de la santé de toutes et tous ? J'accepte sa proposition. La première partie de ce livre fait un tour d'horizon des grands enjeux de l'alimentation du point de vue de l'assiette : quels sont les impacts des produits ultra-transformés sur notre santé ? Pourquoi tant de tensions sur le sujet de la viande ? À quels labels peut-on faire confiance ? Manger bio est-il réservé aux riches ? Autant de questions dont il me paraît essentiel de comprendre les tenants et les aboutissants pour pouvoir adopter une alimentation qui prend soin de notre santé et des mondes qui nous entourent.

L'évolution des pratiques individuelles n'est cependant pas suffisante pour provoquer les transformations profondément structurelles dont notre système agroalimentaire a besoin pour faire face aux défis écologiques, économiques et sanitaires de notre siècle. La rhétorique selon laquelle le changement de système passe par l'évolution des habitudes alimentaires de chacun – il faut manger bio, aller voter, être poli et se taire – est un leurre propre au néolibéralisme et destiné à neutraliser toute tentative d'action politique et collective. Pour faire évoluer l'ensemble du système agroalimentaire, il faut comprendre les soubassements des chaînes de production. Le deuxième chapitre éclaire donc les coulisses du complexe agro-industriel et ses fondements capitalistes, patriarcaux et coloniaux.

Enfin, cette analyse de nos assiettes et des chaînes de production serait désespérante si elle n'était pas complétée par un chapitre sur l'action collective : des territoires au national, du plaidoyer au sabotage, comment reprendre le pouvoir sur notre alimentation ? C'est ce que nous verrons dans la dernière partie : sans faux espoirs, sans faux-semblants.

Une dernière chose, avant de plonger : pour travailler sur le sujet depuis dix ans maintenant, je sais à quel point les questions d'alimentation et d'agriculture peuvent être sensibles. La plupart des gens n'aiment pas que l'on se mêle de leur assiette, tout comme la plupart des agriculteurs et des pêcheurs n'aiment pas que des tiers qui ne sont pas de leur métier se permettent d'en parler. Je les comprends aisément : quand des personnes me disent ce que je dois faire ou parlent de mon métier sans le connaître, ça m'exaspère au plus haut point. Sauf qu'aujourd'hui, *nous sommes toutes et tous dans une situation critique*. Tout ce que nous mangeons, achetons et produisons a un impact sur le monde. Tout est lié, et cet état d'interdépendance peut passer relativement inaperçu si nous vivons à quelques-uns sur un grand espace. Mais ce n'est plus notre cas : nous sommes plus de huit milliards d'êtres humains sur une planète dont nous avons déjà largement dépassé les limites, et les niveaux de consommation des Occidentaux ne sont plus tenables. Dans un tel contexte, mon objectif en écrivant ce livre n'est pas de me mêler de ce que chacun, chacune fait à titre individuel – certainement pas. Ce qui m'intéresse, c'est de permettre à toute personne désireuse d'adopter une alimentation saine et écologique de le faire et de comprendre comment nous pouvons, *ensemble*, réorienter la trajectoire agro-capitaliste et préserver des conditions d'habitabilité sur Terre qui permettent à toutes et tous de vivre dans la paix, la joie et la dignité.

1.

JE MANGE DONC JE SUIS

Notre assiette change, nos habitudes aussi

Ce que nous mangeons est le fruit d'une longue histoire

1416, Périgord. Camille travaille dur. Avec son père, elle possède deux bœufs qu'ils utilisent pour cultiver leur lopin de terre ; elle est pauvre et ses repas sont peu variés, composés principalement de légumes – surtout du chou – et de légumes secs, de racines et de bulbes. La campagne environnante regorge également de châtaignes, très riches en amidon, ce qui lui permet de manger à sa faim la plupart du temps ; mais elle présente de nombreuses carences alimentaires du fait de la faible diversité de sa nourriture. Dans le château voisin, c'est l'opulence. Des nobles se font servir à tous les repas une grande variété de victuailles. Leurs tablées croulent sous la viande, principalement rôtie ou grillée – une façon, pour eux, de se démarquer des pauvres qui mangent leur viande bouillie. La chair animale est emblématique de leurs repas car elle est associée à la richesse, au pouvoir, à la force physique et à la puissance sexuelle.

Se voulant proches de Dieu, ils affectionnent la consommation de grands volatiles sauvages, comme les cygnes et les hérons, qui sont peu savoureux mais volent haut dans le ciel – les légumes, tubercules et autres végétaux poussant dans la terre ou près du sol étant au contraire considérés comme moins nobles, et donc « laissés » aux paysans et aux travailleurs pauvres. Plus que de manger de la viande (elle se rappelle de la méfiance de l'Église envers la chair, qui d'après elle échauffe les corps et conduit à la débauche), ce qui importe à Camille est de ne pas attraper l'une de ces maladies que l'on ne sait pas bien guérir, telles que « le feu de saint Antoine » (l'ergotisme), que ses voisins ont contracté il y a peu après avoir mangé du seigle contaminé par les mycotoxines : ils ont été pris de vertiges et d'hallucinations pendant des jours ; certains en sont même décédés.

Ce récit est une fiction inspirée des travaux du sociologue et ingénieur agronome Éric Birlouez[1]. Ils montrent ce que représentait l'alimentation pour une partie des habitants de l'Hexagone il y a plus de six cents ans déjà : une inquiétude quotidienne, un lien avec son terroir et surtout un marqueur de classe puissant, associé à une vision masculiniste de la viande et à des croyances religieuses. Le politologue Paul Ariès va plus loin encore dans la mise en exergue du rôle qu'a joué l'alimentation comme outil de domination des puissants sur les pauvres. Dans son ouvrage *Une histoire politique de l'alimentation. Du paléolithique à nos jours* (Max Milo, 2016), il rappelle comment, au fil des siècles, la bourgeoisie a imposé aux travailleurs

1. *Histoire de l'alimentation des Français*, Éditions Ouest-France, 2022.

et aux travailleuses certains aliments, ou en a au contraire interdit. Craignant pour leurs réserves de céréales par exemple, les élites ont cherché à promouvoir la fabrication de pain à partir d'autres ingrédients, tels que la pomme de terre. Les débuts de la consommation de viande de cheval découlent également de raisons économiques : il s'agissait de fournir au peuple une viande à faible coût.

Mais revenons à l'évolution des pratiques agricoles et alimentaires au cours de l'Histoire. Au XVIe siècle, la colonisation des Amériques par les sociétés occidentales bouleverse la composition des champs et des assiettes (d'un côté de l'Atlantique comme de l'autre), avec pour l'Europe l'arrivée notamment des patates, du maïs et des tomates. Au cours des siècles suivants, c'est surtout la découverte du charbon et la révolution industrielle du XVIIIe siècle qui transforment le plus le rapport des sociétés occidentales à leur agriculture et leur alimentation. La machine à vapeur est l'une des inventions les plus marquantes de cette époque : sa généralisation entraîne l'effondrement des coûts de transport et permet, en quelques décennies, l'acheminement de milliers d'aliments et d'humains sur des distances auparavant inimaginables. Exit la « tyrannie des distances », place aux exportations ! Une autre de ces inventions est le système de conservation par stérilisation, mis au point par le pâtissier français Nicolas Appert, en 1802 : une aubaine pour les armées napoléoniennes qui gagnent en autonomie sur les champs de bataille.

Malgré l'exode rural généré par la révolution industrielle, à la fin du XIXe siècle la majorité de la population française vit encore à la campagne. La vie y est bien différente des villes : les familles paysannes vivent en quasi-autarcie alimentaire grâce aux jardins, aux basses-cours, à la cueillette sauvage et à la chasse tandis que les familles urbaines dépensent une grande partie de leur budget dans l'achat de leur nourriture. Par ailleurs, on mange bien moins de viande dans les campagnes que dans les villes. Une chose est vraie pour l'ensemble du territoire français cependant : la révolution industrielle va de pair avec la mécanisation des campagnes, qui voient fleurir les premières faucheuses, moissonneuses-batteuses et autres inventions mécanisées (et non motorisées) tirées par des chevaux. Cet essor de la mécanisation permet d'augmenter massivement les quantités produites et on ne meurt plus de faim en France, sauf cas exceptionnel. La précarité alimentaire subsiste cependant jusqu'à la veille de la Première Guerre mondiale, surtout chez les familles d'ouvriers, du fait du manque de diversité des aliments.

1921, Nord-Pas-de-Calais. Jeanne arpente les champs avec ses trois fils pour charger les gerbes d'avoine sur le chariot. La tâche est loin d'être aisée, car depuis les réquisitions de la guerre, ils n'ont plus de chevaux pour le tirer et sont obligés de multiplier les allers-retours entre le champ et le corps de ferme. Son mari n'est pas revenu du front : il fait partie du demi-million de paysans morts au combat. Le territoire est amputé de ses hommes, mais aussi de ses terres : les champs de Jeanne ont bien failli faire partie des cent vingt mille hectares classés en « zone rouge ». Cette dénomination interdit toute activité sur les surfaces trop chargées en restes de munitions et d'obus, ces derniers menaçant d'exploser à tout instant. Sans parler des restes de corps humains et animaux qui n'ont pas pu être enterrés et qui polluent des cours d'eau entiers… L'heure n'est pas à la tristesse cependant : il faut produire, produire, produire. La France doit être reconstruite et il faut pouvoir nourrir tout le monde.

Dans la période de l'entre-deux-guerres, les campagnes françaises continuent de se mécaniser, puis de se motoriser. Le gouvernement veut s'appuyer sur l'intensification de l'agriculture pour redresser la France. Les premiers remembrements apparaissent, les fermes de moins d'un hectare s'effacent du paysage et le recours aux engrais chimiques est encouragé. Petit à petit, le monde agricole se structure, avec la création du Crédit agricole en 1920 (pour faciliter l'octroi de prêts aux agriculteurs afin qu'ils puissent acquérir du foncier, l'idée étant de limiter l'exode rural) et des Chambres d'agriculture en 1924. Les débats font rage sur la direction à donner à l'agriculture et les mesures à mettre en œuvre ou non, comme la protection des prix (la Grande Dépression des années 1930 et les crises agricoles dévastent le monde paysan) et la couverture sociale des travailleurs. En 1932 par exemple, à la salle Wagram de Paris, plus de dix mille paysans en colère manifestent et forcent le gouvernement à établir un redressement des prix – ce sur quoi il revient l'année suivante, faisant le choix de préserver le libre-échange plutôt que le monde paysan. C'est ce que Thierry Pouch, économiste, qualifie de « tournant mal négocié de la reconstruction agricole ». En parallèle, on s'agite du côté des assiettes : les industries agroalimentaires élaborent de nouveaux aliments prêts-à-manger, comme la moutarde et le viandox (une sauce composée de sucre, de sel, d'exhausteurs de goût, d'arômes et, à l'origine, d'extrait de viande). Les foyers découvrent la cuisine au gaz, l'électricité s'invite dans les pièces à vivre des familles et bouscule les habitudes.

Puis vient la Seconde Guerre mondiale, avec son lot d'horreurs, de souffrances, de privations et d'innovations technologiques. Les débats de l'entre-deux-guerres continuent de secouer le monde agricole sous le régime de Vichy, qui prône un véritable retour à la terre. « La France redeviendra ce qu'elle n'aurait jamais dû cesser d'être : une nation essentiellement agricole », prononcera Pétain à Tulle en avril 1941. Les années qui suivent voient se dérouler les Trente Glorieuses sur fond de modèle américain, diffusé en Europe par le plan Marshall, le programme de prêts des États-Unis pour aider l'Europe à se reconstruire et, au passage, inonder les marchés du Vieux Continent de produits agricoles et alimentaires. Les tracteurs deviennent l'un des symboles de cette période. Ceux qui sortent des usines Renault sont à chenilles – ils sortent tout droit des usines de chars auxquelles il a bien fallu trouver de nouveaux débouchés une fois la guerre terminée. Les progrès technologiques sont spectaculaires, les habitants de la France nagent dans le plein emploi et voient peu à peu leur niveau de vie augmenter. L'exode rural se poursuit : la France comptait près de 44 % de personnes vivant de la terre en 1906, une proportion qui tombe à 31 % en 1954. C'est l'avènement de la société de consommation de masse ; les liens se distendent entre mangeurs et producteurs.

En 1962, la Politique agricole commune est créée et pose les premiers jalons de la Politique commune de la pêche. Ces politiques européennes encouragent l'industrialisation des modes de production : dans les champs, les pesticides et engrais de synthèse augmentent les niveaux de production, les fermes deviennent des exploitations, elles s'agrandissent et le nombre d'agriculteurs chute : en 1982, l'emploi agricole ne représente plus que 7 % et en 2019, 1,5 %. Même chose du côté de la pêche : les flottes de pêche s'industrialisent, les bateaux sont de plus en plus gros et surtout de plus en plus puissants. Ils pêchent plus, plus loin et plus profond.

1996. Martine est partie travailler tôt ce matin et c'est Philippe qui s'occupe des courses pour la famille : depuis qu'il a quitté l'exploitation agricole de ses parents pour travailler dans la restauration, ses jours de repos sont le lundi et le mardi. Dans le supermarché, il prend des céréales et du lait stérilisé à ultra haute température pour le petit déjeuner de ses enfants – le temps où il buvait le lait de la ferme lui paraît bien loin – et des biscuits emballés en sachets individuels pour leur goûter à l'école ; pour le repas du soir il prend des haricots verts surgelés – ce sera plus rapide à cuisiner – et du poulet. Cela fait quelques mois qu'il n'achète plus de bœuf : les journaux télévisés n'arrêtent pas d'évoquer la maladie de la vache folle, alors mieux vaut être prudent.

Les évolutions des Trente Glorieuses en mer et dans les champs sont allées de pair avec celles du quotidien des mangeurs et des mangeuses, plus bouleversé en l'espace de quelques décennies que lors des siècles passés. La généralisation de la voiture, des appareils ménagers ou encore du chauffage leur permettent de se dépenser moins, et ils mangent beaucoup plus de viande et de poisson que dans les années 1950. Par ailleurs, l'accès aux loisirs et à la technologie augmente et en 2014, l'alimentation ne représente plus que 20 % de leurs dépenses (contre 35 % en 1960).

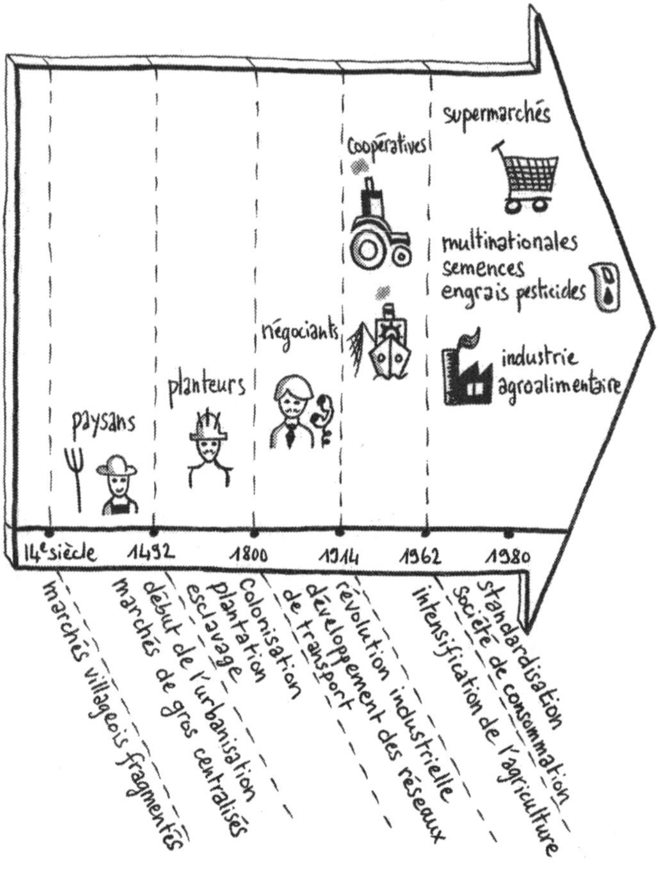

Illustration 1. Évolution historique des chaînes agricoles.

Moins de cuisine, plus de produits ultra-transformés

Dans les foyers, la tendance depuis les années quatre-vingt est très nette : on passe de moins en moins de temps devant les fourneaux, il y a moins de transmission du savoir-faire culinaire au sein des familles et on a de plus en plus recours aux produits transformés. Car en même temps qu'elle a produit des engrais et des pesticides de synthèse (certains étant directement issus des innovations de guerre), l'industrie de la chimie n'a cessé de développer des conservateurs, additifs et autres technologies pour la transformation des aliments. Jusqu'à créer des produits non pas « transformés », mais « ultra-transformés ».

Qu'est-ce qu'un produit ultra-transformé ? En associant plusieurs références scientifiques solides, nous pouvons définir les produits ultra-transformés comme ceux contenant au moins un aliment ayant subi d'importantes transformations par procédé industriel, par exemple lorsqu'il est chauffé à très haute température ou fractionné en plusieurs composants. Ce deuxième procédé, appelé *cracking*, permet d'isoler certains ingrédients comme le sirop de glucose-fructose ou les huiles raffinées à partir d'aliments bruts pour pouvoir les distribuer dans le monde entier et les recombiner ensuite à d'autres aliments. Concrètement, ce sont des aliments que l'on ne retrouve pas dans sa cuisine : additifs (conservateurs, édulcorants, exhausteurs de goût…), extraits et arômes, sirop de glucose…

Ainsi, les produits ultra-transformés présentent généralement une liste d'ingrédients assez longue, une teneur plus élevée en graisses, en sucre ajouté et en sel que les produits peu ou pas transformés, moins de fibres et moins de vitamines. Ils ont également, le plus souvent, une forte densité énergétique. Attention à ne pas confondre un produit transformé (comme les lentilles précuites, les steaks hachés frais et les soupes entièrement composées de légumes et d'épices par exemple) et les produits ultra-transformés (comme les biscuits, les plats préparés, les soupes déshydratées, la charcuterie industrielle avec additifs...).

Dans de nombreux pays d'Amérique du Sud et du Nord, en Nouvelle-Zélande et en Europe, ces aliments comptent dorénavant pour 25 à 60 % des apports énergétiques journaliers de la population générale. En France, les deux tiers des produits mangés par les enfants sont industriels et un cinquième seulement sont faits maison. Le marketing fait partie des raisons de ce changement : des scientifiques ont par exemple montré que 88 % des produits ciblant des enfants sont ultra-transformés. Mais cette évolution a également cours à l'extérieur des maisons : la plupart des entreprises de restauration et des cantines cherchant à optimiser leur temps et leur l'argent, une grande partie d'entre elles recourt massivement aux produits ultra-transformés.

Problèmes de santé liés aux produits ultra-transformés

L'étude NutriNet-Santé est menée par une dizaine de chercheurs et maîtres de conférences de l'Équipe de recherche en épidémiologie nutritionnelle. Son volet concernant les produits ultra-transformés a suivi plus de cent mille personnes pendant cinq ans environ. Les résultats ont montré que la consommation d'aliments ultra-transformés était associée à de plus grands risques de maladies cardio-vasculaires, coronariennes et cérébro-vasculaires, comme les accidents vasculaires cérébraux et les infarctus du myocarde[1]. Plusieurs facteurs pourraient expliquer cette nocivité des produits ultra-transformés : la composition nutritionnelle des produits finis, la présence d'additifs chimiques, le contact avec d'autres matériaux tels que les emballages, ou encore la formation de nouveaux contaminants lors des procédés de transformation.

Des mangeurs et des mangeuses qui s'éloignent de leur nourriture

Moins on distingue les aliments qui composent notre alimentation, comme c'est le cas avec les produits

1. Ce lien est dit de *corrélation* mais non de *causalité*, cette dernière étant souvent très difficile à démontrer : bien que les tests réalisés aient pris en compte l'influence d'autres facteurs, comme la qualité nutritionnelle du régime, le fait de fumer ou encore le niveau d'activité sportive, on ne peut pas affirmer que ce sont les aliments ultra-transformés à eux seuls qui causent ces maladies.

ultra-transformés, plus il nous est difficile d'établir un lien avec l'origine de ces aliments. Une étude menée par des médecins de l'Association santé environnement France en 2013 m'a, à cet égard, profondément marquée. Observant une hausse des cas d'obésité et de malnutrition d'enfants dans leurs consultations, ces experts santé ont souhaité en savoir plus sur les habitudes alimentaires des enfants. Ils ont donc mené une enquête auprès de 910 enfants de huit à douze ans dans la région Provence-Alpes-Côte d'Azur. Résultat : un enfant sur quatre ne savait pas que les frites venaient des patates, le yaourt du lait et le poisson pané du poisson. Plus de la moitié ne connaissaient pas l'ingrédient principal du steak haché et plus de 60 % ne savaient pas de quoi les pâtes étaient faites. Un écolier sur trois n'a pas su identifier un poireau, une courgette, une figue ou un artichaut… et ce chiffre a dépassé les 80 % lorsqu'on leur a montré une betterave !

Et cela ne concerne pas que les enfants. Je me rappelle d'un jour où nous étions, avec mon compagnon d'alors, dans la ferme de son père en Haute-Loire. J'avais vingt ans. Ce dernier nous sert à chacun un artichaut. Je regarde la bête dodue et parsemée d'épais pétales avec suspicion d'abord, curiosité ensuite : « une vraie poule devant un couteau », me dis-je. Je me tourne discrètement vers mon compagnon : comment est-ce qu'on mange ce truc-là ? Avec le recul, et surtout après avoir dévoré des centaines d'artichauts, je me demande encore comment il est possible de se retrouver à vingt ans, un bac scientifique et deux années d'études supérieures en poche, sans savoir comment manger un légume qui pousse en France. Et je ne constitue malheureusement pas un cas isolé…

La plupart des personnes qui résident en France n'ont plus de lien avec la terre et la vie foisonnante des sols : nous avons relégué la tâche de faire pousser carottes, blé et poulets à quatre cent mille vaillants agriculteurs ici, et plusieurs autres milliers là-bas. Nous ne comprenons plus la vie et ne connaissons rien de la mort des êtres que nous mangeons pourtant avec tant d'appétit.

Du sucre partout

Parmi la longue liste des ingrédients qui composent bon nombre de produits ultra-transformés se trouve le sucre. Cet additif n'a pas toujours été central dans notre alimentation. Au Moyen Âge, le sucre de canne était importé d'Orient et constituait une denrée rare et précieuse, à tel point que certains apothicaires et médecins l'employaient comme ingrédient dans leurs remèdes. En cuisine, au début du XVIe siècle, l'effet de mode fut tel que l'on sucrait même les viandes et les poissons. Peu à peu, les mœurs ont évolué et le sucre a pris sa place en fin de repas, avec les desserts. Dorénavant, le sucre[1] est partout : dans les confitures et les confiseries bien sûr, mais aussi dans les céréales du petit déjeuner, les sauces tomate, le pain industriel, les plats préparés, les sodas ou encore les jus de fruits.

1. Au sens de « glucides raffinés », « à digestion rapide ».

Cette omniprésence du sucre est telle que de nos jours, la grande majorité des enfants entre quatre et douze ans dépassent les seuils de sucre recommandés par l'Agence nationale de sécurité sanitaire de l'alimentation, de l'environnement et du travail (Anses). Des dépassements principalement dus aux boissons sucrées et aux jus de fruits, ainsi qu'aux biscuits et aux gâteaux donnés au goûter. Rien d'étonnant lorsque l'on sait que parmi les produits qui ciblent directement les enfants, neuf sur dix contiennent des sucres naturellement présents ou ajoutés, et qu'un quart de ces aliments contient comme premier ingrédient un sucre ou un équivalent (sirop de glucose-fructose, miel, sirop de sucre inverti…). Chez les adultes, entre 20 et 30 % des individus dépassent le seuil journalier recommandé de sucres totaux.

J'insiste un instant sur les jus de fruits : encore beaucoup de gens pensent qu'en boire est forcément bon pour la santé. Or, s'il est vrai qu'ils peuvent apporter des vitamines lorsqu'ils sont frais et 100 % pur jus (sans sucres ajoutés), ils constituent *dans tous les cas* de véritables bombes sucrées. La mécanique est simple : lorsque l'on mange des fruits, ils contiennent beaucoup de sucre mais aussi plein de fibres et de vitamines, et surtout on en consomme en quantité limitée. Lorsqu'ils sont pressés, en revanche, les fibres sont mises de côté et l'on ingère facilement l'équivalent en sucre de dix, quinze, vingt fruits… !

En France comme au niveau mondial, les autorités scientifiques sont très claires sur la nécessité d'adopter une alimentation moins riche en sucres et en graisses, et ce pour de nombreuses raisons de santé qui vont bien au-delà des enjeux de prise de poids. Plus précisément, d'après l'Anses la surconsommation de sucre présente des effets sur le diabète de type 2, sur les maladies cardiovasculaires et augmente le risque de certains cancers, comme le cancer du sein. Les édulcorants, qui visent à créer artificiellement un goût sucré (et en particulier l'aspartame et l'acésulfame), ne sont pas non plus sans risques : d'après l'étude réalisée auprès de plus de cent mille Français et Françaises de la cohorte NutriNet-Santé, les plus gros consommateurs d'édulcorants présentent des risques de cancer plus élevés que les plus petits consommateurs.

Poids, surpoids et inégalités sociales

Le poids n'est pas un problème en soi, sauf lorsqu'il entraîne des problèmes de santé. L'obésité provoque des troubles respiratoires, du diabète de type 2, des maladies du foie et de nombreux cancers. À cela s'ajoutent toutes les conséquences psychologiques que peuvent engendrer le surpoids et l'obésité dans une société du culte de la minceur… Les chiffres établis par la Ligue nationale contre l'obésité sont alarmants : en 2020, près d'un Français sur deux était en situation de surpoids ou d'obésité, et plus du tiers des enfants de deux à sept ans. L'obésité a ainsi doublé entre 1997 et 2020 et parmi les personnes obèses, un million se trouvent en situation d'obésité massive (ou obésité morbide).

Le surpoids et l'obésité sont liés à de nombreux facteurs comme l'héritage génétique, les maladies chroniques, les dysfonctionnements familiaux et traumatiques de l'enfance tels que les abus sexuels, la dépression, le moindre accès aux produits frais et l'augmentation de l'offre de produits ultra-transformés, la présence de perturbateurs endocriniens dans les aliments ou dans l'environnement. La plupart de ces facteurs sont systémiques (c'est-à-dire imputables au fonctionnement et à l'environnement de notre société et non aux choix alimentaires des individus). Ils sont ainsi le reflet des inégalités sociales du pays : d'après la Ligue nationale contre l'obésité, celle-ci est deux fois plus élevée chez les employés et les ouvriers que chez les cadres. À l'échelle du globe, l'Organisation mondiale de la santé (OMS) qualifie dorénavant l'obésité d'épidémie mondiale, celle-ci grimpant en flèche dans les pays en développement. Enfin, d'après l'Anses, en plus d'une alimentation trop riche en sucres et en graisses, plus de la moitié des adolescents et plus de 80 % des adultes ne se dépenseraient pas assez, ce qui contribue au surpoids.

Omnivores, végé, véganes : entre tensions et passions

Un sujet de tension, et pour cause

En France, la consommation de viande est de plus en plus souvent questionnée et génère de nombreuses tensions : je ne pouvais écrire un livre sur l'alimentation sans aborder ce sujet. Souvent, le passage à une alimentation moins carnée vient des plus jeunes : d'après FranceAgriMer, en 2020 seuls 0,3 % et 0,8 % de la population sont respectivement végétaliens et végétariens (ce qui représente tout de même plus de sept cent mille personnes), mais plus d'un jeune âgé de dix-huit à vingt-trois ans sur dix est végétarien. Des changements qui bousculent les habitudes et les traditions familiales, en particulier lors des repas de fête. On peut le comprendre aisément : cela fait plusieurs générations maintenant que les protéines animales constituent le principal élément des recettes traditionnelles pour de nombreuses personnes habitant en France ; ce faisant, la remise en question de ces traditions vient toucher à la culture et donc à l'*identité* de beaucoup de personnes. Cet *habitus* se retrouve dans les écoles de cuisine françaises : on répartit différentes viandes et poissons chaque jour de la semaine, et on enseigne aux apprentis cuisiniers à composer à partir de cette structure.

Ces dernières années, la montée en puissance du questionnement sur la consommation de viande et de poisson, et plus généralement de protéines animales, s'est faite dans un contexte extrêmement tendu pour les éleveurs et les pêcheurs : concurrence internationale accrue, pressions commerciales exercées par la grande distribution et les industries agroalimentaires, inflation et recherche des prix bas par les consommateurs, augmentation des coûts de production, diminution du nombre de fermes, isolement géographique et relationnel, incertitudes quant à la transmission des exploitations… La liste des difficultés rencontrées par la plupart des producteurs et des productrices est longue. Il n'est donc pas étonnant que lorsque des personnes ou des organisations pointent du doigt des pratiques de pêche ou des modèles d'élevage qui portent atteinte à l'environnement ou au bien-être animal, la tension monte.

L'incompréhension entre une partie des éleveurs et de la population atteint son paroxysme avec les militants de la cause animale qui réclament la fin de toute exploitation animale. Ces militants peuvent se définir comme *véganes* (ils n'utilisent aucun produit d'origine animale tel que la viande, le miel, le cuir ou encore la laine), *antispécistes* (ils considèrent qu'il n'existe pas de hiérarchie entre les différentes espèces animales et les humains et qu'il n'est donc pas tolérable d'exploiter des animaux) ou *abolitionnistes* (ils réclament la fin de tout type d'élevage).

Ces définitions sont bien sûr très résumées, et je renvoie les lecteurs et les lectrices les plus curieux aux nombreux écrits existants sur le sujet : essai *L'Antispécisme* de Valéry Giroux, « Manifeste animaliste » de Corine Pelluchon, bandes dessinées d'Insolente Veggie, site internet de L214… Certains militants véganes, antispécistes et abolitionnistes parviennent à dialoguer, mais il arrive que des actions menées en faveur de la cause animale soient tout simplement inaudibles, pour ne pas dire contre-productives. Cela ne remet pas en cause leur fondement éthique, je parle simplement ici des tactiques choisies. L'une de ces actions m'a particulièrement marquée : en 2018, des militants véganes ont jeté du faux sang sur des boucheries. C'était en plein milieu des débats autour du projet de loi « EGAlim » (sur l'alimentation) ; nous étions plusieurs associations à faire du plaidoyer en faveur de moins et mieux de viande dans les cantines. Il y a eu un *avant* et un *après* ces actions : les réponses des députés pour nous recevoir se sont faites soudainement plus rares, certains et certaines qui s'étaient montrés favorables à nos propositions ont disparu de la circulation au moment des votes, la moindre mention des mots « viande » ou, pire, « végétarien » faisait monter la tension d'un cran au sein des débats politiques sur le sujet. La méfiance à l'égard des propositions en faveur du « moins et mieux de viande » dans les cantines n'est pas redescendue avant plusieurs semaines. En s'opposant à la viande industrielle, elles servaient pourtant la cause animale tout autant que la cause écologique…

L'appétence pour la viande et le poisson : une histoire ancienne

La consommation de viande par les hominidés remonterait à un peu plus de deux millions d'années, bien avant l'émergence d'*Homo Sapiens*. À cette époque, l'alimentation de nos ancêtres était principalement composée de baies, de jeunes pousses, racines, tubercules, noix, bourgeons et autres végétaux, mais pas uniquement : selon les conditions environnementales et climatiques, les saisons et le type de territoire (forêt ou savane par exemple), des insectes et des petits animaux pouvaient également être ingérés. La consommation de protéines animales a progressivement augmenté. Les hominidés se sont mis à dépecer des charognes et ont développé des pratiques et des outils de chasse et de pêche leur permettant de capturer des poissons, des oiseaux, du petit gibier et, lorsque la chance était de leur côté, du gros gibier. La part de viande et de poisson dans le régime des différents *Homo* varie ainsi fortement d'une espèce à l'autre, plus ou moins carnivore.

Une chose est certaine cependant : dans les contextes où le sucre se faisait rare, manger de la viande était une aubaine en termes d'apport en calories, en protéines et en nutriments. Rassasiante et nourrissante, elle était particulièrement bienvenue lors des périodes de déplacement et de chasse. D'après certaines recherches, la viande serait également plus facile à mâcher que certains végétaux, plus dense en apports énergétiques et plus facile à digérer : elle aurait donc libéré du temps aux premiers humains pour faire autre chose que chercher de la nourriture ou manger, comme interagir entre membres d'une même communauté. D'après Marta Zaraska, autrice de *Meathooked*, un ouvrage fouillé sur l'attachement des humains à la viande, cette dernière serait ainsi devenue un élément structurant du lien social. Les apports nutritionnels de la viande, sa digestibilité, les interactions sociales affûtées nécessaires à la chasse de grands herbivores à plusieurs et accrues par le gain de temps libre auraient ainsi contribué à de profondes modifications morphologiques. Parmi elles, la réduction de la taille de nos intestins, la modification de notre dentition et surtout l'accroissement de la taille de notre cerveau sont les plus remarquables. C'est d'ailleurs la raison pour laquelle certains chercheurs considèrent que la viande est ce qui nous a rendu « humains ».

Umami, gras et grillades : nos papilles, vestiges de nos ancêtres

Les Européens et les Européennes mangent beaucoup de viande et de poisson – bien plus que ce que huit milliards d'êtres humains peuvent se permettre sur une Terre aux contours finis. Pourquoi une telle consommation ? Qu'est-ce qui fait que des millions de personnes sont addictes aux produits carnés, à leurs odeurs, à leurs saveurs… ? Pour répondre à cette question, Marta Zaraska fait le parallèle avec le sucre : à la Préhistoire, un goût sucré était synonyme de plus de calories ; la recherche et l'ingestion d'aliments sucrés, comme les baies, faisaient partie intégrante des techniques de survie de nos ancêtres et, de nos jours, nos papilles ont gardé ce réflexe évolutif. Il en va de même pour la viande : nos papilles recherchent l'« umami » pour les protéines et le gras pour les calories et le salé, rares dans la nature. Il correspond au cinquième goût des aliments avec le sucré, l'acide, l'amer et le salé. L'umami a été découvert dans les années 1900, par un chercheur japonais qui goûtait un bouillon d'algues. Il se trouve naturellement dans d'autres aliments que les algues tels que la viande, certains fromages comme le parmesan et le roquefort, les tomates ou encore les champignons. Différentes formes de glutamate permettent de retrouver ce goût si excitant pour nos langues. Utilisé comme exhausteur de goût par les industries agroalimentaires, le glutamate a cependant été largement remis en cause par de nombreux scientifiques pour ses potentiels risques pour la santé.

En plus du goût des viandes et des poissons, nous apprécions généralement celui des *grillades* : il est rare de ne pas saliver lorsque le voisin ou la voisine a sorti son barbecue à l'approche de l'été et que les odeurs des aliments grillés parviennent jusqu'à nos narines émoustillées. L'odeur et la saveur de la viande grillée résultent en fait de ce que l'on appelle la réaction de Maillard : c'est une réaction chimique qui fait brunir les aliments lors de la cuisson et leur donne ce goût si particulier. Si ces arômes nous interpellent avec autant de puissance, c'est parce qu'ils indiquent que la viande a été cuite : cela signifie qu'elle est débarrassée des potentiels parasites et bactéries et qu'il est sûr de la manger. Là encore, notre corps a conservé des réflexes vieux de plusieurs centaines de milliers d'années.

La viande : une affaire de culture, de genre et de classe

Soit, nos papilles ont une passion pour le gras, le sucré, l'umami et le grillé. Mais ce n'est pas la seule raison pour laquelle les habitants du monde entier aiment tant les produits carnés, poisson inclus : c'est aussi une affaire de culture. Lorsque je vivais sur l'île de Java, en Indonésie, je mangeais la même chose que beaucoup de monde : du riz le matin, du riz le midi et du riz le soir, avec de nombreuses variantes en termes d'accompagnements. Certains plats étaient délicieux, et je recommande vivement le *gado-gado*, grande salade composée d'aliments cuits et crus, de tempeh et de sauce cacahuète pimentée. Pour autant, lorsqu'une amie indonésienne m'a demandé quels étaient nos plats français typiques et que je me suis imaginée croquer dans une tartine de chèvre chaud et coulant au miel, un sentiment intense de manque m'a prise à la gorge : j'ai eu envie de nourriture « bien de chez moi ».

L'alimentation constitue un véritable marqueur identitaire et contribue au sentiment d'appartenance à certains groupes et cultures. Elle fait partie intégrante de nos interactions sociales : dans les codes de beaucoup de personnes en France, lorsque l'on est invité à dîner chez des amis, il est de mise d'apporter une bouteille de vin ou un dessert. La religion peut également faire partie de l'identité culturelle. Or, que ce soit pour des raisons de santé ou de distinction d'autres groupes religieux, plusieurs aspects de la consommation de produits carnés y sont intimement liés : l'islam interdit de manger du porc, tout comme le judaïsme qui interdit également les fruits de mer et les poissons sans écailles, tandis que le christianisme interdit la viande certains jours de la semaine et lors des périodes de jeûne et que l'ahimsâ, principe philosophique de non-violence universelle des religions indiennes, a pour norme le végétarisme.

Ce que nous mangeons dit également beaucoup de choses sur qui nous sommes et, surtout, à quelle classe nous appartenons. En France, la viande était auparavant l'apanage des plus aisés. De nos jours, cela s'est inversé : les personnes de la classe ouvrière consomment dorénavant plus de viande, en quantité, que les cadres. Le poisson et les fruits de mer, en revanche, ainsi que les fruits et légumes, sont toujours plus consommés par les classes avec le plus haut niveau de revenus ou d'éducation. Ainsi, si l'on ne considère pas uniquement la viande mais les protéines animales dans leur ensemble (viande, poisson, produits laitiers, œufs...), ce sont les personnes avec les plus hauts niveaux d'éducation qui sont les plus grandes consommatrices.

En 2018, un chercheur et une chercheuse australiens ont réalisé des expériences pour établir le lien entre statut social et consommation de viande. L'une de ces expériences a consisté à proposer un burger à des personnes qui s'étaient auparavant évaluées selon leur statut.

Ces burgers étaient composés de viande pour certains, tandis que d'autres étaient végétariens, en revanche tous étaient présentés avec le même packaging ainsi qu'avec des profils nutritionnels équivalents. Les participants qui se considèrent le plus bas, subjectivement, en termes de statut socio-économique, ont été plus nombreux à préférer le burger à la viande que les personnes qui se situent en haut du point de vue du statut socio-économique. Par ailleurs, certains hommes peuvent utiliser le fait de manger de la viande comme un marquage identitaire associé à un refus des tendances de la société. Pour le prolétariat masculin par exemple, cela peut être un signe de distinction de la société intellectuelle et bourgeoise, comme l'ont compris des hommes politiques tels que le républicain américain Donald Trump ou le communiste français Fabien Roussel par exemple, qui en ont fait un argument de campagne pour se démarquer de leurs concurrents à la présidentielle de leur pays.

La consommation de viande est également une affaire de genre et le sujet pointe régulièrement son nez dans les médias, au gré des polémiques politiques et en même temps que monte en puissance la remise en cause du patriarcat. Dans la plupart des pays, il est prouvé que les hommes mangent plus de viande que les femmes. En France, ils mangent environ trois cents grammes de viande rouge chaque semaine contre moins de cent quatre-vingt-dix grammes pour les femmes (données médianes qui n'incluent ni la volaille ni le poisson). Cette différence est telle qu'au Royaume-Uni, l'alimentation des hommes émet 41 % de gaz à effet de serre en plus que celle des femmes : un chiffre qui a motivé l'association de défense des animaux PETA à encourager les femmes à… faire la grève du sexe avec les hommes mangeurs de viande ! Cette différence de consommation illustre la perception que nos sociétés ont de la viande, et de la viande rouge en particulier : en manger est associé à la puissance, à la domination et à la virilité. Une perception qui rappelle celle du Moyen Âge…

Si l'on mange un animal, on absorbe ses muscles, sa force, sa vitalité. Le marketing en faveur de la viande joue sur ces valeurs, comme Charal par exemple, qui met en avant des publicités associées au slogan « Vivons fort » ou encore « C'est qui, le plus grand des prédateurs ? ». L'Association nationale inter-professionnelle du Bétail et des Viandes (Interbev), qui représente les filières de viandes rouges en France, se réfère d'ailleurs à ces clichés de genre pour convaincre les enfants de manger de la viande. L'organisation professionnelle a en effet produit des bandes dessinées qui montrent des garçons sportifs mangeant des steaks à la cantine et critiquant leurs amies filles : ces dernières ne mangeraient pas assez de viande pour soi-disant rester minces. Ces bandes dessinées ont été distribuées aux médecins et aux infirmiers de nombreuses écoles. Enfin, si ces affirmations sur les associations entre viande et virilité sont encore très fréquentes de nos jours, elles tendent à évoluer. Dans une étude parue en 2019, des chercheurs belges ont par exemple montré que les hommes qui s'identifient à de nouvelles formes de masculinité mangent moins de viande, y sont moins attachés, sont plus enclins à réduire leurs niveaux de consommation et ont des attitudes plus positives envers les personnes végétariennes.

Trop de protéines par rapport à nos besoins nutritionnels

Certains mythes ont la peau dure : la nécessité de consommer des protéines animales à tous les repas en fait partie. Quel enfant, ou même quel adulte, n'a pas entendu dire que pour être fort, il faut de la viande ? Que c'est grâce à la viande et au poisson que nous fabriquons nos muscles ? Ces assertions se basent sur une réalité biologique : les protéines sont composées d'acides aminés. Le corps les utilise pour fabriquer ses propres protéines, telles que les enzymes et les hormones, pour assurer le renouvellement des muscles, des cheveux et de la peau, le transport de l'oxygène dans le sang, la réponse immunitaire ou encore la digestion. Il est donc essentiel d'apporter à notre corps tous les acides aminés dont il a besoin, en quantité et en qualité suffisantes, pour qu'il puisse les fabriquer. Mais ceux-ci peuvent provenir de protéines d'origine animale comme végétale !

Par ailleurs, on entend souvent dire qu'un plat sans viande ni poisson doit être absolument composé d'une association de céréale (seigle, épeautre, blé...) et de légumineuse (soja, lentille, fève, pois cassé...), afin que les taux d'acides aminés de chacune se complètent. En réalité, ceci est un mythe : d'une part, en France les risques de carence pour un adulte végétarien concernent surtout un acide aminé particulier, la lysine. D'autre part, ce risque n'existe que lorsque la personne ne consomme pas suffisamment de protéines de façon générale. Or, en France comme dans le reste de l'Europe, les adultes excèdent largement leurs besoins nutritionnels en protéines[1]. Ceci est vrai pour les mangeurs de viande, qui consomment 1,5 fois le taux de protéines dont ils ont besoin, autant que pour les végétariens et les végétariennes, qui consomment un peu plus que ce dont ils ont besoin.

La conclusion de tout ceci est très simple : en France, du moment qu'une personne est en bonne santé et mange une nourriture diversifiée, elle n'a aucune inquiétude à se faire quant à un éventuel manque en protéines, bien au contraire. Ceci est vrai pour les adultes comme pour les enfants, pour les omnivores comme pour les végétariens. Pour les sportifs, les femmes enceintes et les personnes âgées, ou pour une personne atteinte de maladie, cela peut varier mais une chose reste certaine : les protéines végétales sont en mesure d'apporter tous les acides aminés nécessaires à un bon fonctionnement de notre organisme, et certaines à des teneurs très élevées. L'essentiel est d'en diversifier les sources et de privilégier les légumineuses (haricots, lentilles…).

---

1. Le besoin en protéines d'une personne adulte et en bonne santé est de 0,66 g/kg/jour (besoin conservateur affiché par les autorités sanitaires : 0,83 g/kg/jour, soit 58 g/jour pour une personne de 70 kg). La moyenne consommée par les adultes est de 71 g/jour pour les femmes et de plus de 96 g/jour pour les hommes. Source : Étude INCA 3, Anses 2017.

Pour ma santé : moins de viande, plus de légumes ?

Ce que je retiens des nombreuses recherches que j'ai effectuées, c'est que les régimes avec et sans produits d'origine animale peuvent tous être *nutritionnellement* adéquats, et chacun présente des avantages et des inconvénients. Les aliments carnés et les produits laitiers sont pratiques et apportent beaucoup de nutriments importants comme le calcium, l'iode et les oméga-3. Les aliments d'origine végétale apportent beaucoup de vitamines et de minéraux, mais aussi beaucoup de fibres – qui n'existent pas dans les viandes et les poissons et qui sont pourtant essentielles à notre organisme. Par ailleurs, il me paraît important de rappeler une chose : dans les pays occidentaux, la plupart des individus ne sont pas en mauvaise santé à cause de leurs *carences*, ils sont en mauvaise santé à cause de leurs *excès*. Comme le rappelle l'Anses, en France « les déficits d'apports et *a fortiori* les carences sont très rares dans la population générale et ne concernent que la vitamine D ».

Face à cette affirmation, que peuvent faire les personnes qui habitent en France pour adopter une alimentation saine et écologique en termes de composition de leur assiette ? La bonne nouvelle, c'est que la réponse des instances de santé officielles rejoint celle que les scientifiques apportent pour répondre aux enjeux environnementaux : il est recommandé d'augmenter sa consommation de fruits et légumes, de fruits à coque et de légumes secs, et de réduire celle de viandes rouges telles que définies par l'OMS (bœuf, veau, porc, agneau, mouton, cheval, chèvre) et surtout celle de charcuterie. La surconsommation de viande rouge et celle de viande rouge transformée en particulier accroissent en effet le risque de maladies chroniques, comme les maladies cardio-vasculaires et les cancers colorectaux. Or, en France plus de 40 % des hommes consomment ou dépassent le seuil limite de cinq cents grammes de viande rouge par semaine (contre moins de 25 % chez les femmes). De plus, sept hommes sur dix et plus d'une femme sur deux consomment ou dépassent le seuil limite de cent cinquante grammes de charcuterie par semaine. D'après les scientifiques de Nutrinet-Santé, une forte adhésion aux recommandations nutritionnelles nommées ci-dessus, qui invitent à végétaliser son alimentation, est associée à un risque plus faible de décès, de cancer et de maladies cardio-vasculaires. L'alimentation est ainsi le troisième facteur d'apparition de cancers liés au mode de vie et à l'environnement. Le manque de fruits et légumes, de fibres et la surconsommation de viande sont pointés du doigt.

Une dernière remarque à ce sujet : attention à ne pas « compenser » la consommation de viande rouge par celle de porc ou de volaille industrielle : d'un point de vue écologique, ces viandes émettent moins de gaz à effet de serre mais ont un impact sur la biodiversité, l'eau et les sols qui peut être désastreux du fait, entre autres, du recours au soja importé et issu de la déforestation. Dans tous les cas, il est important de privilégier autant que faire se peut la viande bio et locale. Nous reviendrons plus loin sur les aspects écologiques, sanitaires et financiers de ce dernier point.

La consommation de viande au niveau mondial a atteint des niveaux jamais égalés. Elle est passée de soixante-dix à trois cent-quarante millions de tonnes entre 1961 et 2018. Celle de lait a quant à elle dépassé les neuf cents millions de tonnes. En 2019, les activités d'élevage et d'abattage ont concerné plus de quatre-vingts milliards d'animaux terrestres et plus de trois cents milliards d'animaux aquatiques dans le monde, auxquels il faut ajouter plus de mille milliards de poissons sauvages. Ces niveaux de consommation ont des impacts dramatiques sur le vivant et mettent en péril les conditions d'habitabilité de la Terre. La conversion des terres naturelles pour nourrir ou élever des animaux constitue en effet la première cause de dégradation des habitats naturels et de perte de biodiversité. Par ailleurs, l'élevage est responsable de 19 % des émissions de gaz à effet de serre (GES) issues des activités humaines. En termes de surface, il occupe 83 % des terres agricoles du monde entier (en partie du pâturage, dont une partie seulement pourrait être cultivée), soit l'équivalent de l'ensemble du continent américain, de l'Alaska à la Patagonie. Un tiers de la production mondiale de céréales est ainsi avalé par le bétail. En Europe, l'élevage occupe 63 % des terres arables, c'est-à-dire des terres cultivables hors pâturages. Mais au final, l'élevage ne fournit que 18 % des calories et 37 % des protéines de la population mondiale.

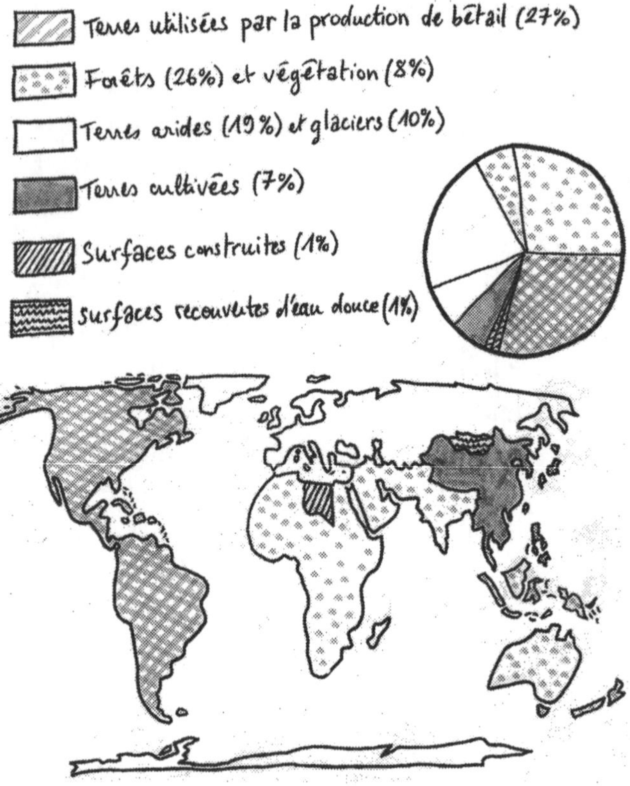

Illustration 2. Carte du monde par type de couverture et d'usage. Si toutes les terres destinées à élever et nourrir le bétail étaient rassemblées sur un même continent, cela équivaudrait à l'ensemble des Amériques (en incluant les prairies). Source : adaptation de la carte réalisée par Our World in Data (Land Use, 2019).

Et la France dans tout ça ? En termes de quantités totales consommées, il est certain que les soixante-dix millions d'habitants pèsent moins sur les équilibres de la planète que les populations des États-Unis ou de la Chine. Nous avons cependant une responsabilité très forte en tant qu'individus puisque nous sommes les 29e plus gros mangeurs de viande (bœuf, volaille, porc…) au monde : nous avalons plus de quatre-vingt-neuf kilos équivalent carcasse par personne et par an (soit environ soixante-dix kilos en poids au détail, c'est-à-dire sans les os, tendons, etc. – donnée 2021)[1]. Cela représente plus du double de la moyenne mondiale ! La France est ainsi le pays avec la plus forte consommation mais aussi la plus forte production de viande bovine de toute l'Europe. Si nous ajoutons le poisson et les fruits de mer, que nous mangeons à hauteur de trente-quatre kilos par habitant et par an, nous atteignons même la 22e place du classement mondial, loin derrière les États-Unis mais à plus de dix places devant la Chine. S'ajoutent à cela les produits laitiers, dont nous sommes très friands sur le territoire français : d'après les données de la FAO, notre consommation était de deux cents kilos de lait et équivalent lait par habitant en 2020, ce qui nous hisse à la 18e position au niveau mondial. C'est plus que la moyenne européenne (cent quatre-vingts kilos par habitant), et cela correspond à presque trois fois la moyenne mondiale (soixante-dix kilos).

Le hic, c'est que la consommation de viande, de poisson et de produits laitiers va augmenter en même temps que

1. Les données en kilo équivalent carcasse, qui incluent des parties non consommées comme les os et les tendons, ont été converties en poids au détail avec les facteurs suivants : 0,7 pour la viande bovine, 0,78 pour la viande de porc et 0,88 pour la viande de volaille et ovine.

la démographie et que le niveau de vie de toute une partie de la population mondiale. Entre les années 2000 et 2050, si l'on suit les niveaux de consommation actuels, le bœuf pourrait ainsi voir sa consommation augmenter de 80 %, celle de porc de 66 % et celle de volaille de 164 %. La surface de la planète, elle, ne s'agrandit pas et ne peut d'ores et déjà plus assumer de tels niveaux de consommation.

Les limites planétaires, telles que définies par le Stockholm Resilience Center, sont les seuils à ne pas dépasser pour pouvoir continuer de vivre dans un monde relativement stable. Au-delà de ces seuils, nous risquons de déstabiliser les écosystèmes de manière irréversible. Cela signifie que nous pourrions alors subir de plein fouet des modifications brutales, souvent imprévisibles et aux conséquences catastrophiques, de notre environnement. Neuf limites planétaires ont été définies. Nous en avons aujourd'hui dépassé six (pas uniquement du fait de notre alimentation) : celles associées au changement climatique, à l'intégrité de la biosphère, à la destruction des forêts, à la perturbation des cycles de l'azote et du phosphore, à la pollution du vivant par des substances créées par l'humain et à l'utilisation d'eau douce. Or, un système en déséquilibre cherche toujours à se rééquilibrer… Voulons-nous anticiper, minimiser et donc contrôler au mieux ces « rééquilibrages » du vivant, ou bien voulons-nous continuer comme si de rien n'était et les subir ?

Lorsque l'on considère ces niveaux de consommation en France et dans le monde, ainsi que leurs répercussions sur la planète, on comprend aisément que la notion de liberté individuelle doit intégrer celle de *responsabilité collective*. La somme de ce que nous mangeons au niveau individuel a un impact immense sur l'ensemble de l'humanité et au-delà, sur l'ensemble du vivant, ainsi que sur les conditions de vie des générations futures. Bien sûr, il ne s'agit pas de tout arrêter : la priorité consiste surtout à réduire (de beaucoup) la part de viande industrielle et de viande transformée de mauvaise qualité comme certaines charcuteries bas de gamme. Sans prise en compte de cette dimension profondément systémique de l'alimentation et des interdépendances qui en découlent entre les humains et le reste du vivant, nos habitudes de consommation resteront captives des contraintes économiques, des pulsions et des réflexes culturels de chacun.

Au menu des cantines : de la viande et des lobbies

En 2017, Greenpeace se prépare à lancer une campagne internationale sur le « moins et mieux de viande ». Je coordonne le volet de la campagne française qui concerne la consommation et, avec l'équipe agriculture, nous décidons de travailler sur les menus des cantines. La restauration scolaire sert en effet plus d'un milliard de repas par an, de la maternelle au lycée. Végétaliser une partie de ces repas permettrait de sensibiliser des millions d'enfants et ce, sur le long terme.

J'enquête sur la situation : la réglementation interdit les menus à base de protéines végétales et impose des fréquences élevées de viande et de poisson. Qui décide du contenu des assiettes des enfants ? Sous couvert de confidentialité, des spécialistes du secteur me racontent. La réglementation qui encadre les menus des cantines est écrite par un groupe piloté par le ministère de l'Économie et des Finances. Ce que je découvre m'atterre : les représentants des filières viande et de la filière laitière représentent un membre sur cinq de ce groupe de travail. Le GécoFood Services, bras armé de l'Association nationale des industries alimentaires (ANIA) spécialisé dans la restauration collective, est également présent. L'ANIA représente les groupes Lactalis, le Syndicat national des fabricants de sucre de France, la Fédération française des industriels charcutiers, Bigard et bien d'autres entreprises encore.

Nous travaillons d'arrache-pied et produisons en l'espace de cinq semaines un rapport pour dénoncer la situation. Plus de soixante-dix retombées presse témoignent de l'intérêt des médias pour le sujet. Avec mon homologue du Réseau Action Climat, nous multiplions les rendez-vous avec les ministères ainsi qu'auprès de parlementaires enclins à aborder le sujet. Le projet de loi dit « EGAlim » (issu des États généraux de l'alimentation) vient d'atterrir sur le bureau des députés. Nous plongeons dans une période de plaidoyer et de mobilisation intense pour végétaliser les cantines, augmenter la part de bio et faire sortir les lobbies des cercles de décision. Nous publions de nouvelles études, communiquons sur les réseaux sociaux et plus de trente groupes locaux multiplient les actions de sensibilisation dans leur ville.

Quelques mois plus tard, en novembre 2018, la loi est votée. Il s'en est fallu de peu – cela s'est joué à une voix près – mais les menus végétariens deviennent obligatoires une fois par semaine pour toutes les écoles publiques et privées de France, en menu obligatoire ou optionnel. Il faut donc mettre à jour les règles sur les menus des cantines. En 2019, un nouveau groupe de travail interministériel est mis en place. Il semblerait que notre travail de plaidoyer ait porté ses fruits car ledit groupe n'est pas piloté par le ministère de l'Économie, comme ce fut le cas à l'époque, mais par celui de la Santé. Les acteurs du précédent groupe de travail – représentants des filières viande et de l'agro-industrie inclus – sont toujours présents. Mais le ministère a invité trois associations qui n'avaient encore jamais pris part aux débats : le WWF France, l'Association végétarienne de France et Greenpeace France. Un rapport de force s'installe entre les partisans du « moins et mieux de viande », dont je fais partie, et ceux qui refusent d'entendre parler de réduction de viande. Les lobbies s'agitent : de toute évidence, nous troublons le flot paisible de leur influence au long cours.

En parallèle, tout un travail est mis en place avec le ministère de l'Éducation pour faire évoluer en profondeur les formations des cuisiniers. C'est loin d'être anodin, car à cette époque tous les cuisiniers sont formés à préparer leurs plats uniquement à partir de viande ou de poisson. Peu à peu, leurs modules de formation vont devoir intégrer des protéines végétales. Cette évolution découle également de la loi EGAlim votée en 2018 : des députés avaient réussi à y faire passer un amendement que j'avais rédigé sur le sujet à partir de la proposition d'une représentante de l'association Assiettes végétales.

Devrait-on arrêter de manger des animaux ?

C'est une question qui revient très souvent : doit-on, purement et simplement, arrêter de manger des animaux ? Si l'on considère les enjeux de durabilité selon les axes de la santé, de l'économie et de l'environnement, il n'est pas *nécessaire* d'arrêter complètement de manger des aliments d'origine animale. Pour certaines populations qui vivent dans des milieux aux conditions extrêmes, comme les Inuits, qui chassent traditionnellement beaucoup de mammifères marins, cela serait même impensable. Dans les sociétés occidentales en revanche, il est tout à fait possible d'un point de vue nutritionnel de se nourrir entièrement à partir d'aliments d'origine végétale à tous les âges de la vie – même au stade de nourrisson – si l'on fait attention à son équilibre alimentaire et aux alternatives utilisées. La question se pose donc : pourquoi, dans les sociétés occidentales, continuer à manger de la viande ou du poisson ? La réponse est selon moi d'ordre éthique et philosophique et peut être présentée de multiples manières, dont celles-ci : soit on considère qu'il est normal, ou plutôt *naturel* de tuer des animaux, de la même façon que les lions tuent des antilopes, soit on considère que l'humain n'a pas à s'octroyer un droit de mort sur des êtres sentients, c'est-à-dire capables de ressentir du plaisir, de la douleur et des émotions, dès lors qu'il peut – contrairement aux lions – s'en passer.

À titre personnel, entre la sensibilité de mes amis éleveurs de chèvres et de volailles, qui ont une relation à leurs animaux et au sauvage que peu de personnes occidentales ont et qui me paraît on ne peut plus saine et profonde, et celle de mes amis véganes, d'une sensibilité telle qu'ils s'effondrent, sincèrement et émotionnellement, en imaginant la mise à mort quotidienne de milliers de volailles, de porcs et de bovins, mon cœur balance. Quand je vois le rôle qu'ont joué la viande et le poisson dans notre construction en tant qu'hominidés depuis des centaines de milliers d'années, et la place qu'ils tiennent encore aujourd'hui dans notre société et dans des communautés indigènes partout dans le monde, j'ai du mal à considérer l'acte de manger de la viande comme intrinsèquement anormal, comme quelque chose qu'il faudrait définitivement cesser partout et tout le temps. Je suis même profondément persuadée qu'affirmer cela comme principe moral et universaliste (qui devrait s'appliquer à l'ensemble des peuples de la planète) est un réflexe néocolonial dont il est temps de se défaire. Ceci étant dit, tuer un chevreau pour prendre à sa mère le lait qui lui était destiné me paraît plus que questionnable et je suis écœurée par la façon dont on mange aujourd'hui des animaux en France : tous les jours ou presque, partout, à toutes les sauces et sous toutes les formes, à tel point qu'on ne se rend même plus compte que ce bout de chair qui se trouve dans nos assiettes est à l'origine un être sensible, faisant partie d'une famille, d'une communauté et d'un écosystème et qui, *normalement*, flaire, hume, joue, se faufile, se cache, s'éprend, s'accouple. Un être vivant, au même titre qu'un être humain.

Après toutes ces années à errer dans des considérations philosophiques, nutritionnelles et agronomiques, c'est finalement en lisant la philosophe écoféministe australienne Val Plumwood que j'ai pu mettre des mots sur les affects qui me traversent : je me considère comme *philosophiquement, politiquement omnivore* (cela ne me paraît pas aberrant qu'une partie des humains tuent des animaux pour se nourrir, du moment qu'ils ont été le plus possible respectés de leur naissance à leur mise à mort), tout en étant *sensiblement végane* – je serais bien incapable de tuer quelque animal que ce soit pour me nourrir et l'idée que l'on puisse vivre dans un monde sans exploitation animale m'enthousiasme. En pratique, je salive à l'odeur d'une saucisse de canard, culpabilise en mangeant du fromage sans y résister pour autant et pleure à la vue d'une salade de poulpe. Concrètement, je suis devenue… végétarienne. C'est-à-dire ni tout à fait omnivore, puisque je ne mange plus de viande ni de poisson depuis quinze ans, ni tout à fait végane, puisque je contribue à l'exploitation et à la mise à mort de veaux, chevreaux et agneaux pour manger des produits laitiers. Un positionnement peu cohérent d'un point de vue agronomique, environnemental et éthique, mais qui me permet aujourd'hui de naviguer, avec la sensibilité qui est la mienne, au gré de mon empathie pour les éleveurs et pour les éleveuses, de mon appétence pour le fromage et des eaux troubles de la lutte contre l'élevage industriel. À chacun, chacune de faire ses choix en conscience.

Pourrait-on se passer d'aliments provenant des animaux ?

Il est possible de consommer peu de viande et en conscience (en sachant d'où elle vient et dans quelles conditions elle a été produite, par exemple) : c'est ce que font de plus en plus de personnes résidant en France et que l'on appelle les « flexitariens ». La question « peut-on se passer ou non *totalement* de viande » revient cependant régulièrement dans les débats pro et anti-viande, et il m'a paru important de m'y arrêter un instant. Afin d'en délimiter le périmètre, et parce que, comme je le disais plus haut, il n'est pas ici question que tous les êtres humains de la planète se passent de viande, considérons cette question à l'échelle européenne.

D'un point de vue nutritionnel, cela ne serait pas un problème : de nombreuses institutions comme l'AND (Academy of Nutrition and Dietetic, plus grande association de nutritionnistes et diététiciens au monde) ou la BNF (British Nutrition Foundation) s'accordent sur le fait que l'on peut être végane à tous les âges de la vie, y compris au stade de nourrisson, à condition de prêter une attention fine à son équilibre alimentaire, de se supplémenter en iode et en B12 et d'être en bonne santé générale.

D'un point de vue économique, il faudrait imaginer un système entièrement différent, mais il n'y a pas de raison que cela ne fonctionne pas : près d'un cinquième du budget de la Politique agricole commune, soit une trentaine de milliards d'euros, était alloué à l'élevage en 2017.

Cela représente une somme conséquente qui pourrait être investie autrement s'il n'y avait plus aucun élevage. Sans compter toutes les économies qui seraient réalisées du fait de la disparition des externalités négatives associées, ce que l'on appelle les fameux « coûts cachés » (pollutions, impacts sanitaires, gestion des zoonoses…).

Le premier enjeu central de cette question sur la possibilité ou non de nous passer entièrement d'exploitation animale est donc plutôt lié à l'autonomie des systèmes agricoles d'un point de vue agronomique. La spécialisation de l'agriculture nous a rendus extrêmement dépendants des fertilisants de synthèse pour apporter aux plantes les nutriments dont elles ont besoin, et en premier lieu l'azote (très majoritairement), le phosphore et le potassium. Mais les engrais azotés de synthèse génèrent de grandes quantités de gaz à effet de serre, contaminent l'eau, contribuent à la prolifération d'algues vertes et aux maladies respiratoires. D'après Claude Aubert, auteur des *Apprentis sorciers de l'azote. La face cachée des engrais chimiques*[1], « le coût social d'un kilo d'engrais azoté représenterait soixante à soixante-dix fois le prix payé par l'agriculteur ». Ajoutons à cela le fait que l'on importe la majorité de nos engrais azotés ainsi que le gaz nécessaire à leur production – ce qui nous rend extrêmement dépendants d'une géopolitique souvent instable – et l'on comprend rapidement qu'il vaut mieux apprendre à se passer des engrais azotés de synthèse et autres fertilisants chimiques.

1. Terre vivante, 2021.

L'argument phare utilisé pour dire que l'on ne peut pas se passer des animaux est celui du « transfert de fertilité » : sans apport de fumier aux cultures végétales, il n'y aurait pas assez d'azote pour produire toute la nourriture que nous consommons (si nous voulons la produire sans engrais de synthèse). Il est tout à fait vrai de dire que dans le cas de systèmes en polyculture-élevage herbagers par exemple (qui associent la culture de céréales, de légumineuses et l'élevage), les céréales permettent de nourrir les animaux et les excréments de ces derniers fertilisent les terres (ces échanges pouvant se faire à l'échelle d'une ferme ou d'un petit territoire, entre plusieurs fermes). Les légumineuses cultivées dans ces systèmes permettent également de nourrir les animaux, ainsi que les sols, en captant naturellement l'azote présent dans l'air. Il y a cependant des pertes sèches d'azote : la production de viande et de lait est une exportation de l'azote vers nos estomacs qui n'est pas compensée par les excréments animaux. En outre, d'après l'Institut de l'élevage, 43 % des surfaces en herbe reçoivent chaque année au moins un apport d'azote minéral. Une partie de l'azote contenu dans le fumier animal provient donc en réalité d'azote minéral ayant servi à fertiliser les prairies pâturées par les animaux…

Dans un questions-réponses intitulé *La place de l'élevage face aux enjeux actuels. Éléments de réflexion* et publié en 2021, les scientifiques de l'association Solagro reviennent sur cette affirmation selon laquelle sans élevage, il n'y aurait pas assez d'azote pour les cultures végétales. Leur conclusion est la suivante : « L'argument du “transfert de fertilité” très souvent avancé pour justifier le maintien des élevages est aujourd'hui erroné. Les déjections d'élevage participent certes à la fertilisation des cultures, en apportant de l'azote et de la matière organique aux sols. Mais ces flux ne sont que le résidu des aliments ingérés. Les seules sources primaires de matières azotées sont les engrais de synthèse et les légumineuses. »

Comment apporter suffisamment d'azote aux sols sans avoir recours aux engrais chimiques ? Dans l'agriculture biologique autonome sans élevage (et donc sans engrais de synthèse), les légumineuses en rotation sont laissées sur place et utilisées comme engrais vert. Comme l'explique Solagro, « c'est le principe du "fumier végétal" à base de fougères, d'herbe, de débris végétaux, qui était une pratique traditionnelle chez les agriculteurs qui ne disposaient pas de cheptel. Ces systèmes "bio sans élevage" existent déjà dans les grands bassins céréaliers, d'où les élevages ont disparu ». Un dernier argument pourrait être avancé en faveur de la fertilisation animale : les engrais de synthèse ou d'origine animale, fortement concentrés par rapport à des engrais végétaux, ont le mérite de doper les niveaux de production. Dans un monde que l'on imagine sans engrais chimique, la fertilisation animale pourrait donc contribuer au maintien de rendements suffisants pour nourrir tout le monde. En réalité, s'il n'y avait plus d'élevage du tout, 39 % des terres arables (qu'il est possible de cultiver) seraient libérées. Cela permettrait de compenser une partie de la baisse des rendements, en plus du recours à d'autres techniques comme celle du « fumain » (contraction de « fumier » et d'« humain », je ne vous fais pas un dessin) ou des digestats issus de la méthanisation de déjections humaines.

Le Vegan Organic Network est le réseau d'agriculture biologique sans intrant d'élevage créé en 1996 au Royaume-Uni. Un collectif de personnes de la zone à défendre (ZAD) de Notre-Dame-des-Landes a traduit en français *Growing Green,* leur ouvrage principal. *Sans fumier ! Manuel de maraîchage biologique sans intrant d'élevage pour un futur soutenable*[1] est téléchargeable gratuitement sur le site éponyme. En se basant sur des expérimentations du monde entier, le manuel détaille les différentes techniques pour se passer d'intrants d'origine animale sans pour autant recourir aux engrais de synthèse. Outre les questions d'azote, il explique comment créer et préserver des sols riches et vivants. En Europe, des tests sont également en cours ici et là et certaines fermes pionnières produisent déjà des fruits et des légumes sans aucun intrant d'origine animale.

En résumé, l'hypothèse d'un monde végane pose de vraies questions techniques, pratiques, économiques, sanitaires et écologiques pour être répliquée à grande échelle et s'assurer qu'elle nourrisse tous les Européens et les Européennes. Mais cela ne serait pas impossible et la question agronomique ne constitue pas une barrière en soi.

Entretien des paysages ouverts

L'autre argument le plus invoqué pour rejeter l'idée de mettre fin à toute exploitation animale concerne le maintien d'une biodiversité floristique et animale associée

1. Association Carpelle, 2021

aux paysages ouverts. Certaines espèces sauvages sont en effet directement liées aux élevages extensifs[1] : la conservation du crave à bec rouge – un corvidé qui pousse des cris dignes des pistolets laser de *Star Wars* – dépend de paysages ouverts et d'un insecte dont une phase du cycle passe par les crottes de moutons. Or, depuis l'extinction d'une grande partie de la faune herbivore européenne (aurochs, chevaux sauvages, bisons…), les animaux d'élevage jouent un rôle central pour maintenir des paysages ouverts. Les pratiques d'éco-pâturage se développent d'ailleurs à grande vitesse pour cette raison.

Bien sûr, toutes les prairies ne se valent pas. Pour accélérer la croissance végétale, beaucoup d'agriculteurs y ajoutent des engrais : ces prairies deviennent alors des espaces très monotones, dominés par quelques espèces de poacées et fleurs nitrophiles. Par ailleurs, les milieux ouverts pâturés seront riches en biodiversité si cette pression est *adaptée aux capacités du milieu*. Les prairies trop pâturées par les moutons, les chèvres ou les vaches n'accueillent qu'une faible biodiversité et le surpâturage des alpages est régulièrement dénoncé par les scientifiques, qui font le constat de son impact sur la flore montagnarde et sur la qualité de l'eau des lacs. Dans d'autres cas en revanche, le pâturage par les moutons, les chèvres et les bovins peut être extrêmement bénéfique à la biodiversité, en particulier

1. Élevages qui présentent une faible densité d'animaux par hectare et qui ont peu recours aux intrants (alimentation issue du pâturage plutôt que d'aliments achetés à un fabricant par exemple) : élevages de montagne, élevages bio de plein air…

pour retrouver une mosaïque de milieux ouverts et boisés et toute la flore et la faune associées, comme sur les coteaux calcaires des garrigues méditerranéennes.

Existe également la question des prairies de fauche. Celles-ci peuvent être très riches si elles sont gérées de manière extensive, avec des dates de fauche tardives et étagées dans le temps. Mais si l'on a recours de manière croissante à des pratiques qui consistent à faucher une herbe fertilisée toujours plus tôt, dès le mois de mai voire fin avril, cela se fait au détriment des insectes et des oiseaux agricoles qui ne peuvent plus se reproduire et disparaissent un à un de nos campagnes, à l'image du tarier des prés. Si, pour remplacer les bêtes, la fauche mécanique venait à être généralisée pour valoriser l'herbe des prairies, par exemple pour être méthanisée, nul doute qu'elle suivra les tendances actuelles : fauche de plus en plus rapide, avec des barres de fauche toujours plus grandes, qui ne laisse pas le temps aux espèces de s'enfuir. Ainsi, la question qui se pose est la suivante : s'il n'y a plus d'élevage, comment allons-nous maintenir des paysages ouverts de manière complexe et diversifiée et préserver la faune et la flore qui y sont associées ? Cela est sans aucun doute possible, par exemple en maintenant des troupeaux qui ne serviraient pas à la production de viande mais à l'écotourisme, par exemple. Cela pose cependant des questions techniques et économiques telles que la gestion numéraire du troupeau (si on ne les mange pas et qu'il n'y a pas de prédateurs naturels, comment éviter la multiplication des animaux au-delà de ce qui est souhaitable ?).

Ce que je retiens de ces débats sur la faisabilité d'avoir un monde qui nourrit des milliards d'êtres humains sans exploitation animale, c'est que c'est sans aucun doute possible, même si pas partout, pas sans des changements profondément culturels, structurels et systémiques de nos sociétés et donc pas à court ni moyen terme. Je tiens également à rappeler que tous les arguments qui plaident pour un maintien des élevages concernent surtout ceux de ruminants, c'est-à-dire les vaches, moutons et chèvres, à condition qu'ils valorisent effectivement des prairies et autres formes de haies et broussailles, qu'ils accompagnent une forte réduction des intrants et que leur cheptel soit revu à la baisse (moins d'animaux dans les élevages les plus denses, mais pas moins d'éleveurs, au contraire). Pour les volailles et les porcs en revanche, la plupart de ces arguments n'est pas valable : ils consomment beaucoup de céréales et ne présentent pas de grand intérêt agronomique. Ils émettent en revanche bien moins de gaz à effet de serre que la viande bovine et, concernant le porc, certains élevages peuvent être un moyen de valoriser les déchets d'une ferme ou d'une fromagerie par exemple (comme le petit-lait, qui n'a pas d'autres débouchés et qui est produit en grande quantité lors de la confection des fromages). En dehors de nos habitudes culturelles et socio-économiques donc, qui sont loin d'être immuables, il existe peu de raisons *pratiques* de continuer de manger autant de porc et de volaille.

Le sujet est complexe, et hautement sensible. Les arguments que j'ai évoqués froisseront sans doute des personnes véganes autant que des éleveurs et des éleveuses

– ce dont je suis sincèrement désolée – d'autant plus que je n'ai pas exploré l'ensemble des arguments existants. Certains producteurs pourront par exemple me reprocher d'avoir oublié de mentionner la valeur patrimoniale et le maintien de savoirs et de savoir-faire ancestraux. Et en effet : la réalité des élevages, et des élevages paysans en particulier, ne saurait se résumer à des chiffres ou à des bilans comptables : ils forment un tout, un ensemble de relations humains-animaux tissées depuis des millénaires et que seul le corps-à-corps quotidien avec les animaux, la boue, les mises-bas qui donnent la vie au creux des nuits froides peut permettre d'appréhender. Certains véganes pourront quant à eux m'accuser de n'avoir pas été plus loin dans les fondements éthiques de l'antispécisme et de l'horreur des abattoirs, de n'être pas revenue sur cette question cruciale : si nous pouvons nous passer de tuer et faire souffrir des animaux, pourquoi continuer ?

Août 2023, Camp des Résistantes, Larzac. Je facilite une table ronde entre des antispécistes et des éleveurs, dont un représentant de la Confédération paysanne. À l'heure prévue, nous nous réunissons sur des bancs de bois, sous le barnum installé pour la rencontre. Des centaines de personnes se sont déjà rassemblées à l'ombre des grandes toiles blanches, pressées d'assister à cet échange pour le moins historique. Et en effet : cinq ans plus tôt, il n'aurait sans doute pas eu lieu. Au cours des discussions, des tensions apparaissent : comment aurait-il pu en être autrement ? Pas à pas cependant, les intervenants posent des mots sur leur vision des choses. J'encourage le public à prendre de grandes inspirations dans les moments de crispation, et les désaccords sont finalement actés dans une atmosphère relativement détendue. Nous lançons ensuite des sous-groupes de réflexion pour aborder la question de fond suivante : au-delà des clivages éthiques entre organisations paysannes et antispécistes, que pouvons-nous faire contre les fermes-usines ? La table ronde s'est conclue sur les propositions d'un public enthousiaste et bien décidé à agir au niveau local.

Je suis incapable de me positionner sur la vision d'un monde qui devrait être, à terme, avec ou sans élevage. Cela pourra paraître totalement paradoxal, mais les deux horizons me paraissent souhaitables. Ils se basent sur des réalités et des affects tellement différents cependant que je ne peux affirmer que l'un vaut mieux que l'autre. Je suis en revanche intimement convaincue qu'il y a urgence à faire front commun pour limiter le dérèglement climatique, préserver une biodiversité florissante, permettre aux producteurs de vivre dignement de leur métier et assurer une alimentation saine, savoureuse, accessible à toutes et tous, aujourd'hui et demain. En ce sens, la fin des élevages industriels et le maintien des élevages paysans, à taille humaine et respectueux du vivant, me paraissent être une étape réaliste, pour ne pas dire pragmatique, au vu des mentalités et pratiques actuelles, de la survie de l'humanité à court terme. Ce qu'il s'est passé lors de cette table ronde au Larzac pourrait être répété partout où des luttes locales se montent contre l'extension de fermes-usines afin de créer des alliances improbables mais nécessaires. En parallèle, nous avons beaucoup de progrès à faire pour assurer des conditions de naissance, d'élevage et de mise à mort qui respectent au mieux les animaux et les humains qui s'en occupent. Nous avons également beaucoup à faire pour remettre de la conscience dans l'acte de manger, voire même – j'ose le terme – du sacré, dans celui de tuer pour se nourrir.

Similicarnés : de fausses bonnes alternatives ?

11ᵉ arrondissement de Paris. Je pousse la porte d'un restaurant végétarien asiatique. Mon amie m'attend au fond de la petite salle, dans une ambiance de cantine où le bruit de conversations joyeuses se mêle aux indications données par les serveurs pressés aux cuisiniers et aux clients. Elle me tend la carte, que je parcours avec intérêt : raviolis au « porc », tempura de « crevettes »... Les plats habituellement à la viande sont tous déclinés en version végétale. Intriguée, je commande du « canard laqué » et du riz. On discute. Un instant plus tard, on nous apporte nos plats brûlants accompagnés de baguettes et de cuillères. Je me penche sur ma marmite. Des bouts de fausse viande se mêlent à des petits légumes dans une épaisse sauce brune. Ni appétissants ni repoussants, ils ne ressemblent pas tout à fait à de la volaille. Je goûte. La texture est plutôt réussie et l'ensemble du plat est délicieux. Le mois suivant, je navigue entre les stands d'un festival de La Villette, dans le 19ᵉ arrondissement de Paris, auquel on m'a invitée pour participer à une table ronde. Il est plus de midi, et l'occasion de tester une autre forme de substitut de viande se présente à moi : je croque dans un burger Beyond Meat, dont j'ai entendu parler depuis des mois sans avoir eu l'occasion d'en goûter car jusque-là, l'entreprise américaine n'avait pas commencé à exporter ses produits en France. Si le plat de canard laqué était très bon dans son ensemble, la ressemblance du burger végétal avec un vrai burger a bien failli me faire tomber à la renverse. Le steak était juteux, de la couleur d'un vrai steak, avec un petit goût grillé digne des meilleurs barbecues.

Lorsque je raconte ces expériences à d'autres amis, ils s'insurgent : comment ça, je mange quelque chose qui ressemble à de la viande ? Tant qu'à être végétarienne, autant se passer complètement de viande, pourquoi essayer de l'imiter ? Sauf que je suis végétarienne pour des raisons de conviction politique et de sensibilité, en soi, j'aime le goût de la viande et manger de temps en temps quelque chose qui y ressemble est un vrai plaisir. C'est le principe de ce que l'on appelle les *similicarnés* : imiter la texture et le goût de la viande, pour en avoir le plaisir gustatif sans son impact sur les animaux et réduire ses conséquences pour l'environnement. Le problème, c'est que derrière ces plaisirs gustatifs, on retrouve une véritable agro-industrie, souvent gourmande en additifs et en procédés industriels de transformation. Autrement dit, une alimentation qui ne profite pas au porte-monnaie des petits agriculteurs ni à la santé des consommateurs. Ce sont d'ailleurs souvent des entreprises qui vendent des produits transformés carnés qui se mettent à leurs pendants sans viande : Herta a par exemple lancé en 2019 un steak haché cru entièrement végétal dans les supermarchés français tandis qu'aux États-Unis, la célèbre chaîne de fast-food KFC a commercialisé ses premiers nuggets de poulet véganes en janvier 2022.

Viande éprouvette

1932. « Dans cinquante ans, nous échapperons à l'absurdité de cultiver un poulet entier pour manger la poitrine ou l'aile en cultivant ces parties séparément dans un milieu approprié », annonce, visionnaire, Winston Churchill. En 2013, la prophétie de celui qui fut Premier ministre du Royaume-Uni se réalise : le premier steak cellulaire naît dans un labo américain. Il pèse près de deux millions d'euros le kilo. En 2022, ses frères et sœurs ne coûtent « plus que » quelques centaines d'euros le kilo, une centaine d'entreprises se sont lancées dans l'aventure et parmi les deux qui ont entrepris la course de laboratoire en France, la start-up Gourmey a levé quarante-huit millions d'euros pour industrialiser la production de foie gras de culture en plein Paris. La viande cellulaire, ou viande *in vitro,* consiste à prélever des cellules souches sur un animal, pour ensuite les multiplier en laboratoire jusqu'à former un bout de viande. De quoi faire trembler les représentants des filières viande du monde entier.

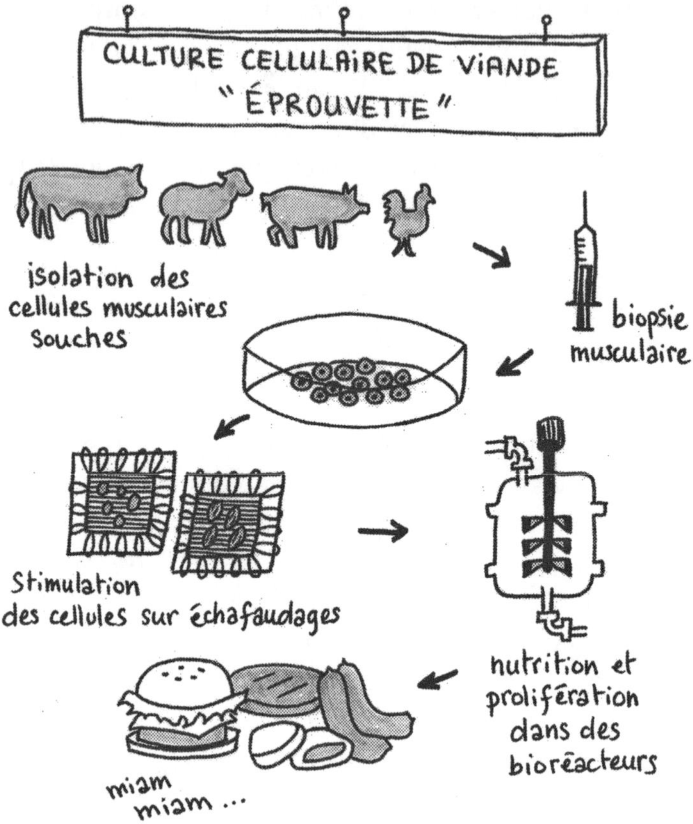

Illustration 3. Fabrication de la viande cellulaire.

En 2023, la production de viande cellulaire coûte encore très cher et aucune entreprise n'est en mesure d'affirmer avec certitude qu'elle sera bientôt généralisée à des coûts abordables. Pour baisser le seuil d'acceptabilité en matière de prix, certaines entreprises visent la production d'aliments qui sont *de facto* très coûteux : c'est le cas du foie gras, mais aussi du thon rouge et de la viande de kangourou. Dans cette période charnière où la viande cellulaire n'est pas encore autorisée dans nos assiettes mais pourrait l'être prochainement, des élus se retrouvent interpellés par des représentants aux intérêts diamétralement opposés. D'un côté, des paysans et des éleveurs français pour qui la viande de synthèse est une insulte aux traditions et aux terroirs français. De l'autre, des entrepreneurs français qui voient dans ce nouveau produit une manne financière indéniable. Ces derniers agitent le drapeau du libéralisme en arguant que la France est en train de prendre du retard vis-à-vis des pays concurrents et demandent à ce que la recherche publique s'empare du sujet. Et pour cause : pour des pays comme le Qatar ou Singapour, qui possèdent très peu de terres arables, le recours à la viande produite en laboratoire peut être un pas vers leur souveraineté alimentaire. Singapour a ainsi pris de l'avance et a déjà autorisé la commercialisation de viande *in vitro* – quoique à des prix encore rédhibitoires, à savoir plus de cinquante dollars le nugget. Pour la plupart des entreprises de pays tels que les États-Unis ou les Pays-Bas cependant, le principal argument affiché est d'ordre éthique – le recours à de la viande cellulaire permet d'éviter la mort de millions d'animaux – et environnemental : s'il n'y a plus besoin d'animaux pour le produire, un steak ne sera plus responsable d'autant d'émissions de gaz à effet de serre, d'usage de terres ou de consommation d'eau.

Qu'en est-il réellement de ces affirmations ? Concernant le bien-être animal, l'atout de la viande-éprouvette est bien réel, et pas des moindres : en 2019, les activités d'élevage et d'abattage ont causé la mort de plus de quatre-vingts milliards d'animaux terrestres et plus de trois cents milliards d'animaux aquatiques dans le monde. Par ailleurs, une étude parue en 2020 dans *Nature* a montré que la viande *in vitro* requiert moins de terres et génère moins d'eutrophisation[1] des milieux que la plupart de ses équivalents carnés. Mais cette étude ne prend pas en compte les services écosystémiques rendus par l'élevage de ruminants, comme l'entretien des milieux ouverts et de la biodiversité associée. Concernant les émissions de gaz à effet de serre, les résultats ne sont pas au rendez-vous : la viande cellulaire en émet bien moins que le bœuf, mais plus que le porc et le poulet. Et encore, une autre étude, publiée l'année précédente, a montré qu'elle pouvait même émettre plus de gaz à effet de serre que la viande bovine… La production de viande-éprouvette consomme en effet beaucoup d'énergie et génère quantité d'émissions de CO_2. Concernant l'eau, c'est la même chose : le gain n'est pas encore vraiment tranché. La fabrication de viande *in vitro* nécessiterait entre quatre cents et cinq cents litres d'eau par kilogramme, contre cinq cent cinquante à sept cents litres pour de la viande de bœuf issue de l'élevage.

---

1. L'eutrophisation est le déséquilibre écologique d'un milieu aquatique dans lequel des nutriments se sont accumulés et ont conduit à la prolifération de végétation de type algues vertes, ainsi qu'à l'appauvrissement du milieu en oxygène.

Enfin, le débat « pour ou contre la viande *in vitro* » dépasse largement la question de la souffrance animale et de l'environnement : il illustre avant tout l'opposition entre deux mondes. D'un côté, un monde où l'on va chercher des solutions dans les alternatives végétales, la sobriété, l'agroécologie, l'autonomie paysanne, la diversification et la résilience des modèles agricoles et alimentaires. De l'autre, un monde où l'on se tourne vers des solutions technophiles, qui aggravent la concentration des pouvoirs par une poignée d'industriels et font perdre encore un peu plus d'autonomie à nos systèmes agricoles et alimentaires.

Insectes un jour, insectes toujours ?

« Jean était vêtu de poil de chameau, avec une ceinture de cuir autour des reins ; il se nourrissait de sauterelles et de miel sauvage » (Marc 1: 6). Dans le Nouveau Testament déjà, saint Jean assume l'entomophagie. Une pratique aujourd'hui très répandue dans le monde : deux milliards de personnes mangent régulièrement des insectes. Au Mexique, les vers rouges du maguey sont par exemple récoltés sous les feuilles d'Agave pour agrémenter les bouteilles de mezcal et les tortillas. Ils sont aussi réduits en poudre et mélangés à du sel et du piment : les Mexicains en mettent sur le dos de leur main, lèchent ce « sel de *gusano* », boivent immédiatement une gorgée d'alcool puis croquent dans une tranche d'orange ou d'ananas : l'équivalent de la « tequila-paf » que l'on retrouve en France !

En Namibie et en République du Soudan, les punaises du melon sont détestées en agriculture mais très appréciées en cuisine. Selon les régions, elles sont utilisées sous forme de poudre comme assaisonnement ou épice, ou bien sous forme d'huile, extraite des punaises après trempage dans de l'eau chaude. Cet « um-buga » constitue une ressource alimentaire majeure dans certains territoires soudanais, en particulier lorsque la nourriture se fait rare.

Et en Europe ? D'après Ulysse Aldrovandi, un scientifique italien touche-à-tout de la Renaissance, au XVIe siècle les vers à soie frits étaient appréciés des soldats allemands et italiens. Mais on ne peut pas dire que la pratique soit entrée dans les mœurs de la population italienne ni dans celles des populations voisines… Quoi qu'il en soit, de nos jours les innovateurs passionnés du secteur sont prêts à tout pour franchir les barrières culturelles des Européens. Ces dernières années, plusieurs demandes d'autorisation de mise sur le marché ont été accordées par l'Union européenne et l'on peut dorénavant retrouver dans nos magasins, nos restaurants préférés ou comme ingrédients de certains produits transformés les larves de vers de farine, les criquets migrateurs, les grillons domestiques et les petits ténébrions, sous forme surgelée, séchée ou en poudre. En Belgique par exemple, Gabrielle Wittock a fondé Yuma, une start-up qui utilise de la farine de grillons pour fabriquer des biscottes et des crackers. Dans une interview accordée au *Parliament Magazine* en 2022, l'entrepreneuse explique que « les grillons ont un goût de noix, avec un petit arrière-goût fumé ; les vers de farine ressemblent au bacon fumé et les fourmis ont une saveur de citron bien distincte ».

Je ne sais pas si la consommation d'insectes a de l'avenir en Europe et en France. Mais je suis sûre d'une chose : le monde proposé par des entreprises telles que Ynsect, la start-up française qui se définit comme le leader mondial dans le domaine de l'alimentation animale et humaine à base d'insectes, ne me fait pas rêver. Sur son site, Ynsect met en avant ce que la production de cette alimentation alternative présuppose : « des fermes verticales à la pointe de la technologie, ayant recours à la robotique, la vision par ordinateur et l'Intelligence Artificielle », avec « [une] expertise et [un] savoir-faire protégés par plus de 370 brevets ». Sans pour autant rejeter toute innovation technologique, il me paraît clair que nous n'avons pas besoin de cette armada d'évolutions numériques, gourmandes en énergie, dépendantes de l'extraction de minéraux fossiles et possédées par une poignée d'entrepreneurs pour transformer notre modèle agricole et alimentaire. De nombreuses études scientifiques qui s'intéressent aux alternatives à base d'insectes le rappellent : la réduction de la consommation de produits animaux et la végétalisation de notre alimentation restent les solutions les plus efficaces de toutes pour réduire notre empreinte environnementale sur le monde. Et elles sont bien plus à même de permettre aux agriculteurs et donc à l'ensemble de la société d'asseoir leur résilience et leur autonomie.

Bio, local, équitable…
S'y retrouver dans la jungle des labels

Quelles différences entre labels officiels, mentions valorisantes et démarches privées ?

Les labels font couler beaucoup d'encre, et il est rare que l'on ne me pose pas de question sur le sujet lorsque je fais une interview. Ils ne représentent pourtant qu'une faible part des achats de la population française et sont, pour la grande majorité, méconnus du grand public : le label d'agriculture biologique (AB), qui est le plus célèbre, totalise 6,5 % du total des achats en valeur, et le Label rouge, qui est le deuxième le plus connu après le bio, 1,7 % seulement en 2020. Certains labels sont pourtant essentiels pour orienter les mangeurs et les mangeuses en quête de produits durables et méritent d'être soutenus.

Commençons par faire le point sur ce qu'est un label. Il en existe deux grands types : les labels officiels et les démarches privées. Les labels officiels sont appelés « signes de qualité et de l'origine » (SIQO) et la plupart d'entre eux sont en fait des labels européens : c'est le cas de l'AB, des appellations d'origine (AOP et sa déclinaison française AOC), des indications géographiques protégées (IGP) et des spécialités traditionnelles garanties (STG). Valable uniquement en France, le Label rouge est également un SIQO. Tous ces labels sont pilotés par l'Institut national de l'origine et de la qualité (INAO), qui agrée des organismes certificateurs indépendants. Ces derniers réalisent des contrôles réguliers auprès des agriculteurs et des agricultrices pour s'assurer du respect du cahier des charges des certifications, définis selon des conditions de production validées par l'État. Un deuxième niveau de contrôle permet de s'assurer de la conformité des produits : ce sont les tests effectués régulièrement par la Direction générale de la concurrence, de la consommation et de la répression des fraudes (DGCCRF).

En plus des SIQO, des *mentions valorisantes* ont été mises en place au niveau européen et national : ce sont les appellations « Fermier » ou « Produit de la ferme », « Produit de montagne » et « Montagne » (le deuxième venant compléter, au niveau français, le premier qui est européen), « Produit pays » (qui peut être complété par sa traduction créole « produit péi » ou « produit peyi ») et enfin « issu d'une exploitation à haute valeur environnementale » (HVE). En dehors de la mention « issu d'une exploitation HVE », qui implique la certification de la ferme dont vient le produit par un organisme indépendant, ces mentions peuvent être apposées par les producteurs et les productrices dès lors qu'ils respectent les normes correspondantes établies par l'Europe. C'est la DGCCRF qui est chargée de contrôler le bon emploi de ces mentions valorisantes.

Les démarches privées sont quant à elles pléthoriques et recouvrent des fonctionnements très différents. Certaines, comme Bleu Blanc Cœur et Bio Équitable France, mettent en place des cahiers des charges précis et des contrôles par des organismes certificateurs tiers. D'autres, de type « Élu produit de l'année », « Produit durable » « ou « Véritable saucisse de Montbéliard », sont des mentions apposées par des distributeurs ou des marques sans mise en place volontaire de contrôles externes.

Les cahiers des charges de certains labels sont très proches de ceux du conventionnel

Venons-en à ce qui nous intéresse ici, à savoir la fiabilité et l'impact de ces labels. Cela revient à se poser trois questions : quels labels respectent réellement leurs engagements (lien au terroir, qualité gustative, préservation de l'environnement...), lesquels permettent d'attester de la véritable durabilité d'un produit et dans quelle mesure des fraudes sont-elles à déplorer ? Ce sont des questions sur lesquelles j'ai beaucoup travaillé lorsque j'étais à Greenpeace France et à BLOOM. Commençons par le respect des engagements des démarches, autrement dit : lorsqu'un produit revendique un lien au terroir, un savoir-faire traditionnel ou une qualité supérieure, qu'en est-il de la réalité ?

L'UFC-Que Choisir a analysé en 2021 huit AOP fromagères et quatre filières viandes sous Label rouge. Elle a montré que pour trois de ces AOP fromagères – Saint-Nectaire, Cantal et Munster – les productions d'entrée de gamme étaient similaires aux productions industrielles sans AOP. Elle a également montré que si le bœuf et la volaille Label rouge présentaient des cahiers des charges réellement mieux-disants comparé aux filières conventionnelles, ce n'était pas le cas pour la viande de porc, très proche des systèmes conventionnels industriels (et dans lesquels les conditions de vie des porcs sont très dégradées). La conclusion est simple mais frustrante : certains SIQO sont de véritables gages de durabilité, quand d'autres ne le sont pas du tout. Or, il n'y a pas d'analyse exhaustive de l'ensemble des signes de qualité existants, bien trop nombreux : on dénombre en effet plus de cinq cents AOP, deux cent soixante IGP et quatre cent trente Labels rouges ! Difficile, donc, pour les mangeurs et les mangeuses, de s'y retrouver…

Les labels bio en tête du classement

En 2020, un homologue du WWF avec qui je collaborais régulièrement est venu me voir pour me proposer de travailler conjointement sur une analyse des labels. Il avait beaucoup échangé avec le BASIC (Bureau d'analyse sociétale pour une information citoyenne), un bureau d'études dédié aux questions socio-économiques et environnementales de l'alimentation et qui avait énoncé la possibilité d'établir une méthodologie rigoureuse d'analyse des signes de qualité. Deux mois plus tard, un partenariat était signé entre le WWF, Greenpeace France et ce bureau d'étude. Publiées un an après, ces recherches ont été les premières en France à entrer dans une telle finesse d'analyse de la durabilité des labels.

Les critères établis par le BASIC prennent en compte quatorze dimensions de la durabilité, telles que l'épuisement des ressources et l'érosion de la biodiversité pour les aspects environnementaux d'une part, et l'impact sur la santé humaine, l'atteinte d'un niveau de vie décent des producteurs et le bien-être animal pour les aspects socio-économiques d'autre part. Au final, onze démarches ont été analysées. Les résultats sont sans appel : celles qui ont les meilleurs scores dans les deux aspects, environnemental et socio-économique, sont celles qui sont apparentées à l'agriculture biologique, à savoir le label officiel AB, mais aussi les démarches privées dont les cahiers des charges sont plus exigeants encore : Bio Équitable en France, Demeter et Nature & Progrès. Lancée en mai 2020 par des passionnés de l'agriculture biologique pour ajouter une dimension équitable et 100 % française à l'AB, la démarche Bio Équitable en France est celle qui a obtenu les meilleurs scores parmi les onze étudiées. Celles qui ont les pires scores parmi les onze analysées sont Agri Confiance, Zéro Résidu de Pesticides et la Haute Valeur Environnementale. La HVE, créée et pilotée par l'État suite au Grenelle de l'environnement, permet pourtant aux producteurs, au même titre que l'AB, de bénéficier de subventions supplémentaires de la PAC et ce, malgré le combat assidu des associations pour empêcher que cela n'advienne…

Le commerce équitable

Depuis 2014, date de passage de la loi Hamon, le commerce équitable Nord-Nord est officiellement reconnu. Il découle de la même ambition que le commerce équitable Nord-Sud, quoique dans un contexte foncièrement différent : lutter contre les asymétries de pouvoir entre les producteurs et la grande distribution. Pour pouvoir prétendre au titre d'équitable, un produit doit faire l'objet d'un contrat d'une durée minimum de trois ans entre les différentes parties, le prix payé aux producteurs doit être rémunérateur (basé sur les coûts de production) et une somme supplémentaire doit être versée par l'acheteur pour renforcer les capacités d'organisation des travailleurs et des travailleuses qui fournissent les produits. Dorénavant, plusieurs marques ou labels existent, comme « Ensemble, Solidaires du producteur au consommateur » de Biocoop (près d'un millier de références) ou encore « Bio. Local. Équitable. » lancé par la Fédération de l'agriculture biologique en 2020. D'après les contrôles réalisés par la DGCCRF en 2019-2020, la quasi-totalité des produits étiquetés « commerce équitable » sont conformes aux normes.

Alimentation bio : quels bénéfices pour la santé ?

Faisons maintenant un point sur le bio, afin de comprendre ce qui se cache réellement derrière ce label. Initiée dans les années 1920 par des penseurs et des agronomes, l'agriculture biologique a été reconnue par les pouvoirs publics français en 1981 à travers la certification « AB ». Quarante ans plus tard, de nombreuses questions continuent d'être posées : est-elle réellement bénéfique pour la santé ? Ne s'est-elle pas industrialisée, au détriment de son ambition initiale, et peut-on toujours lui faire confiance ? Les produits bio importés ont-ils un cahier des charges aussi exigeant que le label français ? Ayant passé des années à travailler sur les enjeux de l'agriculture et de l'alimentation, la réponse est pour moi sans ambiguïté : oui, la certification « AB » a fait ses preuves, et il est urgent de la soutenir.

La première raison qui motive les mangeurs et les mangeuses à acheter des produits bio, c'est leur santé. C'est une question sur laquelle les experts sont très prudents. D'une façon générale, il n'est pas possible de dire qu'un aliment bio est plus *sain* qu'un autre aliment simplement parce qu'il est bio. La définition d'un produit *sain* dépend en effet de beaucoup trop de critères, et de ce qui est comparé. Il serait par exemple inadapté de dire qu'un fruit produit avec des pesticides chimiques est moins bon pour la santé qu'un produit bio mais ultratransformé, très gras et très salé… Ainsi, début 2023 les études n'étaient toujours pas en mesure de conclure avec certitude, c'est-à-dire avec un lien de *causalité*, que l'alimentation bio est meilleure pour la santé. Il est cependant possible de comparer, d'un point de vue scientifique, deux choses : ce que l'on trouve ou non au sein d'une même famille de produits bio et conventionnels, et comment se portent les personnes qui ont une alimentation majoritairement bio par rapport aux personnes qui n'en consomment pas, ou peu. Et en ce sens, les résultats sont très positifs. Je me suis basée sur deux études récentes pour établir les conclusions qui vont suivre. La première, parue en 2017, est une revue de l'ensemble des données existantes concernant les liens entre santé et alimentation bio. Elle a été réalisée par un consortium de chercheurs et de chercheuses du monde entier. La deuxième a été publiée fin 2021 par les auteurs du projet français BioNutrinet et s'appuie sur une cohorte de trente-cinq mille personnes. Elle étudie les liens entre la bio, la santé, l'environnement, les régimes alimentaires et leur coût.

Que nous apprennent ces études ? D'un point de vue de la composition nutritionnelle des aliments, il existe quelques différences mais qui restent mineures : les fruits et légumes bio ont une teneur en composés phénoliques légèrement plus élevée, et les céréales bio ont une teneur en cadmium légèrement plus basse. Les composés phénoliques jouent un rôle dans la prévention de maladies non-transmissibles comme les maladies cardiovasculaires, la dégénération neurologique et le cancer. Le cadmium est cancérigène, toxique pour le foie et déminéralise les os.

De plus, les produits laitiers bio ont de meilleures teneurs en acides gras oméga-3, nécessaires au développement et au fonctionnement de la rétine, du cerveau et du système nerveux. En ce qui concerne la teneur en vitamines et autres minéraux, les revues scientifiques systématiques ne permettent pas de conclure à des teneurs significativement plus élevées pour les produits bio. Ainsi, il n'est pas possible d'affirmer, d'un point de vue rigoureusement scientifique et en se basant sur la seule *composition nutritionnelle* des produits, que le bio est, dans son ensemble, meilleur pour la santé.

Ce n'est pas là que l'important se joue ; regardons au-delà de la composition nutritionnelle des aliments. Le cahier des charges AB interdit tout recours aux pesticides et aux engrais de synthèse, ainsi qu'aux OGM. Elle interdit également le recours à certains produits de nettoyage et de désinfection des bâtiments agricoles où sont stockés les grains ou les animaux, ainsi qu'à de nombreux additifs, tels que l'aspartame. Au total, seulement cinquante-cinq additifs sont autorisés en bio contre plus de trois cents dans le conventionnel, et quatre seulement sont d'origine chimique. Cela ne signifie pas qu'un aliment bio est totalement exempt de ces produits : il peut exister des fraudes, des pollutions et des contaminations croisées, lors d'un contact avec des produits non bio au moment du transport ou du stockage par exemple. D'après les contrôles de la DGCCRF cependant, réalisés sur des milliers d'échantillons et dans toute la France, seulement 15 % des produits bio d'origine végétale présentent des résidus de pesticides détectables, contre la moitié des produits conventionnels de la même famille.

En 2022, l'UFC-Que Choisir a repris les quatorze mille échantillons contrôlés par la DGCCRF : parmi les pesticides détectés, pas moins de cent cinquante substances sont suspectées d'être cancérogènes, mutagènes, reprotoxiques[1] ou constituent des perturbateurs endocriniens. Par ailleurs, dans près d'un tiers des échantillons de fruits et légumes issus de l'agriculture « conventionnelle », il n'y a pas une mais deux substances à risque identifiées. Les aliments les plus contaminés sont les cerises, les céleris, les pamplemousses, les pêches-nectarines ainsi que les thés et les infusions. Une donnée non négligeable lorsque l'on sait que certains pesticides, lors d'une exposition prolongée ou du fait de l'effet cocktail des mélanges, posent de graves problèmes tels que des troubles du développement chez l'enfant, des troubles neurologiques ou du comportement (Parkinson, Alzheimer...), des troubles de la fertilité et de la reproduction ou encore certains cancers.

Le gouvernement et les industriels de la pétrochimie se défendent en rappelant que la majorité de ces résidus restent sous le seuil des limites maximales autorisées, ou « LMR ». C'est vrai. Sauf que d'une part, ces LMR ont été définies en se basant principalement sur les données des industriels eux-mêmes et, d'autre part, elles ne prennent pas en compte les potentiels mélanges ou croisements

1. Toxiques pour la reproduction.

de différentes substances entre elles, à savoir ce que l'on appelle l'*effet cocktail*. Encore très peu étudié, cet effet cocktail peut être explosif en matière de perturbation endocrinienne, de cancérogénicité et de neurotoxicité.

L'alimentation bio permet donc de se prémunir au mieux de ces dangers pour la santé. Par ailleurs, on ne peut isoler la santé des humains, des animaux d'élevage et sauvages, et celle des écosystèmes : c'est ce que s'attache à démontrer le concept « One Health » (« une seule santé »). La menace de l'antibiorésistance en constitue une parfaite illustration.

L'agriculture bio : une réponse à l'antibiorésistance

Il est un sujet bien moins connu du grand public, qui a pourtant été déclaré comme étant « l'une des plus graves menaces pesant sur la santé mondiale, la sécurité alimentaire et le développement » par l'OMS en 2015 et que le ministère de la Santé définit également comme un enjeu grave de santé publique : la résistance des bactéries aux antibiotiques, ou *antibiorésistance*. Ce phénomène s'explique par la fameuse course aux armements de la sélection naturelle : dès l'invention des premiers antibiotiques dans la seconde moitié du XIXe siècle, des bactéries ont muté spontanément et sont ainsi devenues résistantes à certains d'entre eux. Le mécanisme d'amplification est simple : lorsqu'un corps est exposé à des antibiotiques, les bactéries qui y sont sensibles meurent et les quelques bactéries résistantes peuvent alors devenir majoritaires, rendant inefficace un traitement ultérieur. L'usage massif et déraisonné des antibiotiques pour la santé humaine et animale a ainsi accéléré largement ce phénomène dans le monde entier, Europe incluse, à tel point qu'aujourd'hui il concerne l'ensemble des bactéries pathogènes. Or, la recherche découvre de moins en moins de nouveaux antibiotiques et dorénavant, le rythme d'apparition de résistances dépasse celui des innovations. Certaines infections sont ainsi devenues impossibles à traiter. En France, en 2015, cent vingt-cinq mille infections à bactéries multirésistantes ont été déclarées et ont abouti au décès de plus de cinq mille cinq cents personnes. Au niveau mondial, entre sept cent mille et un million trois cent mille décès seraient attribuables à l'antibiorésistance chaque année. Si l'on continue sur cette voie, il se pourrait qu'en 2050 les maladies infectieuses (angine à staphylocoque par exemple, ou pneumonie bactérienne) redeviennent l'une des premières causes de mortalité dans le monde. Accessoirement, leur coût financier pourrait alors atteindre les cent mille milliards de dollars. En Europe, ce coût s'élève d'ores et déjà à un milliard et demi d'euros annuel. C'est d'ailleurs précisément pour toutes ces raisons qu'en 2020, une médecin du centre hospitalier de Nice a rejoint le groupe local de Greenpeace qui militait en faveur de plus de menus végétariens dans les cantines : elle n'arrivait plus à soigner certains de ses patients et en était venue à la conclusion qu'il fallait réduire notre consommation de viande industrielle.

En France, les deux tiers des antibiotiques sont destinés à la santé humaine, et le tiers restant à la santé vétérinaire. Du côté des animaux, les lapins, les chats, les chiens et les cochons sont les espèces les plus exposées. Chez les porcs, dont la viande est la principale chair consommée sur le territoire français, ces traitements servent majoritairement à traiter les maladies urogénitales des truies (infections urinaires, avortements…) et leurs infections dites systémiques (streptocoques, anorexies…). Pour les porcs en post-sevrage et en centre d'engraissement, ils sont destinés, en premier lieu, à soigner des maladies respiratoires et digestives. En santé humaine comme en santé animale, des programmes de diminution du recours aux antibiotiques ont été développés. Et si très peu de personnes aujourd'hui ont pris conscience de l'ampleur du problème, la plupart d'entre nous ont sans doute retenu dans un coin de leur tête la fameuse maxime « Les antibiotiques, ce n'est pas automatique ». Ces campagnes nationales de réduction de l'usage des antibiotiques ont fait effet : dans le secteur de l'élevage par exemple, l'Europe comme la France ont réduit les volumes utilisés de plus de 40 % entre 2011 et 2018-2020. Malgré les réels efforts entrepris, la France reste cependant, en 2021, le 5e pays européen le plus consommateur d'antibiotiques par habitant pour ce qui est de la consommation humaine, avec des taux supérieurs de 30 % à la moyenne, et le 3e pays européen le plus consommateur d'antibiotiques en santé vétérinaire (ramené au nombre d'animaux). Comble de la situation, nous en sommes venus à diffuser des bactéries résistantes dans tous les milieux. Les stations d'épuration urbaines, dont proviennent majoritairement les résidus des antibiotiques, les bactéries et les gènes de résistance, ont largement contaminé les eaux. À Paris par exemple, 30 à 50 % des bactéries rejetées dans les eaux usées s'avèrent résistantes. Les sols peuvent également devenir de véritables réservoirs de bactéries résistantes, du fait de l'épandage de boues d'épuration et d'effluents d'élevage pour les fertiliser.

Pourquoi tant d'antibiotiques en santé animale ? Comme chez les humains, ces traitements sont parfois utilisés pour soigner des maladies. Très souvent cependant, ils sont utilisés de manière prophylactique, c'est-à-dire pour prévenir une infection. Lorsqu'un animal est malade, l'éleveur peut décider d'administrer des antibiotiques à l'ensemble du troupeau ou des poissons pour empêcher que tous les individus ne tombent malades à leur tour. Dans de nombreux pays, comme en Amérique latine, les antibiotiques sont également utilisés pour favoriser la croissance des animaux – une pratique interdite par l'Union européenne depuis 2006. Interdiction d'usage ne signifie pas interdiction d'importation : il aura fallu attendre 2022 pour que la France proscrive l'importation de viande élevée avec des activateurs de croissance… pour une durée d'un an seulement. L'aquaculture marine et d'eau douce est également sous le feu des projecteurs dans de nombreux pays, comme en Écosse où des associations dénoncent l'usage trop important d'antibiotiques dans les élevages de saumons. Mais l'enjeu majeur pour ce secteur concerne avant tout les pays à faibles et moyens revenus, dans lesquels la demande en protéines animales ne cesse d'augmenter et où l'aquaculture est en forte croissance. Nombre de ces pays ont massivement recours aux antibiotiques pour combattre les maladies infectieuses. Or, les prévisions anticipent une augmentation de ces dernières du fait de la hausse des températures. Associée à l'industrialisation d'une partie de la production pour répondre à l'augmentation de la demande, cette hausse du recours aux antibiotiques pourrait contribuer à l'aggravation du phénomène d'antibiorésistance dans ces pays et réduire la productivité du secteur.

Vous l'aurez compris : la résistance aux antibiotiques constitue une menace au niveau mondial. Seuls une quarantaine de pays ont mis en place des plans de suivi du recours aux antibiotiques et leur usage global ne cesse d'augmenter, poussé par une consommation croissante de viande dans les pays émergents. L'agriculture bio, parce qu'elle restreint l'usage de ces médicaments, constitue une alternative majeure et contribue à préserver notre santé à toutes et tous. Quoique moins évident et surtout moins connu, cet argument est sans aucun doute, avec la réduction de l'exposition aux pesticides, un élément déterminant dans la nécessité de développer ce mode de production et d'alimentation.

Label bio français ou européen : quelles différences ?

On m'a souvent demandé si le label européen n'était pas moins exigeant que le label français AB. Qu'en est-il de la réalité ? Au sein de l'Union européenne, le premier règlement sur l'agriculture biologique est entré en vigueur en 1992, complété en 1999 par de nouvelles règles en matière d'élevage. En 2005, des débats tendus ont eu lieu autour de la proposition d'un nouveau règlement, en particulier autour de la question des OGM : les écologistes, français en particulier, refusaient toute trace d'organismes génétiquement modifiés. L'UE a finalement adopté la norme du conventionnel : au-delà du seuil de 0,9 % maximum d'OGM détectés, un produit perd son label bio. Adopté en 2007, le nouveau règlement rend caduques les standards nationaux et le label français AB, alors plus contraignant, doit s'aligner sur son pendant européen. Seuls certains produits continueront d'avoir un cahier des charges français, à savoir les lapins, les escargots, les cailles et les autruches, qui ne sont pas pris en compte dans le cahier des charges européen. Le logo associé, l'Eurofeuille, est obligatoire depuis le 1er juillet 2010 sur tous les produits alimentaires issus de l'agriculture biologique et fabriqués en Europe. L'apposition du label AB sur les produits français devient facultative.

En 2018, l'Union européenne publie un nouveau règlement. Là encore, ces différents points font l'objet de fortes tensions. Finalement, le cahier des charges retenu a vu certains de ses éléments améliorés, quand d'autres ont été au contraire affaiblis. Parmi les points positifs se trouvent la suppression sur cinq ans des accords qui permettent aux produits bio des pays tiers, aux exigences parfois moins strictes, d'obtenir une équivalence aux produits bio européens lorsqu'ils entrent sur le Vieux Continent, le durcissement des contrôles des produits bio importés, ainsi que l'autorisation de la commercialisation de semences paysannes. Ce dernier point est important car jusque-là, toute semence commercialisée devait être enregistrée dans un catalogue officiel dont les normes rendaient impossible l'inscription de semences paysannes, trop hétérogènes et trop instables au regard de ces normes faites pour répondre aux besoins standardisés de l'industrie agroalimentaire. Désormais, les semences paysannes, dès lors qu'elles sont produites selon les règles de l'agriculture biologique, n'ont plus besoin de passer par l'inscription à ce catalogue officiel pour être commercialisées. Parmi les points négatifs du nouveau règlement se trouvent l'espacement des contrôles de conformité dans le cas où trois visites annuelles consécutives n'auraient pas révélé de problème, l'autorisation de certains pesticides et l'absence de limite de taille des élevages.

Enfin, même si du point de vue français certaines évolutions sont critiquables, il ne faut pas oublier que cette harmonisation des cahiers des charges a permis de limiter les distorsions de concurrence entre pays (et donc de ne pas aggraver la pression économique sur les agriculteurs bio français en leur imposant des règles plus contraignantes que celles en vigueur dans les autres pays), et de tirer vers le haut les standards en vigueur de l'ensemble des pays de l'Union européenne et de pays tiers exportateurs moins-disants.

« Le local, c'est l'idéal » : un mythe à tempérer

Le local a le vent en poupe. En même temps que le souverainisme monte et que le gouvernement entreprend des grands plans de relocalisation de l'économie, porté par un contexte de crise sanitaire et d'inquiétudes sur les approvisionnements extérieurs, l'amour des Français et des Françaises pour les produits nationaux, locaux ainsi que pour les circuits courts se renforce. C'est particulièrement vrai depuis le début de la pandémie de Covid : les mangeurs et les mangeuses choisissent de plus en plus les commerces de proximité pour faire leurs courses. Dans les enseignes de distribution classique, parmi les mentions apposées sur les produits alimentaires, celle de l'origine est la plus fréquemment regardée.

De nos jours, il n'existe pas de définition officielle d'un produit local. Souvent, les consommateurs apprécient un produit local parce qu'ils l'associent à du circuit court, à un lien direct avec le producteur, aux spécificités d'un terroir ou à une meilleure qualité générale des produits. Or, un produit peut être issu d'un circuit court, c'est-à-dire issu d'une chaîne de production incluant très peu d'intermédiaires, mais être importé de l'autre bout du monde. Par ailleurs, un aliment produit localement ne dit rien sur le mode ou le type de production : une usine de Coca-Cola implantée dans la ville d'à côté produit des sodas locaux, et une porcherie industrielle installée aux abords du village voisin importe du soja OGM qui a potentiellement contribué à la déforestation des savanes arborées brésiliennes et à l'expulsion de communautés indigènes tout en produisant de la « viande locale ».

Alors faisons le point : en quoi acheter le plus possible local est-il essentiel ? Les transports de marchandises et les transports des ménages dédiés à l'alimentation représentent 19 % de l'empreinte carbone totale de l'alimentation des personnes habitant en France (chiffre 2022). Ce sont surtout les transports routiers qui pèsent dans la balance (plus que le transport par bateau, peu émetteur de gaz à effet de serre, et l'avion, très émetteur de GES mais représentant une très faible part du trafic). Réduire les distances entre les lieux de production et les lieux de consommation fait donc partie des leviers majeurs à actionner pour limiter le dérèglement climatique.

Contrairement à de nombreuses croyances cependant, et malgré le poids des transports dans les émissions de gaz à effet de serre, acheter local n'est pas le levier le plus efficace pour réduire l'impact de son alimentation sur les équilibres du monde. D'un point de vue climatique, les deux tiers des émissions proviennent en réalité de la *phase de production agricole*. Concrètement, le gaz qui pèse le plus dans le bilan total des émissions de notre alimentation est le méthane ou CH_4 (29 %), issu de la fermentation entérique des ruminants (leurs rots, en somme) et des effluents d'élevages (fumiers et lisiers). Le deuxième gaz qui pèse le plus est le protoxyde d'azote, ou N_2O (23 %

du bilan carbone total), qui provient en grande majorité de la fabrication et de l'usage d'engrais azotés. En résumé, ce qui compte le plus n'est pas tant *où* a été produite la nourriture (à quelle distance) mais *comment* elle a été produite (avec ou sans engrais de synthèse, avec ou sans système herbager…), et *quels types* de produits la composent (la production de viande émettra toujours plus de méthane que celle de haricots). Aux États-Unis, une étude réalisée en 2008 a ainsi montré que remplacer la viande rouge et les produits laitiers par des sources de protéines végétales un jour par semaine réduirait davantage les émissions de gaz à effet de serre que d'acheter toute sa nourriture localement.

Le local ne répond donc pas, à lui seul du moins, à l'enjeu climatique auquel notre société fait face. Par ailleurs, et contrairement à une autre croyance très répandue, la vente directe ou en circuit court de proximité n'est pas non plus synonyme d'une meilleure marge systématique pour les producteurs et les productrices. En 2018, le taux de marge moyen des fermes qui ont écoulé la majeure partie de leurs produits en vente directe était de 35 %, contre un taux de marge moyen de 34 % pour les exploitations qui ne commercialisent pas du tout en vente directe. En fait, les situations varient fortement d'une ferme à une autre et il n'est pas possible d'établir une tendance générale en termes de performance économique. L'une des raisons tiendrait de la difficulté, pour certains paysans qui manqueraient de formation sur le sujet, à définir des prix de vente suffisants pour être rentables.

Localisme populiste *vs* localisme cosmopolite

Si Marine Le Pen promeut les produits français ou locaux, ce n'est pas pour rien. Les chercheurs Nicolas Bricas et Damien Conaré l'ont parfaitement décrit dans leur ouvrage *Une écologie de l'alimentation* paru en 2021 : « Le local possède également une face sombre, marquée par une dimension identitaire, de repli sur soi et de rejet de l'altérité, où il s'agit de flatter spécificités et authenticités. Un discours assez répandu, repris par les partis d'extrême droite, promeut un "localisme" dans une version défensive, traditionaliste et étriquée. »
Aux élans nationalistes du localisme, les chercheurs opposent la notion de *localisme cosmopolite*, qui nous invite à penser nos territoires comme des lieux de subsistance interconnectés et solidaires, dans une forme hybride qui tisse les liens entre ancrage territorial et ouverture transnationale.

Le local ne dit rien non plus sur la biodiversité, la qualité des eaux, des sols et de l'air, le bien-être animal, la santé humaine et le respect des droits humains tout au long de la chaîne de production. Si demain notre nourriture est entièrement locale, ou même française, mais que l'eau des rivières se tarit, qu'il n'y a plus assez de pollinisateurs pour faire fleurir nos champs et nos vergers, que les taux de cancers des travailleurs agricoles et des mangeurs grimpent en même temps que les événements climatiques extrêmes se multiplient, qu'aurons-nous gagné ?

Il n'est pas question d'abandonner la vente directe et les circuits courts de proximité pour autant : ils permettent de recréer du lien entre mangeurs et producteurs ou commerçants – du moment que l'on saisit l'occasion pour échanger. Le lien social constitue un enjeu souvent passé sous silence mais de taille : il est à la base de la solidarité, et donc de la résilience des territoires. D'après certains producteurs que j'ai rencontrés, savoir ce qu'ils vendent et à qui est également une grande source de motivation et de fierté. De plus en plus de travaux de recherche ont mis en avant une meilleure résilience des fermes concernées par la vente directe et les circuits-courts de proximité face aux aléas du marché, du fait de l'amélioration de la diversification de leurs débouchés, d'une sécurisation de leur trésorerie et d'une réduction de la volatilité des prix et des quantités généralement observées dans les chaînes longues de commercialisation. Or, aujourd'hui plus qu'hier, et très certainement demain plus encore qu'aujourd'hui, la résilience constitue l'un des facteurs clés de la viabilité des exploitations agricoles sur le long terme, et donc de la résilience des territoires face aux chocs géopolitiques et climatiques. Dans un contexte où le nombre de crises ne va pas aller en se réduisant, cela revêt toute son importance.

Fraudes et abus sur les produits « locaux »

Août 2016. Dans le cadre d'une campagne de Greenpeace France visant à convaincre les enseignes de la grande distribution de soutenir les producteurs dans la réduction de l'usage des pesticides, nous menons, avec une petite équipe de militants et de militantes, une action d'interpellation dans le village natal de Michel-Édouard Leclerc, à Landerneau en Bretagne. Nous placardons pendant la nuit plus de trois cents affiches « Michel-Édouard Leclerc, faut qu'on parle ! » pour forcer le géant de la grande distribution à sortir de son silence sur le sujet des pesticides. Cette opération fait suite à plusieurs actions coup de poing sur des supermarchés de l'enseigne. Le soir même de l'action, Michel-Édouard Leclerc publie un billet de blog sur son site personnel : après deux années de silence, il est enfin prêt à ouvrir le dialogue. Deux mois plus tard, nous échangeons dans son bureau avec son équipe, le directeur général et le directeur des programmes de Greenpeace France. Il évoque alors les Alliances locales, qui sont des stands où des producteurs et des productrices viennent vendre leurs fruits et légumes en direct, à l'intérieur même des supermarchés : « Entre nous, *avoue-t-il*, il n'y a aucun critère de qualité sur ces ventes concernant l'usage de pesticides : le client achète parce que c'est local et c'est tout. » *Tout est dit…*

Les acteurs de l'agro-industrie ont bien compris l'intérêt, pour eux, de faire valoir des produits français ou locaux. Ils ont développé de nombreuses techniques pour jouer sur l'attachement culturel des Français et des Françaises à leur pays et à leurs terroirs. Tout comme les enseignes de la grande distribution, les filières viandes et œufs misent également sur cet attachement des mangeurs et des mangeuses aux produits de leur pays. Elles ont ainsi créé des « signatures » pour marquer l'origine et la traçabilité des viandes françaises : « Le porc français », « Lapin de France »,

« Œufs de France », « Foie gras de France »… Sur le site internet associé, il est écrit que ce logo « garantit également un mode de production respectueux de l'environnement, du bien-être animal et d'animaux nourris grâce à une alimentation saine et durable ». Sauf que lorsque l'on visite ensuite, au hasard, le site d'Inaporc, l'interprofession de la filière porcine, il est simplement fait référence aux réglementations européennes et françaises qui seraient « parmi les plus avancées du monde » (*sic*). La Cooperl, gigantesque coopérative et leader français de la production porcine au chiffre d'affaires annuel de plusieurs milliards d'euros, a elle-même reconnu que le standard « Le porc français » était vide. Cela n'empêche pas Inaporc de s'en servir pour communiquer massivement : l'interprofession a en effet réalisé en 2021 une campagne de communication qui a touché trente-deux millions de contacts et atteint sept millions de vues pour les vidéos. D'après ses propres tests, la campagne incite à consommer des produits portant le logo Le porc français pour 80 % des personnes interrogées.

En plus de ces pratiques tout à fait légales, les contrôles de la DGCCRF effectués ces dernières années sur les ventes de fruits et légumes ont permis de mettre en avant plus de 40 % de fraudes, le plus souvent dues à des négligences mais parfois aussi intentionnelles. Parmi les éléments clés relevés figure l'abus de mentions valorisantes telles que « circuit court », « produit local » ou encore la francisation de produits en réalité importés. Différents producteurs, hypermarchés mais aussi plusieurs drives ont été sanctionnés en raison de mentions d'origine fausses. En 2018, les manquements et les tromperies sur l'origine des produits ont constitué 45 % des non-conformités. Dans les Bouches-du-Rhône, un négociant a par exemple francisé près de vingt tonnes d'asperges provenant du Pérou et de Grèce, réalisant un bénéfice supplémentaire de plus de quarante mille euros. Les amendes prononcées par les tribunaux sont elles aussi de plusieurs dizaines de milliers d'euros.

Quelle formule gagnante pour la santé et la planète ?

Il est difficile de prouver les effets bénéfiques d'une alimentation bio ou d'une alimentation végétale de façon isolée. C'est difficile car en fait, les consommateurs de bio ont des modes de vie globalement plus sains que la moyenne. Ainsi, les chercheurs de NutriNet-Santé ont montré une association (et non un lien de causalité) entre la consommation régulière de bio et des risques réduits d'obésité, de diabète de type 2, de cancer du sein post-ménopausal et de lymphome. Les scientifiques parlent d'association et non de causalité car il n'est pas exclu que la bonne santé des mangeurs bio provienne d'autres raisons que le bio, comme un meilleur niveau de vie avec plus d'accès aux soins, ou encore une plus grande attention que la moyenne à avoir une alimentation équilibrée. La conclusion principale qu'ils tirent de leurs études est que la consommation de bio est réellement meilleure pour la planète et pour la santé lorsqu'elle est associée à un changement de régime vers plus de végétal.

Or, en 2022, du fait de l'inflation et parfois d'une défiance envers les labels, le nombre de personnes qui achètent du bio a chuté. Plus précisément, la tendance s'est polarisée : les acheteurs habituels de bio ont renforcé leur consommation, tandis que le nombre de personnes qui n'en consomment jamais s'est accru. Les mangeurs ont en revanche augmenté la part de produits locaux dans leur panier. Le hic, c'est que comme nous l'avons vu précédemment, un produit uniquement local ne veut pas dire grand-chose. Tout comme l'importation d'un produit bio d'un pays tiers, même s'il y a des chances qu'il soit mieux-disant du point de vue environnemental qu'un produit local conventionnel, accroît la pression économique sur les agriculteurs bio français. Dans le secteur agricole, la pression monte face au désamour circonstanciel des mangeurs et des mangeuses pour le bio : non seulement les familles en achètent moins, mais du fait de la pandémie une forte chute des achats s'est fait également ressentir en restauration collective. Pour l'instant, les conversions des producteurs en bio se poursuivent : la France a compté une hausse de plus de 9 % des surfaces engagées en bio en 2021 et de 20 % en conversion. Près de soixante mille fermes étaient alors bio ou en passe de le devenir, ce qui représente plus d'une ferme sur dix. Des données encourageantes mais que l'Agence bio surveille comme du lait sur le feu : depuis la pandémie, plusieurs industriels ont en effet retourné leur veste et demandé à leurs producteurs sous contrat d'annuler leur conversion au bio.

Enfin, il est important de se rappeler que les prix dépendent des marchés et des accords commerciaux passés entre les pays. En 2022, la conjoncture économique a par exemple été très favorable au lait conventionnel : baisse de la production au niveau mondial, demande soutenue de la Chine… Cela a généré une augmentation du prix du lait français conventionnel, tandis que celui du bio était affaibli par la baisse des achats des Français. Résultat : pendant plusieurs mois, leurs prix se sont rejoints et le lait bio a été acheté aux producteurs moins cher que le lait conventionnel. Si cette situation perdure, de nombreux éleveurs bio pourraient retourner au conventionnel. Dans les années à venir, le soutien à la production et la consommation de produits bio va donc être cruciale pour continuer de développer une agriculture et une alimentation saines et écologiques.

Merci mais le bio, c'est pour les riches !

C'est un fait : la plupart des produits bio coûtent plus cher à la vente que leurs équivalents non bio. D'après une étude de l'UFC-Que Choisir menée en 2017, un panier de fruits et légumes bio coûte 79 % plus cher que son équivalent en produits non bio dans les supermarchés. Un chiffre qui rejoint celui de *Linéaires*, qui se définit comme le spécialiste des produits frais et de l'épicerie et qui a évalué à 75 % en moyenne le surcoût en bio sur plus de deux cents familles de produits alimentaires.

Cette différence de prix rend prohibitif le passage d'un panier classique à un panier composé de produits bio… sauf si on diminue la part de ce qui coûte cher et que l'on surconsomme (viandes ou produits transformés par exemple) et que l'on augmente ce qui coûte moins cher et qui mérite d'être revu à la hausse, comme la part de légumineuses, très abordables et excellentes pour la santé. C'est en partant de ce principe que le WWF et ECO2 Initiative ont évalué, à budget constant, la marge de manœuvre d'évolution du panier hebdomadaire d'une famille pour le rendre plus durable. En réduisant les viandes de bœuf et de veau, les poissons sauvages et les produits laitiers (d'un gros tiers), les produits industriels gras et sucrés (d'au moins deux tiers), et en doublant la part des céréales complètes, des légumes et des légumineuses, ils ont montré qu'il était possible d'avoir un panier équilibré dans lequel 100 % des fruits et légumes, céréales, légumineuses, racines, tubercules, œufs et produits laitiers sont labellisés bio, tout comme la totalité de la viande de porc ainsi que le quart des fromages. Ce panier permet de réduire de plus d'un tiers les émissions de gaz à effet de serre de son alimentation tout en ayant des produits de Nutri-Score A, le tout pour un budget moyen de 190 euros par semaine pour une famille de quatre personnes.

Cela étant dit, cela ne signifie pas qu'il est *facile* d'effectuer ces changements et, quoi qu'il en soit, pour de nombreuses familles le budget de cent quatre-vingt-dix euros par semaine reste inaccessible. Pour répondre à cela, plusieurs possibilités : augmenter le pouvoir d'achat des familles, ou réduire le coût des aliments. Nous reviendrons dans le troisième chapitre de ce livre sur la première option. Concernant la deuxième option – la baisse des coûts –, il est intéressant de comprendre d'où vient le surcoût inhérent à une partie de l'alimentation bio.

La première raison qui explique cela, c'est que l'agriculture bio nécessite plus de travail, par exemple pour désherber les cultures mécaniquement, sans produit chimique, et qu'elle présente des rendements souvent plus faibles. Ce surcoût, il est essentiel que le prix l'intègre, afin de ne pas le faire reposer sur l'agriculteur dans un contexte de libre-échange qui n'est absolument pas viable économiquement.

Mais il existe une deuxième raison à ce surcoût : les marges exubérantes de certains distributeurs. Dans son enquête de 2017, l'UFC-Que Choisir a montré que les marges réalisées par les enseignes de la grande distribution sur les produits bio sont, en moyenne, de 75 % supérieures à celles des produits conventionnels. Les marges les plus importantes concernent les aliments les plus plébiscités comme la tomate, la pomme, la pomme de terre et le poireau. Or, soyons clairs : mettre un poireau bio en rayon ne coûte pas plus cher que d'y mettre un poireau non bio. Les enseignes se sont bien sûr défendues de faire plus de marge : selon elles, ce sont les mêmes entre le bio et le non-bio. Et c'est vrai, lorsque l'on considère le pourcentage appliqué sur les produits. Sauf que comme un produit bio est en général plus cher qu'un produit conventionnel, ce pourcentage aboutit, de fait, à une plus grande marge brute. D'après l'association, la grande distribution capte ainsi 41 % du surcoût du bio. Elle invite donc les responsables politiques à encadrer ces pratiques et les mangeurs à préférer les magasins spécialisés, qui sont plus chers en moyenne que les supermarchés si l'on considère l'ensemble des produits bio mais environ 20 % moins chers pour ce qui est des fruits et légumes.

Quels labels pour les poissons et fruits de mer ?

Arrêtons-nous maintenant sur le poisson et les fruits de mer. À quels labels se fier en matière de durabilité de ces produits ? La réponse est simple : à peu près aucune certification n'est en mesure de garantir la durabilité de la capture de poissons et de produits de la mer. Entrons cependant dans le détail des démarches existantes. Comme l'explique l'association BLOOM, ces dernières années de nombreux logos indiquant des produits « durables » sont apparus sur les produits de la mer vendus en France, créés soit par des marques (« Qualité responsable » de Saupiquet ; « Respect des Ressources marines pour un approvisionnement responsable » de Findus), soit par des distributeurs (« Pêche côtière » de Monoprix ; « Pêche responsable » d'Intermarché), soit par l'industrie elle-même (« Pavillon France » de France Filière Pêche). Ces indications ne sont pas associées à de véritables cahiers des charges, les critères employés sont peu consistants et n'intègrent que très peu les enjeux socio-économiques de l'ensemble de la chaîne de production, et enfin la transparence sur leur fonctionnement est très faible.

Parmi toutes les initiatives existantes, le label le plus connu en France et au niveau international est très certainement le Marine Stewardship Council, ou MSC. Ce label a été créé en 1997 par le WWF, en collaboration avec le géant de l'agroalimentaire Unilever. Faute d'un label mieux-disant et capable de fournir de gros volumes, c'est celui que l'on retrouve le plus souvent en restauration collective et scolaire en particulier. Le hic : d'après une vaste étude publiée par l'association BLOOM en collaboration avec des universitaires en 2020, 83 % des volumes certifiés par le MSC entre 2009 et 2017 correspondent en réalité à des pratiques de pêche industrielle à fort impact. Le manque de fiabilité du MSC est telle que le WWF lui-même, pourtant à l'origine du label, incite les consommateurs à se détourner de certains produits labellisés MSC. Il existe d'autres initiatives internationales pour les produits de la mer, telles que l'Aquaculture Stewardship Council (ASC) et Friends of the Sea. Au niveau français, il existe également le label public Pêche durable. Lancé en 2017, il ne certifie cependant que très peu de pêcheries et d'acteurs du secteur et reste encore peu connu du grand public. Aucun de ces labels n'est en mesure de garantir la durabilité des pêches pour des volumes et des espèces correspondant à l'appétit des Français et des Françaises.

Qu'en est-il des produits issus de l'aquaculture ? Ces derniers représentent le tiers des produits de la mer consommés en France (poissons, coquillages et crustacés). Les espèces les plus consommées sont l'huître, la moule, la coquille Saint-Jacques, la crevette, le saumon et la truite et, dans une moindre mesure, le bar et la daurade. En France, moins de 3 % des huîtres et des moules sont sous signe de qualité ou sous marque privée et 5 % seulement des salmonidés (saumons, truites…) sont bio. Or, le cahier des charges AB présente des atouts indéniables par rapport au conventionnel. Les antibiotiques et les OGM sont interdits, et les élevages sont plus extensifs : pour les truites par exemple, la densité maximale autorisée correspond au quart de la densité acceptée en conventionnel.

Enfin, les poissons sauvages accumulent dans leurs graisses les métaux lourds présents dans les océans et ce, tout au long de ce que l'on appelle la *chaîne trophique* : cela signifie que les plus gros prédateurs, tels que les thons et les requins, accumulent les métaux que leurs proies avaient elles-mêmes accumulés. L'étude nationale française de santé publique Esteban 2014-2016, parue en 2019, a montré que la totalité des adultes et des enfants ayant participé à l'étude sont contaminés aux métaux lourds. Les valeurs de référence établies par les autorités sanitaires sont dépassées pour le mercure, le plomb, l'arsenic et le cadmium. Pour ce dernier, c'est même plus de la moitié de la population étudiée qui dépasse le seuil de référence. Or, certains de ces métaux lourds sont classés cancérogènes avérés par le Centre international de recherche sur le cancer…

Les poissons et les fruits de mer contenant également des oméga-3, essentiels au bon fonctionnement de l'organisme, les autorités de santé ne recommandent pas d'arrêter d'en manger mais d'en limiter la consommation à deux fois par semaine, en alternant poissons maigres et poissons gras (les poissons gras comme le saumon, la truite et le thon accumulant plus facilement les métaux lourds). D'un point de vue environnemental cependant, deux fois par semaine constitue une fréquence très élevée. Sur l'année, une consommation dite durable est de huit kilos par personne au total (contre plus de trente aujourd'hui). Pour limiter les impacts sur les populations de poissons et sur les écosystèmes marins, il est également recommandé de diversifier les espèces consommées, d'éviter le saumon et les crevettes d'élevage et de prêter attention aux méthodes de pêche (préférer la ligne et les casiers que le chalutage, par exemple). Sur ce dernier point, le site internet de BLOOM regorge d'informations.

Illustration 4. S'y retrouver dans la jungle des labels.

Manger pour vivre, ou vivre pour manger

Une abondance de nourriture mais de plus en plus de personnes qui ont faim

Septembre 2020. Le premier confinement dû à la pandémie de Covid-19 n'est qu'à quelques mois derrière nous, et un deuxième se prépare en coulisses. Je sors de mon ancien appartement, dans le quartier de Quatre-Chemins, à la limite de Pantin et d'Aubervilliers dans le 93. Une file d'attente étonnamment longue s'est formée à l'angle de ma rue. Je ne comprends pas tout de suite ce qu'il se passe, car je n'avais jamais vu de personnes se réunir à cet endroit. Ce sont principalement des hommes, de tout âge. Ils entrent dans un bâtiment et en ressortent avec un petit sachet plastique visiblement rempli de nourriture. En discutant avec les voisins, je comprends qu'une distribution s'est en fait organisée en soutien aux plus démunis.

Cette image de mon quartier recoupe celles qui circulent dans les médias : avec la pandémie et la mise à l'arrêt du pays pendant plusieurs mois, des milliers de personnes se sont retrouvées en grande difficulté pour se nourrir, au point de recourir à la distribution de colis alimentaires. C'est l'un des grands paradoxes de notre siècle : l'humanité n'a jamais produit autant de nourriture (les ménages ont accès à un tiers de calories et un tiers de protéines de plus par personne comparé aux années soixante), plus d'un milliard d'individus sont en surpoids ou obèses et pourtant, depuis 2014 la faim dans le monde est repartie à la hausse. Et cela ne concerne pas que les pays du Sud : en Europe et en Amérique du Nord, près d'une personne sur dix a été concernée par un état d'insécurité alimentaire grave ou modérée (8 %). Or, l'insécurité alimentaire et la malnutrition – qui inclut aussi bien les retards de croissance et l'émaciation que le surpoids et l'obésité – ne sont pas dues à un manque d'aliments disponibles. Elles sont dues aux conflits, aux extrêmes climatiques et à la variabilité du climat, ainsi qu'aux ralentissements ou fléchissements économiques. La pauvreté et les inégalités sociales sont des causes profondément structurelles et sous-jacentes qui viennent amplifier chacun de ces facteurs. Autrement dit, la faim est avant tout une question d'accessibilité et de répartition, et donc de justice sociale.

Selon les périodes, les sources et les méthodologies utilisées, on estime depuis 2014 qu'entre deux et sept millions de personnes ont recours à l'aide alimentaire chaque année en France. La situation est complexe : celles et ceux qui sont en situation d'insécurité alimentaire, plus jeunes que la moyenne et en majorité des femmes, ne vivent pas forcément sous le seuil de pauvreté et ne vont pas rechercher une aide alimentaire dont ils pourraient pourtant bénéficier. Sentiment de honte, stigmatisation des personnes précaires, problèmes d'accessibilité ou horaires d'ouverture… Les raisons à cela sont nombreuses. La pandémie de Covid-19 et l'inflation qui a suivi ont encore aggravé la situation : toujours d'après l'Insee, face à la hausse des prix les dépenses alimentaires ont marqué en 2022 leur plus fort recul depuis 1960. Les associations spécialisées dans l'aide alimentaire ont noté la détérioration des conditions des personnes déjà en situation de précarité mais aussi l'apparition de nouveaux publics, et en particulier les jeunes et les travailleurs pauvres. Une situation confirmée par les Restos du Cœur : lors de l'hiver 2022, leurs centres ont accueilli bien plus de personnes par rapport à l'année précédente et une personne sur deux qui a poussé leurs portes avait moins de vingt-six ans.

Lorsque l'on peine à accéder à une nourriture saine et en quantité suffisante, les conséquences peuvent être graves. À court et moyen termes, les problèmes de faim, de fatigue et d'épuisement, de stress et donc de santé physique et mentale peuvent se faire sentir. Cette situation et le sentiment de honte qu'elle engendre tracent ou renforcent la voie de l'exclusion sociale. La vaste enquête d'ATD Quart Monde menée pendant près de quinze ans auprès des personnes en situation de pauvreté illustre ces conséquences. Des parents y témoignent de leur situation : lorsqu'ils se privent de nourriture par exemple et que, malgré cela, ils n'arrivent pas à apporter à leurs enfants tout ce qu'ils aimeraient, le sentiment de honte et de culpabilité est d'autant plus terrible qu'il vient s'ajouter à la peur que les services sociaux leur retirent leurs enfants. Un autre cas relayé par cette étude est la fragilisation de l'estime de soi et du sentiment de dignité de personnes qui ont honte de leur corps abîmé par les carences et les déséquilibres alimentaires, lorsqu'elles sont émaciées ou en surpoids, ou lorsqu'elles ont vu leurs dents tomber une à une et n'osent plus sourire par exemple. Là où l'alimentation est traditionnellement facteur de construction identitaire, culturelle et sociale, elle devient, dans ces conditions, objet de dépréciation et d'isolement.

Le niveau d'éducation détermine la soutenabilité de son alimentation

Novembre 2009. Je suis penchée sur la table de ma chambre étudiante, dans l'école d'ingénieurs forestiers située au centre-ville de Nancy. J'épluche mes tickets de caisse et mes notes. Cela fait un mois que je consigne toutes mes dépenses alimentaires pour répondre à une question qui me taraude : est-ce que, pour manger ce que je considère alors comme « durable », je dépense plus que les autres ? Est-ce qu'il faut forcément avoir un gros budget pour pouvoir manger sain et écologique ? J'ai alors en tête les remarques récurrentes faites par des personnes croisées ici et là : « le bio, c'est pour les riches », *disent les uns,* « les pauvres mangent n'importe quoi, s'ils avaient plus d'argent ils achèteraient encore plus de malbouffe », *disent les autres. La première remarque m'interroge, la deuxième me met franchement en colère, tant le mépris de classe est acerbe.*

Quinze ans plus tard, suite à l'émergence explosive des Gilets jaunes et à la montée en puissance des enjeux socio-économiques au sein des débats environnementaux, Greenpeace France décide de monter un projet pilote sur le sujet. Je rencontre alors des sociologues, des associations de solidarité et des personnes précaires résolument engagés sur le croisement de la dimension économique et environnementale dans le secteur de l'alimentation. Parmi les acteurs rencontrés se trouve l'Institut du développement durable et des relations internationales (Iddri). Ce dernier a publié en février 2022 une analyse des pratiques alimentaires des personnes les plus aisées et les plus modestes. Dans cette étude, les personnes modestes sont définies comme les 40 % présentant le plus faible niveau de vie[1]. Deux des leviers d'action les plus efficaces en matière de durabilité de l'alimentation ont été étudiés : les achats en bio d'une part, et la consommation de

1. Tel que défini par la Direction de la recherche, des études, de l'évaluation et de la statistique, pour la santé et le social. Ce public est constitué de deux sous-groupes : les « personnes modestes » ou les « plus contraintes » pour englober la totalité de ce groupe, et les « personnes en situation de pauvreté » lorsqu'elles se trouvent sous le seuil de pauvreté (soit 14,8 % des individus en 2018).

produits carnés (viandes et poissons) d'autre part. La consommation de produits bio et une moindre consommation de viande sont en effet associées à une meilleure santé et à un moindre impact environnemental global – j'y reviendrai un peu plus loin.

Concernant la consommation de bio : contrairement à certaines idées reçues, le bio n'est pas l'apanage des plus aisés et des plus éduqués. En fait, les personnes qui résident en France mangent globalement peu bio : ce secteur représente, au total, moins de 7 % en valeur de l'alimentation des ménages. Si l'on considère la part de personnes qui mangent bio tous les jours, elle est relativement faible quelle que soit la catégorie socioprofessionnelle observée : 17 % des CSP+, 13 % des CSP- et 14 % des inactifs. Ces données sont cependant à prendre avec des pincettes, car ces catégories sont en fait très hétérogènes : les CSP+ rassemblent les fonctions cadres, libérales, les artisans et les agriculteurs, les CSP les employés et les ouvriers, les « inactifs » les retraités et les étudiants. Une autre étude vient cependant conforter l'idée selon laquelle il n'y a pas que les plus riches ou les plus éduqués qui mangent bio : c'est le programme de recherche BioNutriNet. Cette étude parue en 2019 se base sur l'analyse des pratiques de près de trente mille personnes volontaires – c'est mieux que mon étude menée sur ma seule liste de courses d'étudiante… Elle présente néanmoins un biais : les personnes s'étant portées volontaires, elles ne sont pas représentatives de l'ensemble de la population. Le résultat de cette recherche apporte tout de même un élément de réponse supplémentaire à notre questionnement : parmi les membres de la cohorte étudiée, un cinquième de ceux qui consomment plus de la moitié de leur alimentation en bio touche moins de mille deux cents euros par mois.

On peut retenir deux éléments de tout cela : d'une part, la proportion de personnes riches qui mangent beaucoup de bio est relativement faible, et d'autre part les personnes les plus modestes sont bien présentes. Cela étant dit, je ne voudrais pas laisser penser que le bio n'est pas un secteur segmenté : il l'est. Si l'on considère les 20 % plus gros consommateurs de bio, ils sont clairement caractérisés par des niveaux de vie et de diplôme élevés et concentrent la grande majorité des achats. Plus précisément, ce sont les « urbains, aisés et diplômés » qui consomment le plus de bio si l'on regarde la catégorie sociale. Mais une autre catégorie de personnes consomme plus bio encore que celle des « urbains, aisés et diplômés » : ce sont « les femmes et les retraités », toutes catégories sociales confondues. La conclusion est donc la suivante : la consommation de bio reste largement segmentée d'un point de vue social, sans que cette situation traduise un désintérêt ou une méconnaissance particulière des classes modestes.

Observons maintenant le deuxième levier d'action le plus efficace en matière de santé et d'environnement, à savoir la réduction de la consommation de viande. Lorsque je travaillais en tant que chargée de campagne chez Greenpeace France sur l'amélioration de différents projets de loi, nous avons beaucoup poussé pour plus de durabilité dans les cantines au travers de l'introduction de menus végétariens d'une part, et le soutien à une viande de qualité d'autre part. Les députés et les représentants des ministères de la Santé et de l'Agriculture avec qui j'interagissais m'ont souvent opposé un même argument concernant la réduction de viande : les enfants des familles modestes mangeraient trop peu de viande, il ne faut donc surtout pas en réduire les quantités dans les écoles. Une idée reçue statistiquement fausse : en réalité, les 20 % au niveau de vie le plus bas consomment un peu plus de viande (volaille incluse) que les 20 % les plus riches. Et si l'on considère le niveau d'études, bien plus différenciant finalement que le niveau de revenus, alors les moins diplômés mangent un quart de viande de plus que les plus diplômés. Ne prêter attention qu'aux quantités de viande consommées serait cependant une erreur : les produits laitiers, les œufs et le poisson ont également un impact environnemental qui est loin d'être négligeable. Or, si l'on observe les protéines animales dans leur ensemble, le résultat diffère : les plus riches mangent plus de produits laitiers, de poissons et de fruits de mer et les plus pauvres, plus de viande. Ainsi, les personnes les plus riches consomment finalement plus de protéines animales que la moyenne – quand les plus modestes en consomment moins !

La question est donc complexe. Et elle l'est d'autant plus que lorsque l'on parle de durabilité, il n'est pas uniquement question d'environnement mais aussi de nutrition, de santé et d'équilibre socio-économique.

Or, certains aliments peuvent être très mauvais pour la santé mais avoir un impact environnemental relativement faible – c'est le cas des bonbons industriels par exemple – alors que pour d'autres aliments, c'est le contraire : le poisson est très bon en matière de nutrition mais son impact environnemental peut être désastreux.

De plus, l'alimentation n'est jamais très homogène : les personnes avec les plus faibles revenus ou niveaux de diplômes vont consommer plus de certains aliments à faible impact environnemental comme les patates, mais aussi plus d'aliments à fort impact sanitaire et environnemental comme la viande transformée. Et *a contrario*, les personnes les plus riches et surtout avec les plus hauts niveaux d'éducation vont manger bien plus de fruits et légumes, à faible impact environnemental, mais aussi plus de poisson, de fromage et de chocolat, à fort impact. Au final, est-il possible de conclure que l'alimentation de certains groupes sociaux est plus ou moins durable que celle d'autres groupes, selon le niveau d'études ou de revenus par exemple ?

Pour répondre à cette question, l'étude a suivi des milliers de personnes sur plusieurs années. Elle mesure de façon précise leurs apports alimentaires tout en prenant en compte d'autres déterminants tels que l'activité physique, le tabagisme ou les antécédents familiaux, et établit les liens avec la santé et le risque de maladies. Les auteurs de cette étude ont mis au point un indicateur de durabilité qui inclut de nombreux sous-indicateurs répartis dans quatre dimensions : nutritionnelle, socioculturelle, économique et environnementale.

Ils ont montré que le niveau d'éducation est clairement corrélé à la durabilité de l'alimentation des personnes : plus elles présentent un niveau d'études élevé, plus cette alimentation est soutenable d'un point de vue nutritionnel, économique et environnemental. Pour ce qui est des revenus, c'est moins évident. Les personnes les plus riches ont une alimentation plus durable dans son ensemble, mais ce n'est pas systématique : les hommes avec les plus faibles revenus ont par exemple une alimentation plus durable que ceux avec les plus hauts revenus.

Comme l'a affirmé Brillat-Savarin en 1825 dans *La Physiologie du goût*, son célèbre traité de gastronomie, « Dis-moi ce que tu manges, je te dirai qui tu es » : l'alimentation façonne notre identité, et notre identité façonne notre alimentation. C'était vrai au XIXe siècle, et c'est toujours le cas aujourd'hui.

Tout le monde veut « bien manger »

Une des conclusions des scientifiques de l'Iddri dans l'étude évoquée précédemment paraît évidente, mais nécessite d'être rappelée : ce n'est pas parce que les personnes les plus modestes ont une alimentation globalement de moins bonne qualité qu'elles s'en satisfont. Une enquête menée par le Secours catholique auprès des ménages auxquels des chèques services ont été distribués pendant le confinement montre par exemple que 83 % d'entre eux se disent préoccupés par les effets de leur alimentation sur leur santé – avec le sentiment de ne pas avoir de prise sur le sujet. Bien évidemment, ce groupe de personnes n'est pas homogène. Concernant le bio par exemple, les études qualitatives mettent en valeur des résultats contradictoires : une partie des personnes concernées montre de l'intérêt pour ces produits et peut ainsi ressentir une frustration liée à son incapacité à y accéder, quand une autre partie montre des réticences, voire s'y oppose, afin de marquer la spécificité de sa culture alimentaire et ainsi se distinguer d'une classe sociale plus aisée.

Par ailleurs, de nombreuses initiatives révèlent que lorsque les personnes modestes ont un accès de proximité à une alimentation saine et durable, leurs pratiques se rapprochent de la moyenne. C'est le cas par exemple des quartiers populaires dans lesquels des épiceries solidaires VRAC se sont installées, comme à Brest et à Montpellier. C'est cela qu'il me paraît essentiel de retenir : il n'est pas possible de considérer que les personnes les plus riches mangent de façon soutenable et que les personnes les plus précaires ne le font pas. En revanche, plus une nourriture saine et écologique est accessible – que ce soit financièrement, géographiquement ou culturellement –, plus les mangeurs et les mangeuses font des choix sains pour eux et pour la planète. À l'inverse, martelez des recommandations nutritionnelles et des normes sociales impossibles à atteindre, et vous obtenez un cocktail de culpabilité, de colère et de rejet parfaitement explosif. C'est ce qu'il se passe, entre autres, avec le bio, rejeté par une partie des classes populaires.

*

Comme nous venons de le voir, faire évoluer sa consommation vers une majorité de produits bio et locaux est loin de n'être qu'une question de bien-être personnel : il s'agit d'un acte politique, nécessaire pour maintenir les conditions d'habitabilité de la Terre pour les humains et tous les autres êtres vivants avec lesquels nous cohabitons. Si c'est plus facile lorsque l'on est aisé financièrement, les études que j'ai citées précédemment montrent que la consommation de bio n'est pas l'apanage des plus riches, loin de là. Bien sûr, une partie conséquente de la population est en situation de précarité alimentaire et n'a pas les moyens de choisir son alimentation. Pour ces personnes, l'enjeu est politique et se situe quelque part entre la solidarité de tous et la responsabilité des élus. Je reviendrai en profondeur sur cet enjeu majeur dans le troisième chapitre de ce livre. En attendant, la question des actes d'achat individuels est essentielle, mais elle n'est pas centrale. Bien en amont de nos achats se trouve en effet toute une machinerie agro-industrielle complexe et puissante, dont les intérêts s'entremêlent avec ceux des politiques. Le chapitre suivant entame la mise en lumière de cette machinerie, premier pas vers une action politique et collective pour transformer le modèle agroalimentaire dominant.

Nos choix ne sont ni libres, ni éclairés

Le contrôle des esprits et des comportements

« Laissez-moi manger ce que je veux. » Cette phrase, je l'entends partout, tout le temps. C'est ce que m'a répondu un député du Parti socialiste lorsque je lui ai présenté l'idée de promouvoir la réduction de la consommation de viande au niveau national en 2020. C'est ce que me répondent les amis d'amis lors d'un déjeuner ou d'un dîner. Mais de quoi décidons-nous réellement ? Qui influence nos envies, nos choix, nos actes d'achat ? Derrière ce « je veux » se cachent en effet beaucoup de choses. Nous sommes influencés par notre culture et notre éducation, par notre histoire et nos biais cognitifs, par nos lectures, par les médias, par la publicité et le marketing. Lorsque nous allons au restaurant, nos choix sont directement orientés par la mise en pages du menu. Nous serons plus enclins à choisir les menus surlignés, en gras ou encadrés, même si ce sont les plats les plus lourds. Un « millefeuille de pâtes aux légumes du soleil » fera davantage saliver nos papilles que de simples « lasagnes végétariennes ». Si le plat végétarien est inscrit en haut de la liste, il sera plus souvent sélectionné.

Nos comportements sont également influencés par notre environnement, par les infrastructures et par les lois. Dans les supermarchés, si les alternatives à la viande sont placées à côté des produits carnés, elles seront plus souvent choisies que si elles sont dans un rayon à part. Tout ceci, les acteurs de l'agro-industrie l'ont bien compris. Ils déploient des moyens phénoménaux pour influencer nos choix et nos envies en même temps qu'ils renforcent notre attachement au principe de liberté individuelle. C'est toute la rhétorique du néolibéralisme qui se trouve derrière ces pratiques : après tout, si des entreprises produisent de la malbouffe qui détruit notre santé et la planète, il faut bien trouver un moyen pour convaincre les gens de la manger. Sans dérouler l'ensemble des fils de l'influence de nos choix – Noam Chomsky, Naomi Klein, Stéphane Horel et bien d'autres auteurs le font régulièrement avec une grande finesse et l'on pourra se référer à leurs ouvrages – je tiens cependant à parcourir ici des éléments clés de cette influence à laquelle je me suis retrouvée confrontée tout au long de mon travail sur la consommation de viande en tant que représentante de Greenpeace France.

Le mythe de la responsabilité individuelle : du pain bénit pour l'agro-industrie

Dans les années 2010, un scandale avait éclaté au sujet des yaourts en outre-mer : ils contenaient jusqu'à 50 %

de sucre en plus que dans l'Hexagone. Pour obliger les industriels à revoir leurs pratiques, la loi Lurel a été votée en 2013. Presque dix ans après le vote de la loi, le bilan effectué par la DGCCRF est mitigé. La loi présente de nombreuses failles, et les yaourts par exemple restent 13 % plus sucrés que ceux vendus dans l'Hexagone. Ces pratiques de l'agro-industrie dans les Antilles aggravent les problèmes de santé publique de ses habitants, où la proportion de personnes obèses atteint 31 % dans certains territoires. Ainsi, notre responsabilité est loin de n'être qu'individuelle. Les problèmes de surpoids ne sont pas uniquement dus au manque d'activité physique ou aux pratiques alimentaires des individus.

Les industriels de l'agroalimentaire savent que le sucre et les matières grasses activent les circuits de récompense de notre cerveau et génèrent la libération d'hormones comme la dopamine : plus un produit est gras et sucré, plus nous aurons envie d'en manger. Le sucre et les matières grasses, comme le sel, permettent également d'améliorer le goût des aliments ou leur conservation. Michael Moss, journaliste du *New York Times* et gagnant du prix Pulitzer, appelle ce trio infernal du gras, du sel et du sucre « la sainte trinité » de l'agro-industrie. Les industriels sont en effet doublement gagnants : non seulement l'utilisation de ces ingrédients ne coûte pas cher et permet d'augmenter leurs marges de revenus, mais en plus ils renforcent l'attractivité des aliments. Le problème, c'est que réduire l'utilisation de ces ingrédients dans la composition des produits leur coûte nécessairement de l'argent, et toute réduction de consommation entraîne une baisse de leurs revenus. L'une des stratégies favorites de l'agro-industrie consiste donc à insister sur la notion de *responsabilité individuelle* : si les gens sont gros et malades, c'est parce qu'ils mangent mal et ne font pas assez d'activité physique. Et pour faire face à ces enjeux, le moyen le plus efficace est donc de les *éduquer*. Coca-Cola finance ainsi l'Observatoire national de l'activité physique et de la sédentarité, une initiative de grande ampleur développée par le ministère des Sports il y a quelques années. Comme le déplore l'Inspection générale des affaires sociales, « Comment communiquer sur les dangers des sodas sucrés alors que le leader mondial de ces boissons s'affiche aux côtés du ministère des Sports pour la promotion de l'activité physique ? ».

Bien sûr, il ne s'agit pas ici de nier le pouvoir d'agir des individus. Reconnaître la responsabilité de l'industrie constitue au contraire une première étape vers la réappropriation de notre alimentation.

Des pratiques qui rappellent celles de l'industrie du tabac

Toutes les pratiques de lobbying que j'ai pu observer au cours de mes activités d'investigation et de plaidoyer en ONG, Naomi Oreskes et Erik M. Conway les ont très bien décrites dans leur ouvrage *Les Marchands de doute*. L'enquête analyse les pratiques de controverse des climatosceptiques face à la réalité du changement climatique et établit des parallèles avec les pratiques de l'industrie du tabac aux États-Unis. Elle explique la stratégie de base des partisans du *statu quo* : entretenir le doute et la confusion autour des résultats scientifiques, et donc auprès des décideurs politiques et du grand public. Pour semer le doute, les industriels financent, entre autres, des recherches scientifiques.

C'est exactement ce qu'a fait l'industrie sucrière. Depuis les années soixante-dix, les entreprises de ce secteur ont augmenté les doses de sucre dans nos assiettes. Puis, lorsque des scientifiques ont commencé à alerter la population sur la surconsommation de ce produit et ses conséquences sur la santé, les industriels ont décidé de semer le doute sur ces alertes. Pour cela, ils ont financé de nombreuses études scientifiques et mené des campagnes de communication bien rodées dans le monde entier sur le gras : ce serait lui le véritable responsable des problèmes de santé – concernant le sucre, circulez il n'y a rien à voir. En France, la journaliste Stéphane Horel a également étudié les pratiques des lobbies, et entre autres ceux de la chimie, de l'amiante et du sucre. D'après son analyse, les recherches sponsorisées ont quatre à huit fois plus de chances de déboucher sur des conclusions favorables aux industriels.

Des écoles aux réseaux sociaux : l'omniprésence de l'agro-industrie

D'autres pratiques d'influence des industries agroalimentaires sont aujourd'hui bien identifiées. Une chose ressort des nombreuses études et publications à ce sujet : cette influence est présente à toutes les étapes de la vie d'un produit, et à toutes les étapes de notre propre vie. C'est aussi ce que j'ai démontré dans une vaste enquête menée avec l'équipe agriculture de Greenpeace France sur les défenseurs de l'élevage industriel et de la surconsommation de viande. Et les résultats sont frappants. Les représentants des filières viande cherchent à influencer les plus jeunes : plus sensibles que leurs aînés aux questions de bien-être animal et d'écologie, plus d'un sur dix serait en effet végétarien ou végane. Une évolution qui inquiète profondément les industries de la viande qui redoublent d'efforts pour tenter d'enrayer cette tendance. Ainsi, entre 2016 et 2019, la filière des viandes rouges a communiqué auprès de plus d'un demi-million d'enfants de 6 à 11 ans directement dans les écoles et les cantines scolaires. Ils ont créé des kits pour les médecins scolaires, organisé gratuitement des visites de fermes et glissé dans le sac des enfants des quizz et des recettes sur la viande. En 2020, la campagne « Aimez la viande, mangez-en mieux » de cette même filière a été déployée à l'échelle nationale sous la forme de clips vidéo à la télévision, de posts sur les réseaux sociaux et de brochures dans les écoles. Elle a touché plusieurs dizaines de millions de personnes. D'après le rapport d'activité d'Interbev, l'Association nationale interprofessionnelle du Bétail et des Viandes à l'origine de cette campagne, ces publicités donnent envie d'acheter de la viande à 78 % des personnes interrogées.

La filière porcine cible également les jeunes, à savoir les adolescents et les jeunes adultes. Sa campagne de publicité « *Let's talk about pork* » parue en 2020 a touché soixante-quatorze millions de milléniaux sur les réseaux sociaux en Europe. Sa communication avoisine les deux millions d'euros de budget et vante les progrès effectués en matière de bien-être animal. Rappelons au passage qu'en France, 95 % des porcs vivent sur caillebotis (grilles, le plus souvent de béton, qui laissent passer les excréments) dans des élevages industriels.

Faire connaître aux enfants la réalité du métier d'éleveur ou d'éleveuse et les aider à mieux comprendre ce qu'ils mangent est bien sûr essentiel. Le problème, c'est que comme pour les climatosceptiques ou les industriels du tabac, une seule réalité y est décrite. C'est comme si en France, les élevages et la viande industriels n'existaient pas. Les problèmes dus à la surconsommation de viande sont invisibilisés : toutes les communications visent à donner envie aux jeunes et moins jeunes de manger plus de viande, dans un contexte où il faudrait pourtant en manger moins et favoriser les viandes de qualité. Dans certains cas, les campagnes de publicité de l'agro-industrie se font avec de l'argent public. La Fédération des industriels charcutiers traiteurs a par exemple déployé une opération de communication de plus d'un million d'euros au Japon à destination des importateurs, restaurateurs, distributeurs, etc. La campagne a été financée par l'Union européenne – et donc par les contribuables – à hauteur de 80 %. Ce que ces acteurs ne disent pas, c'est que les viandes rouges transformées comme la charcuterie ont été déclarées cancérigènes par l'OMS. Plus largement, sur la période 2016-2020, l'Union européenne a attribué plus de deux cent cinquante millions d'euros à des campagnes de promotion des viandes et des produits laitiers. Sur cette même période, les organisations françaises ont reçu soixante-huit millions d'euros pour la promotion de la viande et des produits laitiers, contre seulement dix-sept millions d'euros pour les fruits et légumes. Plus de la moitié de l'ensemble des fonds perçus pour la promotion des produits agricoles en France est ainsi orientée vers la viande – contre à peine 14 % pour les fruits et légumes.

Les réseaux sociaux : un moyen pour les marques de toucher des millions d'adolescents et d'adolescentes

Les réseaux sociaux sont devenus incontournables pour les marques de l'agrobusiness. Plébiscités par les *foodies* (les fans de nourriture), ils constituent un vecteur idéal d'accès aux enfants. Je me rappelle d'un passage chez mes cousines il y a quelques mois. Depuis plusieurs semaines, Anaïs, âgée d'environ treize ans, dévore quotidiennement des vidéos TikTok. Sa mère a remarqué que, depuis qu'elle s'est mise à vaguer sur les ondes du réseau social chinois, sa fille s'est prise de passion pour des friandises comme les bubble tea (une boisson aux perles de tapioca) et ou encore les mochis (du riz gluant fourré de crème, de pâte de haricots rouges ou encore de beurre de cacahuète). Les deux produits – bourrés de sucre, d'arômes, d'exhausteurs de goût et d'autres additifs – sont d'origine asiatique. Candy Mix France, qui fait de la revente de ce type de produits, possède près d'un million d'abonnés sur TikTok et sur son site internet, l'entreprise présente les boules au riz gluant comme « les célèbres mochis de TikTok ».

Parmi les techniques phares de l'agro-industrie se trouve le recours aux influenceurs, et aux influenceuses en particulier. Jeunes, sympas, elles cartonnent sur les réseaux comme Instagram et permettent aux marques d'accéder directement à des millions d'adolescents. Un épisode de « Complément d'enquête » paru en septembre 2022 sur France 2 a montré ce qui se cache derrière les vidéos quotidiennes postées par des personnalités comme Nabilla : pour quelques secondes de placement de produits tels que des boissons amincissantes, pour lesquels les influenceurs doivent parfois mentir (par exemple en faisant croire qu'ils en consomment tous les jours), les stars des réseaux sociaux peuvent toucher plusieurs milliers d'euros. Des codes promo permettent ensuite d'attirer les adolescents vers le site de la marque. Parfois, ces influenceurs sont démasqués. Ce fut le cas d'Alan, aka « le mangeur fou », qui ingurgitait des kilos de kebabs, tacos et burgers tout en se filmant, une pratique de la tendance mukbang (contraction des verbes « manger » et « diffuser » en coréen). Le jeune influenceur, qui possède plus de huit cent vingt mille abonnés sur YouTube, a reconnu avoir truqué ses vidéos : il voulait satisfaire l'agence d'influenceurs qui le contractualise ainsi que les chaînes de fast-food qui paient pour ses performances.

Encadrer la publicité à destination des enfants : les blocages politiques

Le secteur de la publicité pèse lourd dans l'économie française : il représente 2 % des emplois et pour un euro investi en publicité, ce sont près de huit euros qui sont générés dans le PIB. Les investissements publicitaires alimentaires (incluant l'alimentation, les boissons et la restauration) sur l'ensemble des médias s'élèvent à plus d'un milliard d'euros. Et nous venons de le voir : les enfants sont l'une des cibles privilégiées de l'agro-industrie. Faciles à influencer, ils le sont d'autant plus qu'ils passent beaucoup de temps devant les écrans : 2 h 21 en moyenne chaque jour pour les quatre à douze ans, 3 h 12 pour les adolescents. Le temps passé à visionner des publicités chaque jour est ainsi de 9 minutes à la télévision. Pour les publicités sur les vidéos en ligne et les réseaux sociaux, ce temps est impossible à mesurer : un véritable problème dans la mesure où les heures passées sur Internet augmentent d'année en année.

La question, centrale dans un contexte où le surpoids et l'obésité chez les enfants sont devenus de véritables enjeux de santé publique, est la suivante : quels types d'aliments les entreprises agroalimentaires cherchent-elles à promouvoir auprès des plus jeunes, et dans quelle mesure ces communications sont-elles efficaces ? C'est une question à laquelle l'agence nationale Santé publique France a décidé de répondre au travers d'une vaste étude menée en 2020. Ses résultats sont éclairants : la restauration rapide, les chocolats et les boissons sucrées sont les trois plus gros secteurs en matière d'investissements. Si l'on considère les recommandations nutritionnelles de l'OMS, ce sont 70 % des publicités vues par les enfants et les adolescents qui posent problème. Et la moitié de ces publicités sont diffusées entre 19 heures et 22 heures, créneau pendant lequel plus d'un enfant et d'un adolescent sur cinq se trouve devant la télévision. Or, les études scientifiques sont sans équivoque : le marketing alimentaire pour des produits gras, sucrés, salés envers les enfants altère leurs choix, leurs préférences, leurs achats et leur consommation – et ce d'un point de vue neurologique autant que comportemental. Ces derniers ingèrent plus de calories après avoir vu les publicités, exercent une pression plus forte sur leurs parents pour acheter ce type de produits, consomment moins de produits sains et prennent du poids.

La deuxième question qui se pose est donc la suivante : pourquoi la publicité des produits gras, sucrés et salés à destination des enfants est-elle toujours autorisée ? « Elle est déjà interdite sur les programmes jeunesse », répondront les entreprises concernées. En effet. Sauf que d'après l'étude de Santé publique France mentionnée précédemment, ceux-ci ne représentent que 0,1 % des programmes diffusés et moins de 0,5 % des programmes vus par les enfants… et on ne parle ici que de la télévision, pas des publicités sur Internet ou sur des panneaux de rue. Cette question de l'encadrement de la publicité à destination des enfants est donc toujours d'actualité. Elle ne date pas d'hier en revanche : cela fait plusieurs dizaines d'années que des scientifiques, des associations, des parents et des journalistes alertent les décideurs politiques. Ces derniers en ont bien conscience et plusieurs d'entre eux se sont emparés du sujet à maintes reprises.

En effectuant des recherches pour trouver une réponse à ma question, je suis tombée sur un document émanant du comité stratégique du Programme national nutrition santé (PNNS), la politique publique à l'origine du fameux « Mangez cinq fruits et légumes par jour ». Il y a vingt ans, en 2004, un groupe de travail émanant de ce comité avait été sollicité par le ministre de la Santé de l'époque afin « de lui souffler » des propositions d'amendements à un projet de loi de santé publique. En ce temps déjà, le comité de pilotage du PNNS avait considéré comme prioritaires les mesures d'encadrement de la publicité – pouvant aller jusqu'à l'interdiction de certains messages – à destination des enfants pour les produits gras, sucrés, salés. La mission de ce groupe de travail, dans le contexte du projet de loi, était d'apporter « des précisions, des clarifications, des ajouts pour assurer que le texte trouve une application compatible avec la santé publique, protégeant la santé des enfants en favorisant une consommation alimentaire compatible avec les repères de consommation du PNNS ». À la fin de ce document, une section présente les membres dudit groupe de travail : aux côtés d'une poignée de représentants des ministères, de la DGCCRF et du vice-président du PNNS se trouvent des « acteurs économiques » tels que les présidents de l'ANIA (Association nationale des industries alimentaires), de la FCD (Fédération du commerce et de la distribution), de la CGAD (Confédération générale de l'alimentation en détail) et du

CIV (Centre d'information des viandes), mais également celui de l'Union des annonceurs. J'ai beau être habituée à ce type de situation, je ne m'y ferai jamais… Pourquoi des industriels dont les revenus reposent en grande partie sur la publicité à destination des enfants sont-ils parties prenantes des propositions à faire à un ministre pour encadrer cette publicité ?

Malheureusement, l'influence du secteur privé sur les décideurs politiques est toujours d'actualité. Il y a quelques années, je me trouvais dans le bureau d'un représentant haut placé de la Direction générale de la santé. Nous étions deux associations présentes pour échanger sur les mesures à prendre concernant un projet de loi visant à améliorer la qualité de l'alimentation pour les enfants. Le ministère ayant déjà affiché publiquement sa volonté d'encadrer la publicité pour les produits gras, sucrés et salés à destination des plus jeunes, nous avons demandé à son représentant pourquoi même lui, si haut placé dans l'administration du ministère de la Santé, n'avait toujours pas pu obtenir une mesure d'un tel bon sens. Après avoir échangé un regard entendu avec son collègue, il hésite, puis finit par lâcher : « Tout est bloqué au niveau du Premier ministre. » En d'autres termes, le problème n'est pas scientifique, encore moins technique : il est politique. Les intérêts économiques en jeu sont trop importants, les annonceurs trop puissants.

Cette situation n'est pas une fatalité. En Irlande, des restrictions existent dès lors que l'audience d'un programme télévisé est composée à plus de 50 % par des moins de dix-huit ans. Au Pérou et au Chili, les annonceurs n'ont plus le droit d'utiliser des personnages, des jouets ou autres cadeaux pour vendre aux enfants des produits considérés comme malsains. Ces avancées sont donc avant tout une question de volonté politique. Or la volonté politique est malléable, influençable – dans un sens comme dans l'autre. Nous reviendrons sur l'action collective et politique dans le troisième et dernier chapitre de ce livre. En attendant, faisons le point sur l'un des leviers qui font trembler les représentants d'intérêts privés : la transparence.

La transparence : une question de rapport de force

Ces dernières années, plusieurs initiatives privées comme publiques ont vu le jour pour renforcer la transparence sur la composition des aliments. Et cela n'a pas plu aux agro-industriels… La plus connue aujourd'hui des consommateurs, c'est le Nutri-Score. Cet étiquetage consiste à apposer un logo sur les emballages des produits avec un code couleur et une lettre selon leur qualité nutritionnelle : vert (A) pour les meilleurs produits, jusqu'au rouge (E) pour les pires. Cette initiative n'est pas parfaite – elle ne prend en compte ni l'impact environnemental et social du produit, ni la nocivité des additifs de type exhausteurs de goût, conservateurs, etc. Cet écueil m'a longtemps fait hésiter à la soutenir… Mais en voyant la pression des agro-industriels pour l'empêcher de voir le jour, et en attendant d'avoir un affichage plus complet, j'ai conclu qu'il était absolument essentiel de soutenir cette démarche. Elle a en effet le mérite de permettre aux mangeurs et aux mangeuses de comparer la qualité nutritionnelle de deux produits similaires. Entre deux jus de fruits ou deux pizzas par exemple, si l'un des produits est bien plus sucré ou gras que l'autre, cela ressortira sur la note associée au logo et la personne pourra donc faire un choix en conscience. Or, comme nous l'avons vu précédemment, l'équilibre nutritionnel de l'alimentation fait partie des facteurs clés dans la prévention des maladies chroniques.

Et ça fonctionne : en 2020, plus de la moitié des personnes interrogées sur le sujet ont déclaré avoir changé au moins un comportement à la vue du code couleur. Le Nutri-Score est également de plus en plus connu et plébiscité par les consommateurs et les consommatrices. Une bonne nouvelle, car un règlement européen empêche le gouvernement français de rendre cet étiquetage obligatoire tant que la décision n'est pas prise pour toute l'Europe. Pour convaincre les enseignes de la grande distribution et les industries agroalimentaires de le mettre en place, son usage doit donc être soutenu le plus largement possible par les consommateurs.

D'autres initiatives, notamment privées, existent pour assurer une meilleure transparence sur les produits alimentaires. L'entreprise la plus connue est sans aucun doute Yuka : lancée en 2017, l'application propose aux mangeurs et aux mangeuses de scanner les produits alimentaires et cosmétiques en rayon et décrypte leurs effets en matière de santé et d'environnement. L'appli a été déployée à l'international et a dépassé les 36 millions d'utilisateurs en l'espace de six ans. D'après l'étude d'impact menée par l'entreprise fondatrice en 2020, 94 % des utilisateurs ont arrêté d'acheter certains produits.

Un succès fulgurant qui fait trembler les industriels. Lorsque Yuka s'est mobilisée, avec l'association Foodwatch et la Ligue contre le cancer, pour demander l'interdiction des additifs à base de nitrates et de nitrites en charcuterie, les industriels du secteur ont tenté de museler l'entreprise avec ce que l'on appelle une *procédure-bâillon*, autrement dit une procédure judiciaire menée par une entreprise pour épuiser moralement et financièrement les associations, journalistes et autres lanceurs d'alerte. Intenter un procès qui demande de l'énergie, du temps et de l'argent aux parties incriminées, demander plus d'un demi-million d'euros de dédommagement pour les supposés préjudices réputationnels et faire peser sur leurs structures des risques financiers forts, détourner l'attention politique et médiatique du fond du sujet (le danger des additifs nitrés) : cette technique de procédure-bâillon est de plus en plus utilisée par les entreprises contre les lanceurs d'alerte. Heureusement, après trois années de travail acharné des organisations partenaires, grâce aux trois cent soixante-dix mille personnes qui se sont mobilisées au travers d'une pétition nationale et parce qu'entre-temps l'Anses a confirmé le danger de l'exposition aux nitrates et aux nitrites pour la santé, la justice a fini par donner raison à Yuka.

Lorsque j'ai quitté Greenpeace France, à l'été 2022, des discussions entre les associations, les scientifiques et plusieurs ministères étaient en cours au sujet d'un potentiel affichage environnemental. Inscrit dans deux lois de 2015 et 2020, il se base sur la même idée que le Nutri-Score : établir un code couleur et une notation simple, permettant aux consommateurs d'avoir des informations claires sur l'impact environnemental des produits alimentaires ou textiles en vente. L'enjeu est de taille, car s'il est correctement déployé et qu'il fonctionne en France, la démarche pourrait être répliquée au niveau européen. En 2023, des travaux étaient toujours en cours pour la partie alimentaire, et pour cause : tout le monde n'est pas d'accord sur la façon de mesurer l'impact environnemental d'un produit. Sans entrer dans le détail technique des discussions entre les scientifiques, les ministères et les ONG, disons qu'il y a plusieurs variantes méthodologiques pour calculer les émissions de gaz à effet d'un aliment, et que mesurer son impact sur la biodiversité, la pollution de l'eau ou encore des sols est relativement complexe. S'ensuivent alors des batailles techniques et idéologiques acharnées entre les défenseurs de telle ou telle méthode.

Pourquoi considérer des indicateurs autres que les émissions de gaz à effet de serre est-il essentiel ?

Les scientifiques sont nombreux et nombreuses à se battre pour faire en sorte que des indicateurs portant sur la biodiversité, la qualité des eaux ou encore celle de l'air soient pris en compte dans les évaluations environnementales. Ne considérer que les gaz à effet de serre pourrait en effet conduire à des impensés

> majeurs, d'autant plus avec l'approche classique calculant les émissions par kilo d'aliment.
> Entre autres exemples, cela aboutirait à avantager les produits animaux issus d'élevages intensifs plutôt qu'extensifs. Cela peut paraître contre-intuitif, mais c'est une réalité lorsque l'on considère comme unité le kilo ou le litre : une vache en élevage intensif est sélectionnée et boostée pour produire un maximum de lait à l'année, elle fournira donc généralement plus de litres qu'une vache en système extensif herbager par exemple. En revanche, les deux vaches émettront à peu près autant de gaz à effet de serre ; ce faisant, le litre de lait du système intensif aura un meilleur bilan carbone que le litre de lait issu du système extensif. C'est l'une des raisons pour lesquelles le bio est moins performant climatiquement, *si l'on considère le kilo ou le litre comme unité*, que le conventionnel industriel avec la seule entrée gaz à effet de serre.

Derrière ces batailles en apparence techniques se trouve un enjeu stratégique majeur : en tant que scientifique ou association mue par l'intérêt général, faut-il pousser la mise en œuvre d'un affichage imparfait, moins ambitieux que ce qu'il faudrait dans l'absolu mais qui passe les mailles des décisions politiques nationales et, à plus long terme, européennes, ou bien faut-il se mobiliser jusqu'au bout et le plus fort possible pour réhausser l'ambition dudit affichage, au risque qu'il ne passe pas certaines étapes politiques et termine enterré dans le quatrième sous-sol du gouvernement ? Tout est une question de rapport de force entre les différentes parties prenantes… En termes de résultat, le parallèle avec le Nutri-Score est simple et j'y faisais référence plus haut : celui-ci note la qualité nutritionnelle d'un produit mais fait l'impasse sur des additifs pourtant très dangereux pour la santé. Doit-on pour autant le rejeter, l'enterrer, comme le voudraient nombre d'industriels ? À chacun, à chacune de se positionner. Pour celles et ceux qui travaillent sur des enjeux de préservation de la santé ou de l'environnement, comme c'est mon cas et celui de mes collègues impliqués dans le changement des lois et des réglementations, trouver le juste équilibre entre pragmatisme, ambition légitime et rigueur scientifique – savoir jusqu'où aller pour gagner les rapports de force politiques – est un art savant qui se construit au fil du temps.

*

Nous venons de le voir : l'influence exercée sur les esprits par le marketing, la publicité ou encore le science-washing fait partie d'une combinaison politico-agro-industrielle bien plus large qui modèle en profondeur tout ce qui touche de près ou de loin à notre alimentation. Cette combinaison de jeux d'influence et de pouvoir commence bien en amont des champs et des océans, dans des sphères internationales et souvent très loin de nos yeux ; elle se faufile dans les mondes numériques et les interstices médiatiques, redescend dans les étals de supermarché et atteint finalement nos assiettes. Le chapitre suivant est une plongée dans ce monde tissé d'espoirs déçus, d'avidité, de pouvoir et de coups bas.

2.

L'ENVERS DE NOS ASSIETTES

Une myriade d'organisations, une poignée d'acteurs tout-puissants

Le système agro-industriel : une nébuleuse d'acteurs

Pour comprendre ce qui se trouve dans nos assiettes, il faut comprendre ce qui se passe en amont, c'est-à-dire comment fonctionne le monde de la production et de la transformation. Et il y a de quoi avoir le tournis. Contrairement au pétrole ou au nucléaire, où quelques grosses entreprises tirent les ficelles de l'ensemble du marché de l'énergie, la sphère agroalimentaire est morcelée, divisée, recombinée. Elle possède aussi ses gros industriels puissants et influents – j'y reviendrai dans un instant. Mais elle est également composée de producteurs et de productrices qui s'organisent entre eux, pour valoriser leurs produits, peser sur les marchés et, *in fine*, vivre dignement de leur métier. Les jeux de pouvoir et d'influence entre les grosses entreprises du secteur se retrouvent donc entre ces producteurs, au sein de structures coopératives et associatives, et sur le terrain.

De qui parlons-nous ? Les secteurs de la pêche et de l'agriculture peuvent être découpés en plusieurs sphères.

La première est celle des filières, de l'amont à l'aval, c'est-à-dire tous les acteurs qui produisent, transforment et commercialisent les aliments et leurs dérivés depuis les champs et les océans jusqu'aux étals de vente. Elle inclut les exploitants eux-mêmes (paysans, pêcheurs), en tant qu'individus et en tant qu'organisations lorsqu'ils se regroupent sous forme de syndicats ou de coopératives, les industries agroalimentaires (IAA), qui transforment les produits bruts et les revendent, ainsi que les acteurs de la commercialisation. Ces derniers peuvent eux-mêmes être divisés en commerce de gros (entreprises qui exportent les animaux vivants par exemple), en artisanat commercial (boulangeries-pâtisseries et boucheries-charcuteries), en commerce de détail (enseignes de la grande distribution notamment) et en restauration hors domicile (cantines et restaurants).

La deuxième sphère est celle des entreprises qui accompagnent ces acteurs d'un point de vue pratique, à savoir les fabricants de pesticides et d'engrais ou encore les vendeurs de tracteurs, de matériel de pêche et d'alimentation animale, ainsi que les entreprises d'informatique et d'intelligence artificielle qui vendent leurs logiciels et leurs services pour construire et gérer les équipements (les coopératives assurant elles aussi une partie de ces services, lorsqu'elles vendent des pesticides par exemple). Ces acteurs de la deuxième sphère ont le plus souvent intérêt au maintien du *statu quo* pour continuer à générer un maximum de profits. Se trouvent également, imbriqués aux premiers, les banques, les assurances et autres acteurs du secteur financier, souvent moins visibles mais à l'influence certaine. La dernière sphère, non la moins importante, est celle des acteurs institutionnels et politiques, à savoir : le gouvernement, composé du cabinet du Premier ministre et des différents ministères avec leurs administrations respectives, les parlementaires, les établissements publics tels que l'INRAE (Institut national de recherche pour l'agriculture, l'alimentation et l'environnement) et l'Ifremer (Institut français de recherche pour l'exploitation de la mer) ainsi que les établissements privés à mission publique, comme les Chambres d'agriculture et le comité des pêches, qui se déclinent du national au local.

L'ensemble de ces acteurs forme un écosystème dense, complexe, souvent difficile à comprendre et à analyser, dans lequel les enjeux socio-économiques s'entrelacent avec les considérations écologiques et humaines du secteur. Les chapitres suivants apportent un premier éclairage sur les acteurs clés de cet écosystème.

Une concentration du pouvoir à toutes les étapes des chaînes d'approvisionnement

Derrière la toute-puissance des acteurs de la transformation, du négoce ou de la distribution, l'élément central à avoir en tête pour comprendre la situation est la concentration de leur pouvoir tout au long des chaînes d'approvisionnement mondialisées. Les dix plus grandes marques de produits agro-industriels (Nestlé, Unilever,

Danone, Mondelez, Kellogg's, Coca-Cola, etc.) réalisent ainsi 15 % des ventes mondiales dans la grande distribution et les cinq plus grosses enseignes européennes (Carrefour, Lidl, Metro Group, Aldi et Tesco) détiennent la moitié du marché de la distribution. Même chose chez les fournisseurs de pesticides, d'engrais et de semences – une poignée d'acteurs détient la majorité du marché – ainsi que chez les négociants. Ces derniers sont moins connus du grand public, car ils ne sont pas en contact direct avec les consommateurs. Les scandales fréquents ont cependant amené les journalistes et les associations à les mettre en lumière régulièrement. Tout comme les GAFAM font référence à Google, Amazon et autres géants du numérique, dans l'agro-industrie on les dénomme les ABCD, pour Archer Daniels Midland Company (ADM), Bunge Limited, Cargill et (Louis) Dreyfus Company (LDC). À elles quatre, ces entreprises contrôlent 70 % du marché mondial des céréales. Cette position dominante leur permet de réaliser des profits faramineux, en particulier pendant les crises mondiales qui touchent, directement ou indirectement, le secteur agroalimentaire. À titre d'exemple, Cargill, plus grande entreprise privée aux États-Unis, appartient à la onzième famille la plus riche du monde. Grâce aux subventions captées et à la spéculation réalisée sur les commodités qu'elle commercialise (viande, soja...), la fortune de ses membres a augmenté de près de vingt millions de dollars par jour depuis le début de la pandémie de Covid-19 et l'entreprise a réalisé un bénéfice net de près de sept milliards de dollars en 2021-2022.

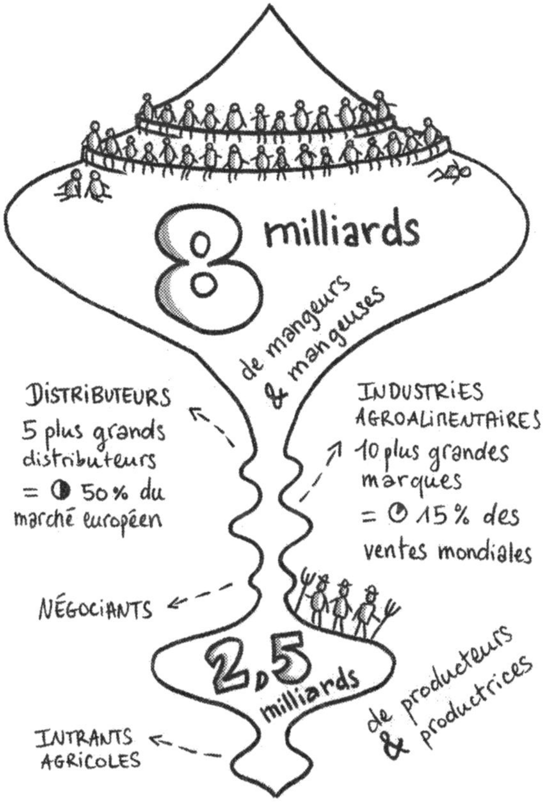

Illustration 5. Concentration du pouvoir dans les chaînes de valeur agricoles. Dessin adapté du rapport *Agriculture écologique : 7 principes clés pour replacer l'humain au cœur du système alimentaire* (Greenpeace France, 2017).

Le BASIC a réalisé une série d'entretiens avec des représentants d'organisations de producteurs et différents experts de la filière banane dans les Caraïbes, de la filière sucre de canne en Amérique du Sud et en Afrique de l'Est et de la filière café en Amérique centrale et du Sud. Ils concluent que dès lors que les conditions de concentration des pouvoirs sont réunies dans une filière agricole, autrement dit dès lors que les plus petits producteurs sont dépendants de leur acheteur principal, des pratiques abusives peuvent exister, comme l'exclusion de petits producteurs, la mise en place de prix abusivement bas ou encore l'entrave à l'organisation collective entre petits producteurs et travailleurs.

Derrière nos tablettes de chocolat, le travail forcé de milliers d'enfants

Dans de nombreuses régions du monde, ces conditions de travail dégradées dans les filières agricoles sont synonymes de pauvreté et de travail d'enfants. La fondation australienne Walk Free, déterminée à mettre fin à l'esclavage moderne et au trafic d'humains, a mis à jour son « Index de l'esclavage mondial » en 2018. D'après ses analyses, environ 1,5 million d'enfants entre dix et dix-sept ans travaillent dans les plantations de cacao au Ghana et en Côte-d'Ivoire, dont une grande majorité dans des conditions dangereuses. Environ 16 000 seraient victimes de travail forcé, amenés par leurs propres parents ou d'autres membres de leur famille dans les plantations pour y travailler.

Ces dernières années, grâce au travail des autorités ivoiriennes et des ONG, des centaines de personnes ont été condamnées pour trafic d'enfants et des milliers d'entre eux ont été retirés des plantations pour être rescolarisés. Ce travail reste cependant difficile dans le contexte actuel de pauvreté : plus les acteurs dominants contrôlent les marchés, plus ils sont en mesure d'affaiblir les alternatives et les tentatives d'opposition existantes, plus ils accumulent du pouvoir et tirent les prix vers le bas. Ce faisant, ils entraînent encore un peu plus la chute des petits producteurs et la détérioration des conditions de vie de leur famille. En parallèle, ils alimentent un modèle agro-industriel gourmand en pesticides et en engrais de synthèse, en eau et en terres qu'ils polluent, renforcent la consommation de produits ultra-transformés et la standardisation des aliments et contribuent ainsi au gaspillage alimentaire. En d'autres termes, la poignée d'acteurs qui domine le marché et concentre tous les pouvoirs aggrave autant la dégradation du vivant et des conditions d'habitabilité sur Terre que le tissu social et le niveau de vie des populations.

La toute-puissance d'une poignée d'agro-industriels : l'exemple Bigard

Son regard baissé et son sourire en coin lui confèrent un air presque timide, on le croirait gêné. Mais au moment de refermer le micro, ses yeux se relèvent, acérés et assurés, avant de se planter dans ceux de François Ruffin : Maxence Bigard n'a pas trente ans lorsqu'il se fait auditionner par la Commission des affaires économiques de l'Assemblée nationale, en septembre 2017. Il occupe alors le poste de directeur stratégique du Groupe Bigard, numéro 1 de la viande en France. Fondée par son grand-père Lucien Bigard en 1968, l'entreprise est un mastodonte du marché de la transformation des viandes. C'est en 1982, lorsqu'elle lance les premiers steaks hachés sous vide et applique à ses chaînes de production la mécanisation et la standardisation des tâches propres au fordisme, que l'entreprise enclenche une croissance fulgurante. Poussant sa fébrilité productiviste jusqu'au bout, Lucien Bigard va jusqu'à proposer de chronométrer les « pauses-pipi » pour les limiter à cinq minutes par ouvrier, trois fois par jour et à heure fixe.

Dès ses débuts, le groupe entreprend une stratégie de prédation afin d'asseoir sa domination sur le marché de la viande. Il avale un à un ses principaux concurrents : Socovia, Socopa, Arcadie, Charal, CIPA… En un demi-siècle, l'entreprise devient le leader de la viande bovine en France et en Europe et le 9e, toutes viandes confondues, au niveau mondial. En France, le Groupe Bigard est également le numéro 1 des viandes bovines, ovines et porcines. Il abat chaque semaine cent quinze mille porcs, vingt-quatre mille gros bovins, seize mille ovins et quatre mille quatre cents veaux. Autrement dit, près de la moitié des bovins et plus du quart des porcs français passent par les abattoirs Bigard. De nos jours, sept steaks hachés sur dix vendus dans l'Hexagone proviennent ainsi des usines du groupe. Ce dernier emploie plus de quinze mille personnes en France, possède soixante sites industriels dont une trentaine d'abattoirs et son chiffre d'affaires annuel dépasse les cinq milliards d'euros. La fortune de son président-directeur général, Jean-Paul Bigard (le père de Maxence Bigard), est évaluée à huit cents millions d'euros en 2022, ce qui fait de lui la 148e fortune française.

Régulièrement appelé « le parrain de la viande » par les journalistes, qu'il déteste et auxquels il ne répond jamais, cet industriel fait la pluie et le beau temps sur le prix des viandes, qu'il tire inlassablement vers le bas grâce à sa position quasi monopolistique du marché. Pour les éleveurs, cette toute-puissance est intenable. Ils se retrouvent régulièrement dans des situations où ils n'ont pas d'autre choix que de vendre à perte à l'industriel breton. Leurs nombreuses actions de revendication n'y font rien : Bigard se montre inflexible, c'est le profit avant tout. Même chose avec les abattoirs. À cet égard, un éleveur de bovins m'a raconté la chose suivante : « Un jour, le propriétaire de l'abattoir qui se trouvait près de chez moi a voulu vendre ses parts. Jean-Paul Bigard a dû les racheter au prix fort, car le propriétaire a accepté son offre plutôt que celle des éleveurs locaux qui s'étaient organisés en coopérative pour racheter l'outil de transformation et le mettre au service du territoire. Peu de temps après son rachat, l'abattoir a fermé. Le but de Bigard était tout simplement de nous forcer à alimenter son autre abattoir pour en assurer la rentabilité. Pour moi, c'est l'enfer : avec une telle distance, je suis obligé de sous-traiter le transport car seul l'acheteur-transporteur local collecte suffisamment d'animaux pour être rentable. Je perds encore un peu plus de mon autonomie et de la possibilité d'accompagner mes animaux. Pour les bêtes, c'est d'ailleurs plus de stress et plus de risques de maltraitance... Au passage, le transporteur, quasi unique sur le territoire, a aussi été racheté par Bigard. »

Revenons à Maxence Bigard, auditionné en 2017 par une dizaine de parlementaires dans le cadre des États généraux de l'alimentation. Les députés l'interrogent au sujet de la non-publication des comptes annuels de l'entreprise. François Ruffin, député de La France insoumise, en profite également pour l'interpeller sur le mal-être des salariés d'un site que le Groupe Bigard a délaissé pour pouvoir mieux en justifier la fermeture. La réaction du fils Bigard est éloquente et, François Ruffin ayant publié la vidéo de la séquence sur les réseaux sociaux, elle fait un tollé sur le Web : froid et précis comme le couteau d'un boucher, Maxence Bigard répond qu'il « prend note des questions », donne un chiffre qui n'a rien à voir avec les demandes des parlementaires et… c'est tout. La posture est assumée : son hégémonie confère au Groupe Bigard un pouvoir majeur sur le secteur de la viande. Il est plus puissant que la grande distribution, plus puissant que les coopératives de producteurs. Vraisemblablement, il se sent également plus puissant que nos institutions démocratiques : c'est sans complexe qu'il reste effrontément silencieux face aux députés qui l'interrogent. Ses dirigeants préfèrent payer des amendes plutôt que de se plier aux règles du jeu officielles, quitte à devoir débourser des centaines de milliers d'euros comme cela leur est déjà arrivé par le passé pour pratiques de concurrence déloyales. Fort heureusement, l'histoire ne s'arrête pas là. Là où les parlementaires et l'ancien ministre de l'Agriculture Stéphane Le Foll avaient échoué, l'association L214 et des lanceurs d'alerte tels que la journaliste Inès Léraud se sont adressés au tribunal de commerce et ont obtenu du Groupe Bigard, en 2019, la publication de ses comptes sur plusieurs années. Une première victoire qui a permis d'évaluer les bénéfices du groupe et de lui rappeler qu'il ne peut agir en toute impunité.

Les industries agroalimentaires :
des mastodontes aux multiples dérives

D'après un document émis par le ministère de l'Agriculture et de la Souveraineté alimentaire en 2022, le Groupe Bigard ne se situe en fait, pour l'année 2021, qu'en 11e position en termes de chiffre d'affaires des agro-industriels français. En première position se trouve le Groupe Danone, suivi du Groupe Lactalis. Avec des chiffres d'affaires de plus de 20 milliards d'euros, les deux géants sont très loin devant les autres agro-industriels. En troisième position se trouve Pernod-Ricard, numéro deux mondial des vins et spiritueux, au coude à coude avec l'union de coopératives InVivo depuis qu'elle a racheté Soufflet, l'un des piliers du négoce de céréales et du malt en France et à l'international. Viennent ensuite le Groupe Avril, Moët Hennessy (la branche vin et spiritueux du groupe LVMH), Savencia Fromage & Dairy (qui possède les marques Elle & Vire, St Môret, Chavroux, Le Rustique…), Tereos (groupe coopératif sucrier) ou encore le Groupe LDC (propriétaire des marques de volailles Le Gaulois, Loué, etc.).

Ces entreprises ont un point commun : la recherche de très gros profits. Nombre d'entre elles ont leur lot de scandales sanitaires, d'interpellations syndicales, de collusions politiques et de contentieux commerciaux. Lactalis a été mis en examen en 2023 dans l'affaire du lait infantile contaminé pour tromperie aggravée et blessures involontaires. La même année Tereos, propriétaire de la marque Beghin Say, a été condamné à verser cinq cent mille euros d'amende et plus de neuf millions de dommages et intérêts pour avoir pollué le fleuve Escaut, qui traverse le nord de la France, la Belgique et les Pays-Bas. Trois ans plus tôt, la rupture de digue de l'une de ses usines avait entraîné le déversement de milliers de mètres cubes d'eau de lavage des betteraves sucrières, causant ainsi la mort de millions de poissons. La multinationale a fait appel. Le Groupe Avril s'est fait épingler à plusieurs reprises par une association animaliste pour des conditions d'exploitation animale désastreuses dans ses usines. Tout ceci ne concerne que les entreprises françaises : si l'on considère les agro-industries transnationales vendant leurs produits en France, la liste des dérives s'allonge.

L'un des exemples les plus emblématiques est celui de la multinationale suisse Nestlé, au chiffre d'affaires total de plus de 88 milliards d'euros en 2021 et impliquée dans plusieurs scandales sanitaires dans le monde. Le dernier en date sur le territoire français s'est passé au début de l'année 2022 : plusieurs dizaines d'enfants sont tombés malades et deux ont trouvé la mort après avoir mangé des pizzas Buitoni contaminées à la bactérie Escherichia coli. Au début de sa carrière, Yasmine Motarjemi travaillait à l'Organisation mondiale de la santé. En 1999, Nestlé la recrute pour devenir directrice de la sécurité alimentaire au niveau mondial. Pendant des années, elle étudie la gestion de la multinationale dans les affaires sanitaires et constate – comme elle en témoignera dans un entretien paru en 2020 sur le Club de Mediapart : « [La culture de l'entreprise] est une culture de la peur, du népotisme, du mensonge et du harcèlement. » Elle finit par lancer l'alerte. Son employeur n'apprécie pas et la licencie en 2010. Interrogée par France Culture en 2021 dans l'émission « Les pieds sur terre », elle y explique qu'une culture de la peur règne dans l'entreprise et que son PDG est considéré « comme l'empereur de Chine ». Après plus de dix ans de procès pour harcèlement, la cour d'appel du Canton de Vaud statue en sa faveur et condamne Nestlé en janvier 2022 à verser plus de deux millions d'euros à son ancienne directrice.

La grande distribution : une pression monstre sur les agriculteurs

Place de Clichy, 18e arrondissement de Paris, septembre 2020. Je pousse la grande porte vitrée de la brasserie Le Petit Poucet, écarte les épais rideaux rouges et avance de quelques pas. Des clients sont attablés ici et là, le bruit de la vaisselle tinte derrière le bar et le serveur, élégamment vêtu de noir et blanc, m'accueille d'un sourire. Je balaie la pièce du regard et aperçois mon interlocutrice. La représentante du développement durable de Monoprix est accompagnée d'une collègue que je ne connais pas encore. Je m'approche, nous nous saluons. Cela fait maintenant cinq ans que nous nous retrouvons régulièrement pour échanger sur les engagements et les avancées de l'enseigne pour réduire l'usage de pesticides dans les champs de ses producteurs, presque toujours dans cette brasserie historique. Nous avons en effet mis sur pied, à Greenpeace France, une campagne pour pousser les enseignes à s'engager. En 2019, j'avais entrepris une enquête de terrain pour entendre les producteurs sur le sujet et comprendre s'ils étaient réellement soutenus dans leurs pratiques par la grande distribution. Cette fois-ci, je réalise un bilan auprès des enseignes pour faire le point : après cinq ans de campagne, où en sommes-nous ? Les conclusions de ces deux étapes de bilan, auprès des producteurs et auprès des distributeurs, sont insatisfaisantes. La mobilisation de Greenpeace France, combinée à toutes les actions menées en parallèle par d'autres associations comme Générations Futures et par certains journalistes, a permis de faire monter le sujet chez les distributeurs. La plupart d'entre eux n'avaient absolument aucune idée de ce que leurs fournisseurs utilisaient comme pesticides de synthèse, ni à quelles fréquences. Dorénavant, ils ont réalisé des états des lieux poussés et pris la mesure de la situation. Certaines enseignes ont également mis en place des mesures et lancé des projets pilotes pour réduire voire se passer de certaines familles de pesticides, en finançant entièrement les expérimentations. C'est le cas de Carrefour, de Monoprix et, dans une moindre mesure, d'autres enseignes comme Système U. Tout cela, des agriculteurs nous l'ont confirmé. Malheureusement, cela n'a pas été accompagné de politiques de rémunération généralisées et adaptées pour valoriser les efforts réalisés par les producteurs. Pour certains, cela a donc signifié une augmentation des efforts à fournir – parfois sous peine d'être bannis des listes de fournisseurs de telle ou telle enseigne – sans être payés pour cela.

Cette situation illustre bien la réalité du secteur : les enseignes de la grande distribution font bien, pour certaines, des efforts sur certains sujets environnementaux. Mais cela reste trop peu au regard des urgences écologiques en cours et la communication qui en est faite n'est pas toujours proportionnée aux résultats. Le Réseau Action Climat (RAC), qui rassemble une quarantaine d'associations écologistes, s'est également lancé en 2022 dans une étude approfondie des pratiques de la grande distribution en matière de climat, en particulier sur ce qui concerne le « moins et mieux » de viande. Nous avons travaillé ensemble à l'élaboration de leur campagne et leurs résultats sont parus en février 2023. Ils rejoignent les conclusions de Greenpeace France et critiquent la responsabilité des enseignes dans le marketing et les promotions faites sur des produits peu vertueux, encourageant ainsi la destruction de l'environnement. Le RAC met également en avant l'absence de volonté de l'État pour encadrer les pratiques de la grande distribution, que ce soit en termes de transparence, de publicité ou encore d'approvisionnements.

Par ailleurs, dans son étude « Qui a le pouvoir ? » (2015), le BASIC montre que les producteurs sont nombreux à devoir répondre à des cahiers des charges de plus en plus exigeants et aux attentes croissantes des distributeurs en matière d'emballage, de transport et de respect des normes internationales pour pouvoir exporter. Ils sont également nombreux à témoigner de la pression exercée par les distributeurs sur les prix, de la précarité des contrats et du manque de transparence des supermarchés sur leurs orientations, des retards de paiement et des promotions qui grignotent encore leurs revenus… Difficile pour les producteurs de lutter contre ces pratiques : les distributeurs menacent de les déréférencer s'ils n'acceptent pas les conditions proposées et ils ne peuvent se permettre de perdre de tels clients, sous peine de ne plus réussir à vendre leurs produits et de mettre la clé sous la porte.

Pour les mangeurs et les mangeuses, il est difficile de s'y retrouver tant la multiplicité des filiales de la grande distribution est grande. L'habitant d'une petite commune qui se rend dans un commerce de proximité de type Proxi ou 8 à Huit se rend en fait chez Carrefour, et s'il fait ses courses dans un magasin Spar ou Vival, il est en fait chez Casino. Si cet habitant espérait ne pas alimenter l'économie des grands distributeurs, ce n'est malheureusement pas le cas. Les seules options pour cela sont d'aller faire ses achats sur des marchés de producteurs ou dans des épiceries indépendantes. La multiplicité des enseignes de proximité cache la concentration à l'œuvre dans le secteur de la grande distribution. À elles deux, Leclerc et Carrefour cumulent plus de 40 % de parts de marché alimentaire. Si l'on ajoute Intermarché, Système U, Groupe Casino, Auchan et Lidl, sept enseignes dominent à elles seules plus de 90 % du marché.

Les coopératives de producteurs : des contre-pouvoirs devenus multinationales

Face à ceux qui ont le pouvoir, rien de tel que la coopération. Coopérer, pour mettre en commun et faire en commun : partager ses pratiques et ses outils, se soutenir dans les tâches les plus laborieuses, développer des infrastructures et des espaces collectifs. Une solution souvent mise en avant pour que les plus petits producteurs puissent exister, peser dans les rapports de force, cesser de se faire écraser par les acteurs de la transformation et de la distribution les plus puissants. Ce concept est ancien : la communauté des Guittard-Pinon, dans le Puy-de-Dôme, le maîtrisait déjà au IXe siècle. Ses membres ont en effet développé une activité agricole sur plusieurs centaines d'hectares, construit des routes et établi des fonctionnements collectifs : un mode de vie autarcique qui leur permit de limiter leur dépendance aux seigneuries locales.

Quelques siècles plus tard, en 1880, les premiers syndicats coopératifs agricoles apparaissent, renforcés par deux lois actées quatre et douze ans plus tard. En 1926, on décompte 8 000 coopératives partout en France. De tailles très modestes, elles sont dirigées par des agriculteurs entreprenants et engagés pour le collectif, et souvent gérées directement par eux-mêmes, sans salariés. Ces coopératives visent à protéger les agriculteurs face aux aléas agricoles et à limiter les effets de domination économique et politique. Suite à la Première Guerre mondiale, l'État décide de renforcer les coopératives, chaînons essentiels pour développer les stocks de matières premières et équilibrer les prix, à coups de subventions et d'allègements fiscaux. D'entités protectrices d'agriculteurs autonomes et souverains, elles deviennent de véritables acteurs de la politique agricole française et de l'organisation des marchés, et commencent à mettre leur nez dans la régulation des activités agricoles.

Au sortir de la Seconde Guerre mondiale, une loi confère aux coopératives agricoles un statut juridique spécifique et distinct de celui des syndicats agricoles. Elles continuent de se renforcer et sont 15 000 en 1955. S'ensuivent la Politique agricole commune et les lois de modernisation de 1960 et 1962, qui visent à assurer la sécurité alimentaire des populations. Les coopératives font alors évoluer leur identité et leur raison d'être : de conservatrices, elles deviennent résolument productivistes et accompagnent ce changement radical de cap de l'agriculture française vers plus de compétitivité. Elles diversifient leurs activités dans tous les domaines qui entourent l'agriculteur : fourniture d'intrants, recherche, conseil, transformation, distribution, etc. Ce faisant, elles s'internationalisent et développent des filiales commerciales. Dans les années 1980, elles sont en relation avec quatre agriculteurs sur cinq, emploient cent trente mille salariés permanents et transforment près de la moitié des denrées alimentaires. Elles contrôlent 70 % de la collecte de céréales, 55 % de l'industrie laitière et 30 % de l'abattage et de la commercialisation des viandes, distribuent 60 % des pesticides et 50 % des engrais. Les coopératives deviennent des rouages essentiels de la mondialisation des marchés : ce n'est plus de l'agriculture coopérative mais du capitalisme coopératif. Le terme « coopératif » pourrait même être questionné tant, pour certaines coopératives, il recouvre dorénavant une réalité juridique plus que pratique.

Ces vingt dernières années, les coopératives agricoles ont fait comme leurs équivalents commerciaux, les entreprises agroalimentaires avec qui elles se sont entremêlées au point de devenir leurs sœurs siamoises : elles se sont regroupées pour grossir et peser sur les marchés. En 2020, elles ne sont plus que deux mille deux cents mais concernent trois agriculteurs sur quatre, possèdent une marque alimentaire sur trois, emploient plus de cent quatre-vingt mille salariés et réalisent un chiffre d'affaires total de plus de quatre-vingt-six milliards d'euros. Peu connues du grand public, leurs marques sont pourtant largement présentes sur la table des foyers français : les fromages Pavé d'Affinois et Soignon, les salades Florette, le Breizh Cola et bien d'autres marques encore sont la propriété d'Agrial, numéro 1 des coopératives agricoles françaises. La coopérative a réalisé en 2022 un chiffre d'affaires de plus de cinq milliards d'euros, emploie vingt-deux mille salariés dans onze pays et douze mille agriculteurs sont adhérents. Le sucre Béghin Say appartient à Tereos, une coopérative tentaculaire et l'une des cinq plus grosses coopératives de France. Les produits Yoplait et Petits Filous appartiennent à Sodiaal, qui possède également Candia et Entremont, deux marques présentes dans les trois quarts des foyers. La coopérative réalise un chiffre d'affaires annuel de presque cinq milliards d'euros et près de dix-huit mille éleveurs y adhèrent.

Certaines coopératives sont devenues de véritables multinationales, avec leurs caractéristiques et leurs dérives. Elles mettent la pression sur les agriculteurs qui s'écartent ou critiquent leur fonctionnement, font du lobbying pour empêcher toute régulation qui nuirait à leurs profits, diffusent des publicités pour vendre leurs produits auprès de millions de consommateurs. En 2020, elles ont par exemple profité de la crise du Covid-19 pour demander le report de l'une des mesures centrales du quinquennat d'Emmanuel Macron en matière d'agriculture, à savoir la séparation de la vente et du conseil de pesticides, alors même que la mesure aurait dû être appliquée depuis bien longtemps déjà. Elle est finalement entrée en vigueur le 1er janvier 2021, et les coopératives ont massivement opté pour la distribution plutôt que pour le conseil (que certaines continuent de faire en off). Autre donnée qui illustre à quel point les plus grosses coopératives se sont éloignées de leur raison d'être initiale : la différence de rémunération entre les dirigeants et les producteurs. D'après une enquête du média Basta ! parue en 2021, le salaire des dirigeants de certaines coopératives oscille entre dix et quatre-vingt mille euros mensuels. À titre de comparaison, le revenu moyen des agriculteurs dépasse à peine les mille deux cents euros mensuels…

Une partie des producteurs ne s'y retrouve plus et proteste régulièrement contre l'opacité des montages financiers et juridiques, l'absence de prise sur les décisions stratégiques et la non-remontée des dividendes des filiales à la maison mère et aux agriculteurs. En octobre 2022, des producteurs ont par exemple bloqué l'usine de production d'emmental Entremont, de la coopérative Sodiaal, pour protester contre le manque de transparence et revendiquer un achat du lait au juste prix. Nous sommes loin des valeurs portées historiquement par les coopératives !

Un exemple parmi d'autres, qui illustre à quel point certaines coopératives n'ont aujourd'hui plus rien de l'esprit coopératif originel : celui de la multinationale InVivo, une union de 185 coopératives spécialisée dans le négoce de céréales, de pesticides et d'engrais, dans l'agroalimentaire (dont le vin, la bière et la boulangerie) et dans les jardineries (Jardiland et Gamm vert lui appartiennent). Présente dans trente-huit pays, son chiffre d'affaires devrait avoisiner les quatorze milliards d'euros en 2023. Ces dernières années, InVivo a montré un appétit d'ogre. Après le rachat de Soufflet en 2021, qui lui a permis de doubler son chiffre d'affaires et de devenir un poids lourd du marché du malt, le mastodonte coopératif lorgne dorénavant sur l'entreprise australienne United Malt Group, quatrième producteur de malt au monde. La coopérative cherche également à étendre son emprise sur le secteur de la grande distribution : l'entreprise Teract, dont InVivo est l'actionnaire majoritaire, devrait créer une nouvelle alliance avec le Groupe Casino, endetté. À terme, InVivo pourrait devenir propriétaire de l'ensemble et donc de Casino, mettant ainsi la main sur le secteur de la grande distribution.

De la même façon qu'elle grandit de jour en jour sur le terrain, l'influence d'InVivo s'étend en ligne : la multinationale est également l'actionnaire majoritaire de SMAG, une entreprise du Web qui propose des logiciels pour la production de semences, la gestion des entreprises de travaux agricoles ou encore celle de troupeaux bovins, ainsi que le créateur d'une plateforme d'achat centralisée de pesticides, d'engrais et de matériel spécialisé. La multinationale est par ailleurs très proche des pouvoirs publics. En 2019, le gouvernement a souhaité approfondir une prospective pour comprendre la mondialisation des systèmes alimentaires et leurs effets. L'exercice a rassemblé une trentaine de spécialistes du secteur. Tous étaient des experts rattachés à des institutions publiques ou à des instances scientifiques. Tous, sauf un : un représentant d'InVivo était présent à la table des discussions…

Pour faire face à la concentration des acteurs de l'agro-industrie et de la grande distribution, et pour pouvoir peser dans des négociations aux rapports de pouvoir aussi asymétriques, il n'existe pas que les coopératives. Les producteurs peuvent se rassembler en « organisations de producteurs », ou « OP ». Pour les agriculteurs, ces organisations peuvent prendre différentes formes : une société coopérative agricole, une union de coopératives agricoles, une association régie par la loi du 1er juillet 1901 ou encore une société commerciale peut être reconnue, par arrêté ministériel, organisation de producteurs. Elles peuvent également être reconnues au niveau européen. Du côté de la pêche, la création d'OP est prévue par le règlement européen relatif à l'organisation commune des marchés. Les organisations de producteurs permettent l'exemption de certaines règles de concurrence : leurs membres peuvent s'arranger entre eux pour négocier des prix avec la grande distribution par exemple, ce que les enseignes de supermarché n'ont pas le droit de faire entre elles. Cela leur permet également d'accéder à certains programmes de financement. Au 1er janvier 2023, une petite vingtaine d'OP était reconnue dans le secteur de la pêche. Du côté agricole, près de six cents organisations de producteurs et trente-cinq associations d'organisations de producteurs étaient identifiées par les pouvoirs publics.

Dans le secteur de la pêche, ces OP exercent une influence majeure car elles redistribuent les quotas de pêche attribués par l'Union européenne et délivrent les autorisations de pêche. Leur fonctionnement est critiqué par les pêcheurs artisans et les ONG, et leur opacité pointée du doigt par l'Autorité de la concurrence. Comme l'explique l'association BLOOM sur son site, les quotas de pêche sont en effet répartis sur la base des « antériorités de capture », c'est-à-dire sur les déclarations de captures entre 2001 et 2003. Cela signifie que plus un navire a pêché à cette période (ou plus il a menti sur ses chiffres), plus il a droit de pêcher. Et si un pêcheur quitte son OP, il perd ses quotas… Les OP, pour certaines contrôlées par les tenants des systèmes de pêche les plus industriels, ont donc un pouvoir très fort sur les plus petits pêcheurs, pris dans les mailles de leur filet. Ce pouvoir de pression est d'autant plus puissant que les mesures prises par les OP peuvent devenir obligatoires pour les pêcheurs non-adhérents à ces organisations.

Du côté agricole, je n'ai pas entendu parler de dérives propres aux organisations de producteurs : la puissance et l'influence des réseaux agricoles se retrouvent surtout au sein des coopératives, des interprofessions et des syndicats, dont certains possèdent également le statut d'OP.

Le double discours de la Fédération nationale des syndicats d'exploitants agricoles (FNSEA)

Mars 2022. Agitées, mes mains vont et viennent du clavier de mon ordinateur à celui de mon téléphone. Les messages fusent sur les boucles mail inter-associatives. Je grogne. Mes yeux se lèvent et croisent ceux de ma collègue, tout aussi exaspérée. Nous quittons les espaces de travail collectifs pour nous réunir en urgence avec d'autres membres de l'équipe agriculture dans l'une des petites salles du quatrième étage des locaux de Greenpeace France. Le 24 février, la Russie a envahi l'Ukraine. Humainement, la situation est dramatique. Plusieurs centaines de civils sont tués en l'espace de quelques jours. Dans la sphère agroalimentaire, l'arrêt provisoire des exportations de céréales de l'Ukraine, considérée comme le « grenier à blé » de l'Europe, ainsi que la spéculation des négociants du secteur, perturbent les marchés, secouent les médias et ouvrent une brèche politique. La FNSEA s'y engouffre.

C'est ce que Naomi Klein appelle « la stratégie du choc » : lorsque des événements extrêmes ont lieu, les partisans du libéralisme profitent de la confusion générale pour faire passer ou modifier des lois et des réglementations et ainsi asseoir leur doctrine économique. À cette époque, la présidente de la FNSEA est Christiane Lambert, également présidente du Comité des organisations professionnelles agricoles de l'Union européenne (Copa-Cogeca). Ce comité est l'un des plus puissants lobbies agricoles de Bruxelles. Or, cette période est cruciale pour l'avenir de l'agriculture et de l'alimentation du Vieux Continent. Des réformes ont été adoptées six mois plus tôt par les institutions européennes dans le cadre du Pacte vert (*Green Deal*) et prévoient une division par deux de l'usage des pesticides chimiques et des antibiotiques, ainsi qu'une réduction de 20 % des engrais de synthèse d'ici 2030. Des mesures qui ne plaisent pas du tout à la FNSEA, qui crie au scandale en annonçant des baisses dramatiques de la productivité du secteur. Qu'à cela ne tienne : trois jours seulement après l'invasion russe, la FNSEA interpelle les pouvoirs publics en leur demandant d'abandonner la stratégie « De la ferme à la fourchette », le fameux volet agricole du Pacte vert. Qualifiant cette stratégie de « décroissante », elle assène sa rengaine habituelle sur la nécessité de produire plus.

Christiane Lambert ne s'arrête pas là. Elle demande l'autorisation de mettre en culture des jachères tout en continuant de toucher les aides de la PAC normalement associées à leur maintien. Les jachères ne représentent qu'une très petite surface des terres que les agriculteurs ont à leur disposition pour cultiver mais constituent de véritables îlots de repos des sols et de préservation de la biodiversité. Elles sont souvent peu productives, sur des terrains accidentés ou en bordure de champs, et leur mise en culture ne ferait de toute façon pas une grande différence en matière de production. Mais pour la FNSEA, l'obtention de la mise en culture des jachères serait une victoire symbolique. D'une part, cela lui permettrait de prouver aux yeux du monde, si cela restait encore à prouver, à quel point elle a l'oreille du gouvernement français et des institutions européennes. D'autre part, les jachères constituent un point de tension historique entre certains agriculteurs qui voudraient produire sur ces parcelles et les défenseurs d'une plus grande soutenabilité des modèles agricoles. Obtenir la mise en culture des jachères, c'est faire un doigt d'honneur magistral à ses opposants de toujours.

Nous coordonnons, avec des collègues de trente organisations paysannes et environnementales différentes, l'écriture d'une lettre ouverte et de plusieurs décryptages, ainsi que l'organisation d'une action de mobilisation devant le congrès de la FNSEA et d'une conférence de presse. Des personnalités s'insurgent dans les médias et sur les réseaux sociaux. Sept cent cinquante scientifiques et experts de la sécurité alimentaire interpellent l'Europe pour lui rappeler que les problèmes de faim dans le monde ne sont pas une question de quantité produite et que la mise en culture des jachères ne serait qu'une énième fuite en avant.

Rien n'y fait : en l'espace de quarante-huit heures, avec le soutien du ministre de l'Agriculture de l'époque Julien Denormandie, l'Europe accède à la demande de la FNSEA. Le gouvernement français va plus loin encore : contrairement à son homologue allemand, il autorise l'usage de pesticides et d'engrais de synthèse sur ces parcelles. Nous obtenons un rendez-vous avec le cabinet du ministre de l'Agriculture. Je demande au représentant du ministère qui nous reçoit à combien il estime le potentiel de production total des jachères. Il se tortille, soudainement trop à l'étroit dans son costume. J'insiste, car si le ministère a poussé cette mesure au niveau européen, c'est qu'il avait bien une idée du volume que ces terres pourraient produire ? Le fonctionnaire finit par me répondre qu'ils ont bien fait un petit calcul, mais que c'était sur un coin de table, vous comprenez, il ne peut pas nous le donner, et puis bon, tout ça reste entre nous bien sûr…

Cet épisode est l'un des nombreux exemples de ce que l'on appelle, dans le milieu politico-agricole, la cogestion. Cogestion, pour gestion commune de la politique agricole du gouvernement et de la FNSEA. Si cette dernière détient autant de pouvoir, c'est entre autres parce qu'elle est la seule représentante des paysans au moment de sa création, en 1946. La date est clef : ce sont ceux qui avaient pris place dans l'administration agricole de Vichy qui créent le syndicat. Comme l'explique le journaliste d'investigation Gilles Luneau dans une enquête parue en janvier 2019, « cette puissance lui a permis de construire et contrôler l'ensemble des organisations professionnelles agricoles (syndicats locaux, coopératives, caisses de crédit agricole, Chambres d'agriculture) et de s'en revendiquer politiquement pour négocier avec le gouvernement ».

Yannick Ogor, ancien de la Confédération paysanne et éleveur-maraîcher en Bretagne, a publié en 2017 un récit édifiant sur l'agro-industrie. Il revient sur la cogestion syndicale qui a pris naissance dès la fin des années 1950. L'État gaulliste martèle alors un slogan toujours d'actualité : « Nourrir la France ». Il plonge son nez (et ses deux bras) dans les politiques agricoles jusque-là délaissées. En réalité, son programme ne vise pas à « nourrir la France », déjà autonome ou presque en matière d'alimentation, mais à booster les exportations et à libérer du pouvoir d'achat des habitants du territoire français grâce à de la nourriture « pas chère ». Il planifie la disparition d'un demi-million de paysans (la moitié d'entre eux) sur dix ans. L'un des exemples les plus frappants de cette cogestion historique est sans doute ce qu'il se passe en Bretagne dans les années 1960. Citroën cherche alors de la main-d'œuvre pour remplir ses usines fraîchement installées sur le territoire. Son PDG se fait aider par le préfet, qui lui transmet toutes les informations dont il a besoin pour asservir les agriculteurs locaux : surfaces, qualité des terres, problèmes humains… Ensemble, ils calculent que la surface moyenne des exploitations devrait atteindre les vingt hectares pour qu'un nombre suffisant d'agriculteurs mettent la clé sous la porte et viennent remplir les rangs de l'industrie automobile. Qu'à cela ne tienne : la FNSEA fait du porte-à-porte et fait miroiter une mesure phare de cette politique d'agrandissement qu'elle est parvenue à négocier, à savoir des indemnités viagères rondouillettes pour partir à la retraite. Le plan réussit : des milliers d'agriculteurs ferment boutique et rejoignent les usines de Citroën.

Dans les années qui suivent, des tensions provoquent de nombreux départs et d'autres syndicats voient le jour. Pendant les années 1970-1990 en particulier, le climat se crispe entre céréaliers et éleveurs. Les exploitants de grandes cultures possèdent en effet des surfaces et des revenus souvent plus importants que ceux des éleveurs ; c'est une véritable lutte des classes qui s'opère entre les grands notables de la FNSEA et les paysans restés « en bas de l'échelle ». Qui dit plus d'argent, dit plus de pouvoir. Les céréaliers et plus généralement les représentants de la FNSEA sont connus pour influencer sérieusement les orientations de la Politique agricole commune depuis ses débuts.

De nos jours, le ministère de l'Agriculture s'appuie beaucoup sur le syndicat agricole majoritaire ainsi que sur trois autres organisations professionnelles agricoles pour définir ses orientations : les Jeunes Agriculteurs (JA), la Confédération nationale de la mutualité, de la coopération et du crédit agricoles (CNMCCA) et les Chambres d'agriculture France (instance autrefois nommée Assemblée permanente des Chambres d'agriculture ou APCA). C'est ce que Gilles Luneau appelle la « forteresse agricole ». Les autres syndicats et la Fédération nationale de l'agriculture biologique ne font que rarement partie des échanges. Le problème, c'est que non seulement la FNSEA ne représente plus que le quart du corps électoral paysan, mais elle a en plus la mainmise sur la quasi-totalité des Chambres d'agriculture : l'union FNSEA-JA préside plus de 90 % des chambres départementales et 100 % des chambres régionales, alors que les autres syndicats ont obtenu près de 45 % des voix aux élections de 2019. En fait, la structure des modes de scrutin et l'historique de la FNSEA sont tels qu'il est très difficile pour les autres syndicats de peser dans la composition finale des chambres. Cela pose réellement problème dans la mesure où ces dernières contribuent à l'orientation des politiques agricoles nationales et territoriales : le ministère leur délègue régulièrement le pilotage et la mise en œuvre de politiques publiques, comme par exemple le plan Écophyto qui était initialement censé réduire de 50 % les usages de pesticides entre 2009 et 2018. Elles jouent également un rôle majeur dans le fléchage d'une partie des aides de la PAC et effectuent de nombreuses missions de services et de développement auprès des agriculteurs.

Tapisserie à fleurs, baie vitrée qui donne sur un jardin soigneusement entretenu, photographie d'un groupe de danse traditionnelle vêtu de costumes bretons au mur : nous sommes en juillet 2023 et je découvre pour la première fois le salon de Ghislaine, une agricultrice retraitée qui habite près de chez moi et qui m'a invitée à boire un café. Elle me raconte ses débuts en tant qu'éleveuse de vaches « tout-venant » (de plusieurs races différentes). C'était la première femme à faire sa place au marché des veaux du coin, et elle attisait bon nombre de remarques. Mais ça n'a pas été le plus difficile à gérer. L'un de ses gros coups durs s'est déroulé quelques années plus tard, juste après la mort accidentelle de son mari. Elle avait alors trois enfants, dont la première présentait un handicap. Lorsqu'elle a rencontré les services sociaux, la personne en charge de son dossier s'est étonnée : comment ça, elle veut continuer le métier d'éleveuse ? L'administration lui aurait transmis l'information selon laquelle 35 vaches, ce n'était pas assez car pas viable économiquement. Et de lui sommer, avec froideur, d'arrêter son activité pour une autre, plus lucrative.

Il en fallait plus pour décourager Ghislaine, qui a choisi de poursuivre le métier d'éleveuse. Résultat : les services sociaux lui ont coupé les aides qui servaient à payer la cantine de ses enfants. L'agricultrice ne s'est pas laissé abattre pour autant ; elle a continué d'élever ses 35 vaches et ses trois enfants jusqu'à la retraite. Elle conclut cette anecdote avec beaucoup de fierté : « Finalement, je m'en suis sortie, je me suis même acheté une maison ! Et lorsque vingt ans plus tard j'ai croisé l'homme qui avait donné l'instruction de me couper les aides, je lui ai dit que j'avais réussi. Il en avait le bec cloué. »

> Ce témoignage n'est pas celui d'un cas isolé. Dans son enquête de longue haleine menée en Bretagne et publiée au printemps 2023 (*Silence dans les champs*), le journaliste Nicolas Legendre a recueilli des centaines de témoignages sur l'omerta qui règne dans le milieu agricole breton. Il montre combien la loi du silence de l'agromafia locale s'est tissée, au fil des années, pour finalement devenir une véritable chape de plomb sur l'émergence de pratiques et de discours alternatifs. Ce qui ressort de cette enquête, c'est que cette omerta n'est pas (uniquement) due à un ou deux gros acteurs qui feraient la pluie et le beau temps sur le territoire. Elle provient du maillage très fin du réseau d'influence des tenants de l'agriculture productiviste : ceux qui sont président de telle coopérative ou maire de telle commune sont également trésorier de la FDSEA (l'échelon départemental de la FNSEA), vice-président de la Chambre d'agriculture du territoire ou actionnaire dans une entreprise de semences incontournable sur le département.

La FNSEA joue à un jeu dangereux : d'un côté, elle dit défendre les intérêts des producteurs. De l'autre, elle fait la promotion d'un modèle industriel et productiviste qui entraîne l'ensemble du monde agricole vers sa perte. Et cela ne va pas aller en s'améliorant : le 13 avril 2023, la FNSEA a validé la nomination de son nouveau président, Arnaud Rousseau, céréalier et président du Groupe Avril. Ce groupe, appelé « la pieuvre » dans le milieu, c'est neuf milliards d'euros de chiffre d'affaires en 2022, une présence dans dix-neuf pays, plus de sept mille salariés, des marques nationales comme les huiles Lesieur et Puget, des protéagineux, des agrocarburants, de la chimie, des vaches à hublot et des élevages de volailles aux conditions terribles. Le prédécesseur de Christiane Lambert, Xavier Beulin, était déjà président du même groupe… La boucle est bouclée. Christiane Lambert, pour sa part, reste à la tête de la puissante Copa-Cogeca bruxelloise.

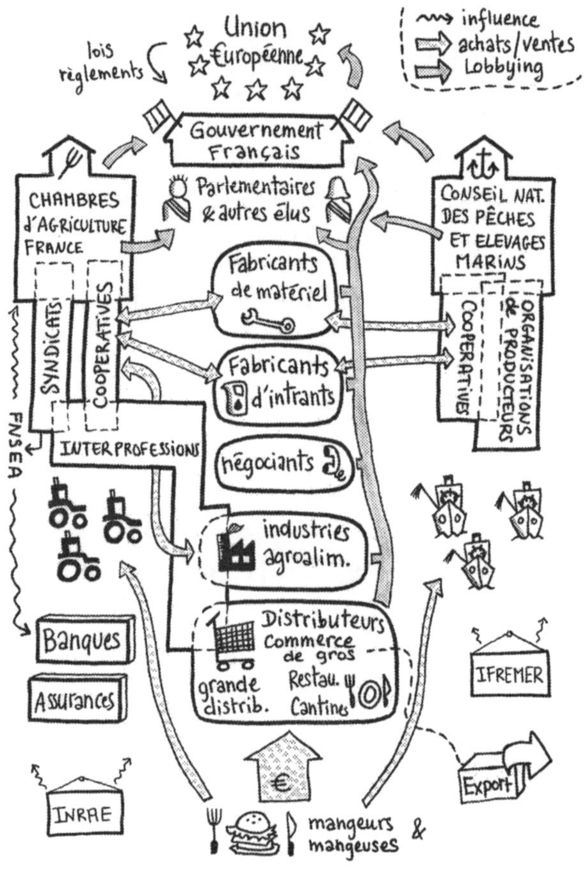

Illustration 6. Représentation simplifiée du jeu d'acteurs du système agroalimentaire.

Comment le complexe agroalimentaire contrôle les terres et les machines

L'argent, toujours le nerf de la guerre

Comprendre les flux financiers d'un secteur n'est ni facile à faire, ni palpitant à retranscrire. L'affaire est pourtant cruciale : l'argent est au cœur de notre modèle économique et donc au cœur de notre agriculture et de notre alimentation. Pour analyser les rapports de pouvoir et d'influence liés à l'argent, il nous faut comprendre d'où vient cet argent, où il va et ce pour quoi il est utilisé. Heureusement, des associations se sont penchées sur l'affaire pour éclaircir la situation. Sauf mention contraire, les informations qui suivent proviennent principalement de deux rapports de recherche : celui réalisé par le BASIC pour la Fondation pour la Nature et l'Homme (*Étude des financements publics et privés liés à l'utilisation agricole de pesticides en France*, 2021), et celui publié par l'Institut de l'économie pour le climat, l'I4CE (*Décryptage des financements du système alimentaire français et de leur contribution aux enjeux de durabilité*, 2021).

D'où vient l'argent qui circule dans le système agroalimentaire ? Le plus gros volume provient des achats des ménages et représente plus de deux cent cinquante milliards d'euros. Concernant l'argent public, il existe deux sources principales de flux financiers : les subventions directes et indirectes (exonération de taxes et de cotisations, crédits d'impôts) et les prêts des institutions publiques (comme la Banque publique d'investissement française, BPI France). Dans le secteur agricole, ils représentent *grosso modo* vingt-huit milliards d'euros (chiffres 2018). Du côté de la production, la plus importante source de subventions est ce que l'on appelle le premier pilier de la Politique agricole commune, qui recouvre un budget de plus de 7 milliards d'euros. L'un des principaux freins à la transition des systèmes agricoles réside dans les conditions d'attribution de ces aides : une majorité d'entre elles dépend des surfaces cultivées par les agriculteurs (on parle d'« aides à l'hectare ») plutôt que de bénéficier aux fermes qui génèrent le plus d'emplois par exemple (« aides à l'actif ») ou de services écosystémiques. Autrement dit, elles favorisent *de facto* l'agrandissement plutôt que la sobriété, la productivité plutôt que la résilience. Concrètement, seuls 20 % de la PAC visent le soutien à des pratiques environnementales et sociales vertueuses, les 80 % restant financent et donc maintiennent le *statu quo* d'une agriculture productiviste.

Pourquoi une telle orientation ? Les raisons sont multiples. Le bagage historique et la complexité des rapports de pouvoir au sein de l'Union européenne pèsent sans aucun doute sur la difficulté de la PAC à évoluer – on ne transforme pas des politiques publiques vieilles de plus de cinquante ans en un claquement de doigts, en particulier lorsqu'il faut se mettre d'accord à vingt-sept et que, clairement, tous les pays n'ont pas les mêmes intérêts. Pour mieux comprendre la situation, j'appelle Aurélie Catallo. Avant d'entrer à l'Iddri en septembre 2022, cette femme a été coordinatrice de la plateforme pour une autre PAC, qui regroupe quarante-cinq organisations de la société civile. Elle est réputée dans le milieu pour son sens aiguisé des enjeux et des rapports de pouvoir politiques du secteur agricole. Nous n'avons pas travaillé ensemble sur la PAC, en revanche nous avons copiloté le rapprochement de deux plateformes qui regroupent des dizaines d'organisations sur ces thématiques. Aurélie accepte avec plaisir d'échanger.

Nous nous retrouvons pour déjeuner dans le centre de Paris ; je commence à la questionner sur les négociations PAC en même temps que nous choisissons nos plats. D'après elle, si les dernières négociations de la PAC ont échoué à « verdir » réellement le texte final, c'est avant tout parce que la transition agroécologique, si elle n'est pas accompagnée de façon adéquate, pourrait entraîner des pertes sèches en matière d'emplois dans la sphère agricole et surtout dans celle de la transformation. Elle précise que ce serait surtout dans le secteur de la viande que cela arriverait : comme l'a montré l'Iddri dans un papier paru en 2021, dans le secteur du lait et des grandes cultures la transition pourrait au contraire s'accompagner d'une augmentation du nombre d'emplois dans la production et la transformation. Le problème des négociations de la PAC à Bruxelles tient donc au fait que ce ne sont que des personnes chargées de défendre les intérêts de l'agriculture qui décident des évolutions du texte. Les intérêts de long terme, comme l'effondrement de la biodiversité et le bouleversement du climat, ne sont que très rarement pris en compte. En fait, les faits scientifiques pèsent peu dans la balance des choix réalisés. Aurélie Catallo insiste sur ce point : « En dix ans de suivi des politiques agricoles, je n'ai jamais vu une seule décision se prendre à partir des sciences. »

Subventions néfastes dans le secteur de la pêche

Du côté de la pêche, même combat. Contrairement aux carottes et aux poulets, les poissons se déplacent d'une zone à une autre, autrement dit d'un pays à l'autre ou dans des zones internationales. Il est donc nécessaire de s'arrêter un instant sur les chiffres donnés à l'échelle mondiale. Des scientifiques de l'Université de Colombie-Britannique ont fait le point sur les subventions accordées au secteur de la pêche. D'après eux, près des deux tiers des subventions sont considérées comme *nuisibles* dans la mesure où elles permettent l'augmentation des capacités de pêche des flottes (subventions à la construction et la modernisation de bateaux et de ports, exonérations fiscales et subventions aux carburants…). En Europe, c'est plus de la moitié des subventions.

Le problème, c'est que comme pour l'agriculture industrielle, la pêche industrielle a un coût. Depuis des années, l'état des populations de poissons se dégrade dans le monde entier et le nombre de pêcheurs chute. Dorénavant, 35 % des « stocks » mondiaux de poissons sont surexploités – c'est trois fois plus que dans les années 1970 – et, au total, 93 % sont exploités à la limite de leur exploitation « durable » ou au-delà (données 2019). En Atlantique Nord-Est, ce sont 43 % des « stocks » de poissons qui sont surexploités et en Méditerranée, 83 %. Ces chiffres, tout comme ce vocabulaire productiviste qui cache la richesse des océans et des individus qui les peuplent, sont ceux de l'Organisation mondiale des Nations unies pour l'agriculture et l'alimentation (FAO). Pierre, un pêcheur au chalut propriétaire d'un bateau de douze mètres en Vendée, témoigne : « On a de plus en plus de mal à pêcher certaines espèces, les populations se sont effondrées. Les autres pêcheurs ne veulent pas le reconnaître, mais je sais que c'est à cause de la pêche industrielle. C'est une catastrophe, pourtant on continue. Mon fils veut devenir pêcheur à son tour, mais ça m'inquiète, je pense qu'il ne devrait pas : il y a de moins en moins de poissons, et en plus le secteur consomme énormément de pétrole alors même qu'il faudrait arrêter. Je ne vois pas d'avenir dans ce milieu. »

Arrêtons-nous un instant sur le Vieux Continent. Après la Seconde Guerre mondiale, l'Union européenne met en place la Politique commune des pêches (PCP) et finance la construction de navires toujours plus gros, toujours plus performants. Le budget actuel est de plus de 6 milliards d'euros au niveau européen et de 567 millions d'euros pour la France pour la période 2021-2027. D'après un rapport de la Cour des comptes paru en décembre 2022, ce budget est loin de soutenir une pêche durable et génère des effets d'aubaine (des organisations font financer des choses qu'elles avaient de toute façon prévu de faire) ainsi que, dans le secteur aquacole, des phénomènes d'inflation des prix sur plusieurs années.

Le rapport établit également qu'une poignée de bénéficiaires, en déposant des dizaines de dossiers, capte une grosse partie des subventions. En 2004, face à l'effondrement des populations de poissons, l'Union européenne décide de bannir les aides à la construction de nouveaux navires. C'était sans compter sur le travail de sape des industriels de la pêche. BLOOM, qui surveille étroitement l'évolution de la réglementation européenne depuis dix ans, relate sur son site comment, en 2020, le Conseil européen a eu raison des maigres avancées négociées au sein du Parlement européen. Le budget suivant (2021-2027) a finalement réintégré les aides qui favorisent la reconstruction de nouveaux navires et ne contient aucun budget chiffré sur la préservation de la biodiversité.

Clôturons ce sujet pécuniaire en prenant un peu de recul : qui, au final, capte la valeur ajoutée de la chaîne alimentaire ? Les chiffres sont clairs : les bénéfices effectués par les agriculteurs, pourtant à la base de la production alimentaire, ne représentent que 14 % de la valeur ajoutée totale du secteur agroalimentaire. La transformation et le négoce, en revanche, en captent le double ! En fait, produire des pesticides rapporte trois fois plus d'argent que de produire des pommes de terre ou des fromages.

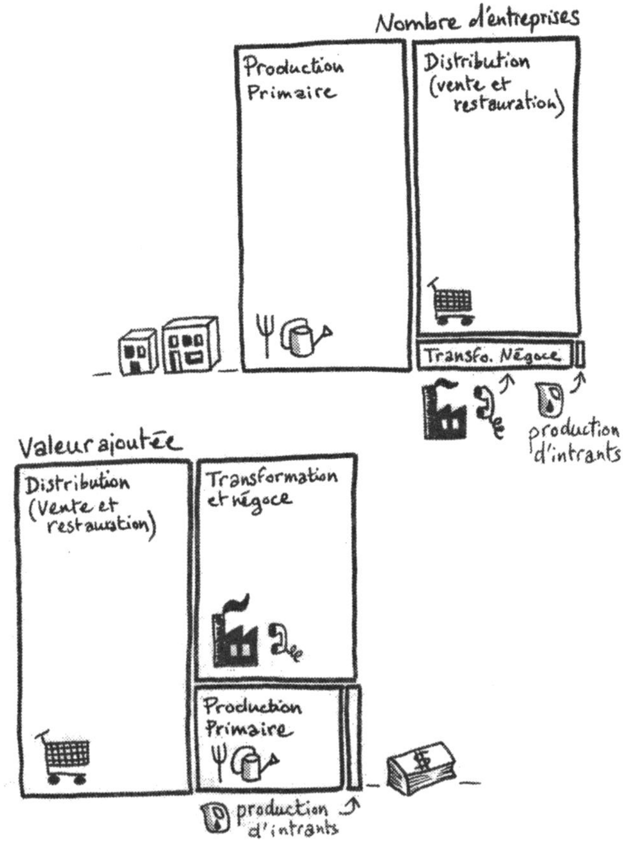

Illustration 7. Répartition de la valeur ajoutée dans la chaîne alimentaire. Dessin inspiré du rapport *Décryptage des financements du système alimentaire français et de leur contribution aux enjeux de durabilité* (I4CE, 2021).

L'analyse reste générale et ne saurait souffrir une conclusion manichéenne : certains acteurs privés et publics œuvrent depuis des décennies à un changement de modèle, et certains producteurs font plus de profits que d'autres – au détriment de leurs pairs. Le *statu quo* maintenu par la plupart des institutions et des acteurs privés place cependant la grande majorité des agriculteurs et des pêcheurs dans une situation intenable : financièrement et politiquement, tout est fait pour aller vers le produire plus, toujours plus, pour le moins cher possible. À l'autre bout de la chaîne, les mangeurs, inquiets pour leur santé, celle de la planète et pour l'avenir de leurs enfants, demandent des produits de meilleure qualité, locaux et sans pesticides. Un étau infernal dont beaucoup de producteurs ne se sortent pas… Nombreux sont ainsi celles et ceux qui finissent par préférer se passer la corde au cou plutôt qu'affronter les huissiers ou le regard de la société lorsqu'ils sont à bout.

Main basse sur les terres

Les sourcils froncés, Nina me pointe du doigt les profondes crevasses de la terre, juste devant nous. Le bruit du tracteur couvre en partie sa voix mais je l'entends suffisamment pour comprendre : ce printemps, elle est passée trop tôt pour travailler le sol. De grosses pluies se sont abattues dans la région avant qu'elle ait le temps de semer et des sillons se sont formés sur la terre nue. Semer, c'est justement ce que nous sommes en train de faire. Nous sommes en 2020, Nina vient d'avoir trente ans. Elle est agronome et s'est installée en collectif dans le nord du Tarn deux ans plus tôt, avec cinq autres amis à nous, pour devenir paysanne-boulangère et lancer une activité de production de fruits. Cela fait bientôt quatre heures que nous parcourons les champs dans son tracteur, le semoir plein de grains de sarrasin. La nuit va bientôt tomber. Nos corps vibrent, la machine bringuebale, un faucon s'affaire avec entrain autour du tracteur pour attraper les insectes surpris par notre passage.

La trentaine d'hectares qu'elle et ses amis cultivent ne leur appartient pas en totalité. Pour se procurer ces terres, ils ont monté deux dossiers : un premier leur a permis d'obtenir une subvention de la Région et un prêt pris en charge par la Safer au Crédit agricole (les Safer sont des sociétés d'aménagement foncier et d'établissement rural à but non lucratif : elles peuvent acheter des terres et empêcher la hausse des prix du foncier, entre autres missions) afin d'acheter les deux tiers des terres (en s'engageant à tout racheter et rembourser au bout de sept ans). Ils ont également monté ce que l'on appelle un GFA : un groupement foncier agricole. C'est une forme de société agricole qui permet à des investisseurs extérieurs d'acheter des parts et à un agriculteur ou à un groupe d'agriculteurs d'accéder à des infrastructures, à du matériel ou à des terres auxquels il n'aurait pas pu accéder autrement. Dans le cas des Chlorophy-liens, le collectif monté par mes amis dans le Tarn, un total de quatre-vingt-neuf sociétaires – tous des particuliers, amis et membres de la famille – leur ont permis d'acheter le tiers restant, soit huit hectares. Cinq ans après leur lancement, ils cultivent des céréales et des fruitiers, font du maraîchage, élèvent des abeilles et prévoient de lancer une champignonnière.

L'ouverture de la société agricole à des investisseurs extérieurs a rendu possible l'installation de ces jeunes agriculteurs et le lancement de leur projet en céréales et en arboriculture biologiques. Mais il n'est pas représentatif de ce qu'il se passe habituellement dans les campagnes françaises. À l'origine, le monde agricole a développé différentes formes de sociétés pour permettre aux agriculteurs de mieux se répartir les risques et les charges de leurs activités, ainsi que pour faciliter la transmission des fermes. Petit à petit, ces sociétés se sont ouvertes à des entreprises, des fonds d'investissement et des individus non issus du monde agricole : c'est ce qu'on appelle les « sociétés financiarisées ». En 2023, l'association Terre de Liens a publié une vaste enquête sur le sujet, la première en trente ans au niveau national. Cette étude a levé un véritable tabou : la dernière étude du ministère de l'Agriculture sur la propriété des terres agricoles et des fermes date de 1992, et les fichiers du cadastre sur les propriétaires sont largement confidentiels. Comme l'explique James C. Scott dans son ouvrage *L'Œil de l'État*, écrit en 1997, la propriété privée et le cadastre ont été les premiers instruments d'une standardisation et d'une classification centralisée permettant à l'État d'asseoir son autorité sur le peuple. Maintenir l'opacité sur le sujet, c'est maintenir le contrôle du pouvoir central sur le système agricole et alimentaire.

Aujourd'hui, la majorité des agriculteurs cultivent à la fois des terres dont ils ont la propriété et des terres louées. Mais si l'on considère les terres, de moins en moins de surfaces sont cultivées par leur propriétaire. Les sociétés agricoles dites financiarisées possèdent quant à elles six cent quarante mille hectares, représentent une ferme sur dix et contrôlent 14 % de la surface agricole. Cette proportion a doublé en l'espace de vingt ans. Comme le décrit Terre de Liens, « un modèle d'agriculture sans agriculteurs » se développe. Au niveau européen, la tendance est la même et 2 % de ces exploitations contrôlent dorénavant plus de la moitié des terres agricoles.

Le problème avec ces sociétés financiarisées, c'est qu'elles peuvent imposer à la ferme concernée d'assurer le meilleur retour sur investissement possible à ceux qui ont pris le contrôle d'une partie du capital. Or, qui dit pression économique dit maximisation de la productivité, le plus souvent au détriment des équilibres fragiles des écosystèmes et des populations indigènes (lorsque cela entraîne l'importation de matières premières d'autres continents, comme c'est le cas pour le soja). Attention cependant à ne pas généraliser : une partie significative de ces montages ne donne pas lieu à une pression économique particulière.

Ces situations génèrent cependant des inquiétudes en matière de contournement des régulations foncières. En effet, la Safer, le « gendarme des terres agricoles », ne peut préempter une terre que si la totalité des parts est vendue. Certaines sociétés financiarisées contournent donc aisément ce droit de préemption de la Safer en vendant ou en achetant 99 % des parts sociales. Elles établissent une concentration invisible des propriétés : les sociétés agricoles à capital ouvert achètent des parcelles en moyenne plus grandes et plus chères que les personnes physiques et les groupements d'agriculteurs associés (GAEC). En 2019, une étude de la Safer en Eure et Seine-Maritime a par exemple montré que derrière quarante-huit fermes se cachaient en fait dix-neuf sociétés mères seulement. Ce type de montage permet également aux investisseurs de détourner des aides de la PAC et d'établir une concurrence déloyale sur le marché des terres face à des agriculteurs qui souhaitent s'installer. Dans son rapport, Terre de Liens cite plusieurs exemples, comme celui de Chanel et L'Oréal, qui achètent des parcelles entre un demi et un million d'euros dans les Alpes-Maritimes pour produire leurs plantes à parfum : c'est deux à quatre fois le prix des terres du coin. Un autre exemple est celui d'Auchan, qui achète des surfaces agricoles par le biais de sa foncière Ceetrus France. Auchan est aujourd'hui propriétaire de plus de 800 hectares de terres.

Haro sur les Safer ?

Les Safer, qui ont la possibilité de préempter des terres mais aussi d'empêcher la hausse des prix, sont souvent accusées par celles et ceux qui luttent contre l'agro-industrie de favoriser cette dernière. La mainmise de la FNSEA sur ces sociétés d'aménagement foncier est en effet une réalité : la présidence des Safer est traditionnellement réservée aux Chambres d'agriculture, très majoritairement aux mains de la FNSEA, et les défenseurs de l'agro-industrie peuvent siéger au conseil d'administration via de multiples casquettes (banque, fédération de chasse, syndicat...). À cela s'ajoute un drôle de paradoxe : les Safer ne sont plus subventionnées depuis 2010, et une partie de leurs revenus provient de pourcentages prélevés sur la vente des terres. Il existe ainsi de nombreux témoignages d'agriculteurs et d'agricultrices dépités par la gestion des terres, jugée injuste et partisane de l'agro-industrie, par les Safer. Ces dernières sont ainsi le résultat de luttes pour la terre et une institution où ces luttes se déroulent désormais.

D'après Tanguy Martin, qui a publié en 2023 *Cultiver les communs, une sortie du capitalisme par la terre* et qui fut conseiller Safer il y a quelques années, ces sociétés sont tout autant critiquées par les libéraux : « Les Safer maintiennent depuis soixante ans un certain équilibre qui fait que ces critiques n'aboutissent jamais à leur démantèlement, qui serait peut-être pire que leurs dérives. Les Safer sont souvent mises en avant pour expliquer le prix relativement faible du foncier agricole en France par comparaison avec nos voisins européens et la plus faible inégalité de répartition du foncier en France en comparaison à ces mêmes voisins. »

Une chose est sûre cependant : le fonctionnement des Safer est devenu obsolète, et leur droit de préemption aisément contournable. Pour plus de justice et d'écologie, il est temps d'en actualiser aussi bien leur fonctionnement que leur gouvernance.

D'autres types de transactions créent régulièrement des émois dans le secteur : le rachat de terres par des investisseurs étrangers. Des opérations chinoises ont été pointées du doigt à plusieurs reprises, sans que l'on puisse établir avec certitude la surface exacte qu'elles ont permis d'acquérir du fait de l'opacité des montages juridiques et financiers associés, qui empêchent les Safer d'intervenir. Une chose est sûre : des entrepreneurs chinois possèdent aujourd'hui plusieurs milliers d'hectares de terres agricoles françaises. Milliardaires, ils ont acheté plus d'une centaine de vignobles dans différents territoires ainsi que plus de 3 000 hectares de grandes cultures dans l'Indre, l'Allier et la Beauce. Si les plus grosses opérations ont pu affoler les sphères agricoles et remonter au plus haut sommet de l'État, au point d'entraîner un durcissement de la réglementation, le président de la Safer se veut rassurant : interrogé en 2021 par *Ouest-France*, il explique que les acheteurs étrangers pèsent moins de 3 % du marché et sont très majoritairement européens. D'accord, mais jusqu'à quand ?

Que ce soit le rachat des abattoirs par l'agro-industriel Bigard, la mise en place d'une flotte de pêche par l'enseigne Intermarché ou la mainmise tentaculaire de la coopérative InVivo sur une série de filières, les acteurs du secteur agroalimentaire sont de véritables adeptes de l'intégration verticale et horizontale des chaînes de production. La mise en œuvre d'investissements financiers majeurs et de montages juridiques complexes leur permet de concentrer les moyens de production et de capter la valeur créée par les producteurs et les employés du secteur. Nous nageons dans la pleine eau d'une agriculture de firme, profondément ancrée dans un modèle capitaliste qui enrichit une poignée d'entreprises et de familles au détriment du plus grand nombre. Fort heureusement, cet accaparement des terres par quelques acteurs n'est pas la norme. La tendance est sérieuse, mais elle peut encore être inversée.

L'avenir des terres agricoles : un enjeu d'actualité

Héritage après héritage, générations après générations, la propriété des terres agricoles est devenue plus morcelée que le fond d'un lac asséché de l'Arizona en plein mois d'août. La grande majorité des terres agricoles est dorénavant entre les mains de plus de 4 millions de petits propriétaires privés. Or, la moitié des agriculteurs devraient partir à la retraite d'ici 2030. Par ailleurs, 60 % des personnes qui veulent s'installer n'ont pas accès à des terres familiales.

À qui les agriculteurs retraités vont-ils transmettre leurs terres ? Un seul refus au sein d'une indivision et voilà le projet d'installation de Mickaël, Sarah ou Karim qui tombe à l'eau. Le hic, c'est qu'une terre agricole peut servir à bien d'autres choses que les cultures ou l'élevage, et à des prix parfois bien plus attractifs. Leur mise en location à des légumiers industriels ou pour installer des panneaux photovoltaïques peut rapporter gros – entre quinze et trente fois plus que leur location à d'autres paysans en fermage. Sans parler de l'urbanisation : si une terre devient constructible, son prix devient en moyenne vingt-cinq fois plus élevé. Partant de là, un agriculteur qui part à la retraite doit avoir de hautes convictions

écologiques ou sociales pour préférer les transmettre à de jeunes paysans sans terres ou à des néo-ruraux qui cherchent à s'installer.
La période actuelle est donc empreinte du risque immense de voir s'accélérer le phénomène de financiarisation d'une agriculture de plus en plus industrielle et capitaliste. Mais elle constitue également une formidable opportunité pour faire basculer nos systèmes vers des formes d'agroécologie nourricières et enthousiasmantes pour les générations à venir.

Machines agricoles : entre multinationales et autonomie paysanne

Septembre 2019. Une association agricole qui travaille à la réduction des émissions de gaz à effet de serre de ses vaches nous a invités, plusieurs représentants d'associations et moi-même, en tant que représentante de Greenpeace France, à venir visiter sa ferme laitière. Les vaches n'ont pas accès à des prés : l'exploitation, nous dit-on, coincée entre une bretelle d'autoroute et une autre exploitation, n'avait pas suffisamment de terres. Les vaches ont l'air paisible (dans la limite de mes perceptions totalement anthropocentrées et subjectives), du moins mieux que dans d'autres élevages que j'ai pu voir : elles sont rassemblées dans un grand hangar très ouvert, avec un toit et des barrières mais sans murs, de l'air frais circule et elles peuvent aller et venir comme bon leur semble. Elles restent calmes à notre approche, nous toisant avec curiosité. Le sol est paillé et très propre : un système automatique nettoie les déjections animales à intervalles réguliers.

L'équipe qui nous a invités nous fait signe de nous approcher d'une machine située à l'intérieur de l'enclos, sur le côté. C'est une sorte de sas métallique, avec d'un côté une façade en dur et de l'autre de simples barrières de métal. Soudain, une vache s'approche. Elle entre d'un pas décidé dans le sas qui se referme doucement derrière elle. Une machine scanne le badge apposé à son oreille. L'employé de la ferme nous explique qu'ici, ce sont les vaches qui décident du moment de se faire traire. Une fois par jour, quand bon leur semble, elles viennent dans le sas. Si elles se sont déjà fait traire, alors le sas se rouvre et la vache doit repartir. Si elle ne s'est pas encore fait traire, un « bonbon » tombe dans la gamelle devant la vache, tandis qu'une machine s'installe automatiquement sur ses pis, nettoie les trayons et la trait. Apparemment, cette vache-ci s'est déjà fait traire car la porte avant s'ouvre, la laissant repartir sans le bonbon convoité.

Pour les éleveurs, ce type de machines nécessite un investissement conséquent (autour de cent mille euros par robot) et constitue une véritable avancée en matière de temps et d'astreinte. L'enjeu derrière ces machines est cependant multiple. Il concerne tout d'abord la propriété des outils de production : lorsque ce sont les patrons qui possèdent les machines, et qu'ils recherchent les profits au détriment des conditions de travail et de vie de leurs employés, alors la situation et le nombre de ces derniers ne peuvent que décliner au fil du temps. La mécanisation a ainsi joué un rôle central dans l'industrialisation de l'agriculture et la chute du nombre de paysans. Par ailleurs, pour devenir lui-même propriétaire de machines de plus en plus sophistiquées, un agriculteur doit généralement s'endetter, encore et encore, aggravant sa dépendance auprès du système financier. Il cherche alors à s'agrandir pour éponger ses dettes et se retrouve avec un troupeau ou des surfaces plus importants à gérer, réduisant à peau de chagrin les bénéfices qu'il avait trouvés dans le recours aux machines…

Par ailleurs, qui dit grosse machine dit modèle agricole simplifié : les machines étant coûteuses et souvent spécialisées dans un domaine (la récolte par exemple), il faut pouvoir rentabiliser la production – ce qui va généralement de pair avec une réduction de la diversification des fermes. Ce cercle vicieux est d'autant plus présent que la course viriliste au tracteur le plus gros et le plus rutilant est, d'après de nombreux témoignages d'agriculteurs, très présente dans le milieu agricole. Certains préféreront s'endetter lourdement et avoir une grosse machine à montrer aux autres que de sortir un revenu décent de leur ferme mais ne pas avoir de gros engins sur leur exploitation.

Agriculture 4.0 : du numérique au Big Data

Derrière le terme de « numérique » se trouvent de nombreuses technologies, telles que l'« Internet des objets[1] »,

1. L'Internet d'aujourd'hui, qui ne relie pas uniquement des humains entre eux mais aussi des machines.

l'intelligence artificielle et les plateformes numériques, qui permettent de faire se rencontrer l'offre et la demande. À cela s'ajoutent des services de récolte, d'analyse et d'utilisation des données collectées par les robots présents dans les fermes et les outils numériques. Prises isolément, ces données n'ont aucune valeur. Croisées et analysées, elles deviennent précieuses pour les entreprises qui les possèdent. C'est ce que l'on appelle le *Big Data.* Comme toutes les autres technologies, le Big Data n'est ni vertueux, ni problématique en soi : tout dépend de ce que l'on en fait.

L'agriculture de précision (qui utilise les nouvelles technologies pour définir « avec précision » où et quand épandre des pesticides, irriguer un champ, etc., afin d'optimiser la gestion des intrants et des rendements) a laissé la place à une agriculture numérique bien plus puissante et connectée que sa prédécesseuse : l'agriculture 4.0.

La promesse du numérique et du Big Data est claire : grâce à des robots et à des machines implantées localement et reliées aux informations du Web, qui envoient des données ensuite analysées et transmises aux producteurs, ces derniers peuvent mieux évaluer leurs besoins, limiter l'usage des engrais ou des pesticides de synthèse en ciblant les bonnes parcelles et les bons moments pour les appliquer, optimiser leurs rendements et augmenter leurs revenus. Les entreprises de l'« Agritech » sont bien décidées à convaincre les agriculteurs du bien-fondé de leurs outils connectés et à faire entrer le numérique dans les campagnes. Au total, rien qu'en France et en Europe, elles sont huit cent cinquante à proposer des outils numériques agricoles. Des entreprises comme Naïo Technologies ont levé plusieurs millions d'euros de fonds grâce, entre autres, à la Banque publique d'investissement, et reçu plusieurs millions d'euros de subventions également dans le cadre de différents programmes nationaux. Le gouvernement français est très actif sur le sujet.

Réalité virtuelle dans les étables

On n'en finit pas d'innover. En France comme ailleurs, l'hiver les vaches laitières sont rentrées à l'étable. Promiscuité, manque d'espace, absence de pâturage… stressées, les vaches produisent moins de lait. Le pré verdoyant du printemps leur manque ? Qu'à cela ne tienne, des producteurs russes ont trouvé une solution : des casques de réalité virtuelle montrent aux vaches des prés ensoleillés, comme si elles y étaient. De quoi leur donner un petit coup de boost émotionnel… et augmenter la production de lait !

Le développement du numérique peut être un réel atout pour améliorer les conditions de travail des agriculteurs. Il peut aussi, dans certains cas, les aider à utiliser (un peu) moins d'intrants chimiques, anticiper les récoltes, prévoir les risques de prolifération de « ravageurs » et optimiser leurs pratiques. Mes amis éleveurs de chèvres dans les Corbières, Annaïg Servain et Matthieu Vaslin, utilisent par exemple un GPS intégré au collier de deux de leurs chèvres pour pouvoir localiser le troupeau en continu et le déplacer si la zone de pâturage n'est pas celle qui est la plus adaptée au besoin de réouverture des habitats, ou pour savoir où aller les chercher le soir afin de les ramener à la chèvrerie sans se perdre dans le dédale des sous-bois de buis.

Alors quels sont les risques posés par le numérique et le Big Data ? Aux États-Unis, le sujet fait débat depuis plus de dix ans. Dans un entretien accordé au magazine *Forbes*, un vendeur de l'entreprise John Deere – le plus gros fabricant de machines agricoles au monde en termes de revenus en 2021 – revient sur l'accès de son entreprise à toutes les données envoyées par l'agriculteur via l'utilisation des tracteurs et autres machines connectées John Deere. Il déclare que « si [les agriculteurs] savaient que l'on peut voir tout ça, ils en seraient malades ».

Mark Ryan, un chercheur universitaire suédois, a analysé les risques inhérents au Big Data agricole dans un papier publié en novembre 2019. Il montre que les entreprises, connaissant la productivité des fermes et les éventuelles difficultés des producteurs grâce aux données récoltées, font pression sur les producteurs pour qu'ils vendent leur exploitation à bas prix lorsqu'il y a un problème ou au contraire en accaparant les meilleures terres pour les revendre plus cher. Il relate également des cas de pression sur les agriculteurs par les plus grosses firmes pour utiliser leurs services : Pioneer et Monsanto exigent par exemple que les agriculteurs achètent leurs semences avant d'accéder à leurs analyses de données agricoles.

Ce faisant, ils appliquent la stratégie de Google, Apple et consorts : créer des mondes où tous les services de leur marque sont dépendants les uns des autres pour refermer peu à peu l'étau de leurs prisons dorées sur leurs clients. C'est ce que l'on appelle le « data lock-in ». Ce constat est d'autant plus terrible que les agro-industriels ne se contentent pas d'analyser les données : ils les utilisent pour *prescrire des actions* aux agriculteurs (comme le recours à tel pesticide ou l'épandage de telle quantité d'engrais chimiques par exemple).

Parmi les autres risques cités par le chercheur figure le contrôle des marchés par les traders qui, au travers de l'achat de jeux de données et de leurs analyses, ont accès aux informations récoltées par des millions d'agriculteurs directement dans leur champ et peuvent donc anticiper les récoltes à l'échelle de régions, voire de pays entiers. En fait, en Amérique du Nord, la récupération de données influence déjà en temps réel les cours des céréales. La question interpelle : que se passera-t-il, demain, si une multinationale américaine comme John Deere connaît en temps réel les récoltes de toute la France, voire de l'Europe ?

Non seulement le Big Data ne remet pas en question les fondements productivistes et capitalistes du secteur agricole, mais il aggrave encore plus la concentration du pouvoir entre les mains d'une poignée de multinationales du secteur. BASF, Pioneer, John Deere et Bayer sont les quatre plus gros fournisseurs de technologies agricoles. Aux États-Unis, le rachat de Monsanto par Bayer a permis à la multinationale d'accéder aux données de millions d'agriculteurs nord-américains. Cette mainmise sur le Big Data agricole renforce le pouvoir de la firme qui contrôle déjà le tiers du marché mondial des semences et le quart de celui de l'agrochimie.

En France, le BASIC et la Fondation Carasso se sont penchés sur le sujet. Ils ont publié une note en janvier 2021 et identifié de nombreux problèmes posés par l'agriculture 4.0, comme les effets de boîte noire, l'asymétrie de l'information ou encore le profond sentiment d'impuissance face aux géants du numérique.

Enfin, l'évolution des pratiques vers le numérique et le Big Data ne concerne pas que l'agriculture : elle touche tous les maillons de la chaîne alimentaire. Les distributeurs sont très moteurs dans le domaine, et pour cause : ces technologies siéent parfaitement à leurs besoins. Dans son Plan 2022, Carrefour a ainsi orienté deux milliards d'euros vers l'informatique, le numérique et les chaînes d'approvisionnement, optimisées grâce à l'intelligence artificielle. Le distributeur a signé un partenariat stratégique avec Google et investi cinq milliards d'euros dans l'e-commerce alimentaire. De nouveaux acteurs ont vu le jour, comme des start-up spécialisées dans l'optimisation des chaînes d'approvisionnement mais également avec le lancement dans le secteur de l'alimentation du géant Amazon. En 2018, la multinationale a en effet lancé en France sa première boutique « Circuits courts » et signé un partenariat avec Monoprix. Les évolutions peuvent aller très vite, et très loin. Aux États-Unis, des routes entières ont été définies pour le transport de marchandises par des camions autonomes, c'est-à-dire sans chauffeur, tandis qu'en France des distributeurs expérimentent le recours à des chatbots (des robots de discussion en ligne)… pour lancer les négociations commerciales !

Enfin, le numérique nécessite de recourir à des ressources finies comme les minerais, génère des déchets du fait de l'obsolescence des machines et, dans certains cas, va de pair avec des conditions de vie et de travail terribles. Le cobalt, par exemple, utilisé dans la fabrication des batteries, provient majoritairement de la république du Congo. Il est surnommé « cobalt de sang » par les ONG, et pour cause : travail dans les mines d'enfants, de femmes enceintes et d'hommes dans des conditions déplorables pour quelques dollars par jour, accidents mortels, exposition à des poussières dangereuses pour la santé, pollutions environnementales qui génèrent à leur tour des problèmes de santé dans les communautés avoisinantes… La liste des nuisances provoquées par l'extraction de ce minerai est longue. Autant d'enjeux, donc, qui questionnent la numérisation à outrance des systèmes agricoles.

Notre alimentation repose sur l'exploitation des femmes et des travailleurs

Il est où le patron ?

« Au début, quand on venait chercher le tracteur à la coopérative, on nous demandait si le mari qui allait le conduire était à la ferme. Puis quand on cultivait notre champ, les agriculteurs voisins qui passaient en voiture s'arrêtaient, sortaient de leur véhicule pour nous observer un moment puis repartaient sans rien dire. C'était il y a quatre ans. Maintenant, ils nous connaissent, ils nous ont vues faire et nous prennent plus au sérieux. Enfin ça dépend encore lesquels.... » Ce témoignage, c'est celui de Nina et Élise, deux amies paysannes-boulangères installées dans le Tarn. Elles ne sont pas les seules à subir l'atmosphère sexiste du milieu agricole : de nombreux témoignages voient le jour régulièrement sur la Toile et dans les librairies. Cinq paysannes d'Ardèche et du Briançonnais en ont même fait une bande dessinée, intitulée *Il est où le patron ?,* que l'on se passe les unes aux autres avec un regard entendu. La culture patriarcale du milieu agricole se compose d'actes grossiers autant que de remarques subtiles, presque invisibles. On pense aux violences sexistes et sexuelles et aux violences conjugales, difficiles à dénoncer en milieu rural, où tout le monde se connaît. Mais il y a également les sourires en coin lorsqu'une femme s'approche d'une machine, les blagues et les remarques énoncées à voix basse lorsqu'une agricultrice donne son avis sur un sujet technique, l'absence de considération voire de consultation dans les prises de décision. À cela s'ajoute l'autocensure de nombreuses femmes dont la confiance en soi a été minée par des années de comportements machistes et de socialisation genrée.

Bien sûr, dans les territoires toutes les femmes ne vivent pas ces situations. Au niveau national cependant, les données sont éloquentes. Pour commencer, il leur aura fallu attendre 1961 pour que le terme d'agricultrice existe. Elles représentaient pourtant 45 % des actifs agricoles en 1955 ! Sur l'ensemble des personnes qui ne sont pas salariées agricoles (donc qui sont cheffes d'exploitation ou associées), les femmes gagnent en moyenne 26 % de moins que les hommes. Cet écart est plus réduit dans l'élevage de bovins (16 %), en revanche il atteint 44 % dans l'arboriculture. Les conditions de travail des salariées agricoles ne sont pas plus réjouissantes. L'immense majorité est employée en CDD, et sur des durées inférieures à celles des hommes. Lorsqu'elles sont en CDI, les femmes sont deux fois plus nombreuses à travailler à temps partiel que les hommes et sont moins rémunérées à l'heure, surtout aux postes d'encadrement. Et cela rejaillit sur les retraites. En 2019, la différence de retraites agricoles entre les femmes et les hommes atteint les 20 % selon les statuts et les situations.

Autre sujet de taille en matière d'égalité : le congé maternité. Il aura fallu attendre 2019 pour que les conditions de celui des travailleuses indépendantes en milieu agricole s'alignent avec celles des salariées des autres professions. L'accès à la production représente également un point noir du sujet : d'une part, les banques octroient des prêts plus faibles qu'aux hommes. D'autre part, les femmes peinent à obtenir ou à hériter du foncier. Tout ceci plonge ses racines, entre autres, dans la longue tradition de répartition des tâches, où les maris faisaient tout le travail visible tandis que les femmes s'occupaient de la comptabilité, de la cuisine et des enfants. Un travail moins valorisé, encore de nos jours. En 2019, on estime d'ailleurs à plus de cent trente mille le nombre de femmes d'exploitants qui ne sont ni cheffes, ni collaboratrices d'exploitation. Nombre d'entre elles témoignent pourtant, lors des recensements agricoles, aider à la gestion de la ferme. Cela ne va pas forcément s'améliorer car plus les années passent, plus la proportion de femmes en milieu agricole diminue. La bonne nouvelle cependant, c'est qu'elle a largement augmenté chez les cheffes d'exploitation et les collaboratrices : elles sont 27 % en 2021, contre 8 % à peine en 1970. Mais ce chiffre n'a plus augmenté depuis plus de dix ans, et il ne compense pas la diminution du pourcentage de femmes parmi les salariées du secteur.

Pourquoi est-ce que je qualifie la féminisation des métiers de chefs d'exploitation de « bonne nouvelle » ? C'est tout simplement parce que les femmes agricultrices sont résolument motrices dans la transition agroécologique du secteur. Des femmes du réseau CIVAM engagées sur ces questions témoignent dans une plaquette diffusée par leur organisation en 2021 : « Le système agricole dominant valorise les gros rendements et le produire plus. Nous avons su déconstruire ça. La culture agricole dominante, toutes filières et types de systèmes confondus, valorise quant à elle la masculinité hégémonique. Notre société a été et est organisée par des hommes pour les hommes. Nous, femmes, entrepreneuses rurales et agricultrices du réseau CIVAM, affirmons qu'il existe d'autres possibles. » À l'heure des départs à la retraite massifs du secteur, du dérèglement climatique et de l'effondrement de la biodiversité, l'implication des femmes dans le milieu agricole et alimentaire est donc incontournable.

Et dans le reste du secteur agroalimentaire ? Là aussi, les inégalités persistent. En France, plus de la moitié des employés de caisse sont à temps partiel, et le salaire médian est de mille trois cent euros net par mois (données 2017-2019). Or, la majorité de ces employés sont des femmes. Par ailleurs, la précarisation de ces métiers s'est accrue ces dernières années, en particulier durant la crise du Covid, période durant laquelle la grande distribution s'en est mis plein les poches, en France comme dans le reste du monde. Avec plus de soixante-dix-huit milliards d'euros de chiffre d'affaires, Carrefour a par exemple réalisé en 2020 sa meilleure performance, au niveau mondial, de ces vingt dernières années.

Ainsi, en France comme ailleurs, notre système agro-industriel et alimentaire repose sur l'exploitation des femmes à la maison, dans les supermarchés et dans les fermes. Elles occupent les postes les moins bien rémunérés et les plus précaires, et effectuent depuis des siècles des tâches totalement invisibilisées. Depuis un certain temps cependant, et en particulier depuis MeToo, le sujet monte dans le milieu. Mais les choses évoluent encore trop lentement, et trop peu. Pourtant, les hommes subissent également les conséquences du patriarcat (plus grande tendance à l'isolement, phénomène de compétition au lieu d'entraide…) et auraient tout intérêt à s'emparer massivement de cette question.

L'exploitation des travailleurs immigrés au cœur de l'agriculture capitaliste

Il existe deux formes de travailleurs immigrés (ou « travailleurs migrants »). La première correspond aux contrats saisonniers de l'Office français de l'immigration et de l'intégration. Ils représentent une petite dizaine de milliers de personnes originaires du Maghreb. Ces « contrats OFII » subviennent avant tout aux besoins des exploitations arboricoles, maraîchères et viticoles des Bouches-du-Rhône, du Vaucluse et de Haute-Corse et s'insèrent donc, d'après le sociologue Frédéric Décosse, « dans le cadre d'une agriculture de firme, industrialisée et orientée vers l'exportation ». À ceci s'ajoute ce que l'on appelle le travail détaché : les entrepreneurs agricoles français externalisent tout ou partie de leur production à des sociétés transnationales de prestations de services, marchandes d'une main-d'œuvre intérimaire et précaire. Rien que dans les Bouches-du-Rhône, une trentaine de boîtes d'intérim étrangères détachent de la main-d'œuvre agricole depuis l'Espagne ainsi que, dans une moindre mesure, l'Italie, la Roumanie et la Pologne. Leur nombre de travailleurs détachés a été estimé à un peu plus de soixante-sept mille en 2016.

La Confédération paysanne a réalisé en 2015 une étude approfondie sur leurs conditions de travail, définies comme proches de l'esclavagisme moderne. Le syndicat revient dans son enquête sur un exemple emblématique de ce type d'entreprises, Terra Fecundis, qui a envoyé entre 2012 et 2015 plus de vingt-six mille salariés dans les exploitations françaises, majoritairement d'Équateur : « Véritables sources de plus-value financière, ces migrants consomment obligatoirement les multiservices déployés par la société : transports, accès à la nourriture, transfert d'argent dans le pays d'origine (facturé trente-cinq euros pour un coût réel de sept euros !), financement de logements dans le pays d'origine… […] Le salaire horaire est fixé autour de sept euros cinquante mais les travailleurs ne perçoivent généralement que trois cents euros mensuels lorsqu'ils sont en France, le solde étant théoriquement bloqué sur un compte en Espagne… vérification généralement impossible pour les services de l'inspection du travail abandonnés des politiques publiques. »

Bonne nouvelle cependant : l'entreprise, rebaptisée Work for All en 2021, a été condamnée à un demi-million d'euros d'amende par le tribunal judiciaire de Marseille et ses trois dirigeants espagnols ont écopé de quatre ans de prison avec sursis et de cent mille euros d'amende pour ses activités sur la période 2012-2015. L'année suivante, c'est le tribunal correctionnel de Nîmes qui a condamné la société à trois cent soixante-quinze mille euros d'amende ainsi qu'à une interdiction d'exercer sur le territoire français pour la période 2017-2019. Le tribunal a également condamné sept agriculteurs à des amendes de plusieurs milliers d'euros et, pour l'un d'eux, à six mois de prison avec sursis, pour avoir profité de la situation et hébergé des travailleurs dans des conditions indignes. D'après des enquêtes du *Monde*, le président du tribunal est en effet allé jusqu'à qualifier certaines exploitations de véritables « Guantánamo », en référence au centre de détention américain à Cuba. La société a fait appel des deux condamnations.

Les abus sont nombreux et ne concernent pas que Terra Fecundis : salaires au rabais, travail au noir, congés et heures supplémentaires non payés, arrangements informels pouvant se solder par une arnaque, logements précaires… Or, les travailleurs migrants, du fait de leur situation précaire, sont souvent peu enclins, voire dans l'impossibilité de faire valoir leurs droits. Cette situation est d'autant plus problématique qu'ils ont plus de mal à accéder aux soins, alors même qu'ils sont soumis aux accidents et aux maladies chroniques propres aux exploitations intensives, comme l'exposition aux pesticides en cultures sous serres ou les ports de charges en abattoir.

Comment en sommes-nous arrivés là ? Nous l'avons déjà vu dans les grands traits : depuis les années 1950, une profonde mutation des paysans et de leurs rapports au travail s'opère. De paysans, ils deviennent agriculteurs, agriculteurs exploitants, chefs d'exploitation puis, pour certains, entrepreneurs agricoles. Peu à peu, leur nombre diminue, tout comme le nombre d'aides familiales sur les fermes. Les territoires se spécialisent, les productions s'intensifient. Leurs besoins en main-d'œuvre explosent au moment des pics de récolte. Le travail saisonnier finit par représenter 70 % des salariés agricoles en 2016, soit plus d'un demi-million de personnes. S'enclenchent alors des mouvements internationaux de travailleurs en quête de revenus, voire, pour certains, d'un avenir meilleur. Le recours à de la main-d'œuvre extérieure à l'exploitation, et donc le travail salarié, augmente, avec une immense majorité de contrats précaires – un moyen, pour les agriculteurs, de limiter leurs charges. Comme toujours, ces descriptions masquent des différences au sein du secteur : en réalité, en 2016 10 % des plus grosses fermes emploient plus de 40 % des salariés agricoles.

On pourrait penser que si les agriculteurs ont recours à une main-d'œuvre étrangère, c'est par *nécessité*, parce que la main-d'œuvre locale est tout simplement insuffisante pour assurer la récolte de certains fruits et légumes lors des pics de production. C'est en partie vrai. Mais le fond du problème n'est pas là. Si ces travailleurs migrants viennent remplir les rangs des vignobles à champagne et des champs de fraises de l'Hexagone, c'est parce que contrairement à la plupart des Français, ils n'ont pas la *liberté* de choisir des métiers mieux rémunérés et avec de meilleures conditions de travail.

Cette situation s'est soudainement trouvée éclairée à la lumière très crue de la pandémie de Covid, au printemps

2020. Les frontières fermées, les agriculteurs ont été pris de panique : comment allaient-ils pouvoir effectuer leurs récoltes ? Je me rappelle les cris d'alerte de la FNSEA, qui annonce alors un besoin en main-d'œuvre de deux cent mille personnes pour les trois mois qui suivent. De travailleurs invisibles, les travailleurs immigrés accèdent subitement au haut statut de « travailleurs essentiels ». Le ministre de l'Agriculture fait alors appel à l'« armée de l'ombre » pour pourvoir aux besoins du milieu agricole : les Françaises et les Français sont priés de se rendre aux champs. Plus de trois cent mille personnes s'inscrivent sur la plateforme en ligne pensée pour mettre en relation les agriculteurs et les volontaires. Échec cuisant : un mois et demi après le lancement de l'opération, seuls quinze mille contrats de travail sont signés. Et face à la pénibilité des tâches à accomplir et à leur faible rémunération, beaucoup abandonnent au bout de quelques jours à peine… Dans certains cas, ce sont les producteurs eux-mêmes qui préfèrent abandonner leur production plutôt que de continuer à faire appel aux nouveaux employés autochtones, trop peu efficaces et donc, trop peu rentables.

Ainsi, comme dans beaucoup d'autres pays, la main de fer du capitalisme s'est refermée sur l'agriculture française, et l'exploitation d'une force de travail humaine et vulnérable est devenue la variable d'ajustement des agriculteurs engagés dans la voie des modèles productivistes. Elle constitue dorénavant l'un des rouages centraux de l'agriculture capitaliste, servant de socle à l'agrandissement des fermes et à l'intensification des productions. Le cercle est vicieux : les coûts de production, tirés vers le bas du fait du recours à une main-d'œuvre pas chère, tirent à leur tour vers le bas les prix de vente des produits, renforçant la pression concurrentielle sur les agriculteurs et le pouvoir des entreprises dirigeantes. Difficile d'en vouloir aux producteurs eux-mêmes. S'ils sont loin d'être de simples « victimes du système », la plupart d'entre eux sont pris en étau entre les exigences de la grande distribution, l'hyperconcurrentialité des marchés et l'imprévisibilité des conditions météorologiques. La situation en revanche est savamment entretenue par les pouvoirs publics au travers des politiques de déréglementation sociale, d'immigration choisie et de soutien au libre-échange, ainsi que par certains syndicats agricoles comme la Coordination rurale.

Les autres pans du secteur agro-industriel ne sont pas en reste. D'après la Fédération européenne des syndicats des secteurs de l'alimentation, de l'agriculture et du tourisme, l'industrie de la viande aurait également recours à une majorité de travailleurs venus du centre et de l'est de l'Europe, et d'Afrique en partie. Et là aussi, la pandémie de Covid-19 a révélé combien les conditions de travail et le logement du secteur ont contribué à la propagation du virus. À l'abattoir de Kermené dans les Côtes-d'Armor, par exemple, qui emploie près de trois mille personnes, cent quize employés ont été testés positifs au Covid. En Loire-Atlantique, un tiers des employés de la Société de Transformation des Volailles de l'Ouest (STVO) l'ont contracté. Par ailleurs, dans un système libéralisé, tout est lié. Or, en Allemagne, les entreprises du secteur de la viande ont massivement recours, depuis vingt ans, à la sous-traitance de la contractualisation de leurs employés. Ce système a fortement contribué au dumping social de ce secteur dans toute l'Europe et généré la perte de milliers d'emplois, y compris dans des pays voisins comme la France.

La question qui se pose est la suivante : quelle est l'étape d'après ? Deux expériences peuvent nous éclairer : l'arrêt en 1964 du programme « Bracero », aux États-Unis, qui a mis fin à deux décennies d'exploitation de Mexicains dans les fermes américaines, et la mise en œuvre du Brexit au Royaume-Uni, qui a entraîné une chute du nombre de personnes étrangères candidates au travail des champs. Que ce soit aux États-Unis ou au Royaume-Uni, cette absence de main-d'œuvre étrangère n'a pas été remplacée par des locaux. Soit elle a été palliée par des machines, soit les agriculteurs se sont tournés vers des productions moins intensives en main-d'œuvre. Le gouvernement britannique a d'ailleurs investi plus de cent millions d'euros dans un programme axé sur l'intelligence artificielle et la robotique. En France, le gouvernement nous entraîne sur la même pente, et ce d'autant plus que les technologies deviennent de moins en moins chères et donc de plus en plus accessibles. L'agriculture française n'a pas fini de muter. Mais l'histoire ne dit pas ce qu'il en adviendra le jour où les ressources de minerais rares et les réserves en eau, deux composants essentiels à la fabrication des machines, se seront taries… Ce jour-là, les agriculteurs et leurs savoir-faire auront, eux, probablement déjà disparu ; ce jour-là, il ne nous restera plus que nos yeux pour pleurer.

Du sang dans nos assiettes

Accaparement des terres et meurtres indigènes : l'exemple du soja

Tout le monde est-il bien au courant que certains produits, pour arriver jusqu'à nous, ont essuyé du sang humain ? Sans passer en revue tous les aliments liés à l'asservissement et au meurtre de nos semblables, voici l'exemple de cinq produits phares de notre modèle agro-industriel : la viande et le soja produits en Amérique latine pour nourrir une grande partie de nos cheptels français, la tomate d'industrie d'Italie et de Chine, la banane des Antilles et le thon pêché par les thoniers français. On fera un léger détour par un cas qui ne concerne pas directement la France, mais qui illustre l'horreur et le cynisme de l'agro-industrie : la mise en esclavage de milliers de personnes dans les Moluques, en Indonésie, pour pêcher et décortiquer ces petits crustacés très prisés que sont les crevettes.

L'industrie du bœuf et du soja est constamment à la recherche de nouvelles surfaces. Après avoir déforesté une grande partie de l'Amazonie, c'est vers le Cerrado qu'elle s'est tournée ces dernières années : une vaste savane brésilienne de plus de deux millions d'hectares parcourue de rivières et qui abrite plus de cent soixante mille espèces végétales et animales telles que le tatou à six bandes, le fourmilier géant et le jaguar. Pour satisfaire l'appétit carnivore de centaines de millions d'Occidentaux et de Chinois, les producteurs sont nombreux à s'accaparer et à détruire des terres du Cerrado pour y faire paître leur bétail ou planter leur soja OGM. Les journalistes de Disclose et du Bureau of investigative journalism (BIG) ont ainsi montré dans une enquête que les multinationales américaines Cargill et Bunge sont complices de près de vingt mille incendies volontaires dans la région entre 2015 et 2020. D'après eux, la grande majorité du Cerrado, qui représente plus d'un cinquième de la surface du Brésil, pourrait disparaître d'ici trente ans du fait de l'agriculture industrielle.

Une partie de ces terres sont publiques, et d'autres appartiennent à des communautés indigènes. Au mieux, ces dernières se voient privées de l'accès à leurs terres par des milices armées. Au pire, elles se font menacer, empoisonner, blesser, tuer. Plus de quarante mille hectares n'ont jamais été restitués aux membres de la communauté geraizeira, maintenus hors de leurs terres par la menace des armes, malgré une décision de justice prise en 2018 en leur faveur. Entre 2003 et 2021, plus de six cents membres de la communauté Guarani-Kaiowá ont été massacrés dans l'État de Mato Grosso do Sul pour avoir réclamé les terres de leurs ancêtres, transformées en cultures de soja. Quel est le lien entre ces violences et l'assiette des Français ?

C'est simple : nous nourrissons nos porcs, nos poulets et, dans une moindre mesure, nos vaches laitières avec du soja importé du Brésil. Cargill, l'une des principales multinationales épinglées dans l'accaparement des terres et la déforestation, a fait entrer plus de deux cent mille tonnes de soja en France en 2018. Les deux tiers proviennent du Cerrado. JBS, autre multinationale tristement renommée du secteur, remplit quant à elle les rayons boucherie de Carrefour et de Casino, en France comme au Brésil.

L'envers du décor de l'agro-industrie : l'exemple de la tomate

Peu de gens connaissent la tomate d'industrie. Appelée « tomate de combat » par certains agronomes, elle est oblongue et a une peau très épaisse pour résister aux secousses du transport. Le journaliste Jean-Baptiste Malet[1] s'est lancé en 2014 dans une vaste enquête sur les dessous de la filière de cette tomate, devenue en quelques années un symbole de la mondialisation et du capitalisme. Il explique que dans les années 1990, le cartel italien de la tomate d'industrie s'est tourné vers la Chine pour accroître ses profits. Le gouvernement chinois cherche alors à développer l'activité agricole du Xinjiang, la région autonome ouïghoure située à l'extrême nord-ouest du pays. Une façon, pour lui, d'y accroître sa mainmise sur les Ouïghours, une ethnie musulmane du territoire (les prémices du génocide

1. *L'Empire de l'or rouge*, Fayard, 2017.

culturel dont les ONG internationales et plusieurs États accuseront la Chine des années plus tard). Des accords sont passés : l'entreprise italienne à l'origine de l'initiative offre à la Chine les premiers équipements pour fabriquer du concentré, le Bingtuan déploie d'immenses cultures de tomates d'industrie et quelque temps plus tard, les premiers convois de concentré de tomates chinois débarquent en Italie. Ils sont ensuite reconditionnés et envoyés dans le monde entier.

Lors de son passage dans les champs du Xinjiang, Jean-Baptiste découvre la chaleur torride, les enfants qui ploient sous les sacs lourds, les paysans exploités qui récoltent des centaines de sacs pour 350 yuans (vingt-quatre euros) par jour, les prisonniers politiques issus des Laogai, les camps de travail forcé chinois, contraints de prendre part aux récoltes. Qui aurait pu imaginer tous ces arrangements politiques et capitalistes derrière la préparation de ces petites boîtes rouges italiennes que l'on utilise pour préparer nos pâtes, nos pizzas et nos lasagnes ?

Agro-industrie toxique et État complice : l'affaire du chlordécone

Penchons-nous maintenant sur un autre aliment : la banane. Tout le monde la connaît, du moins sa variété sucrée la plus commune sur nos étals, la Cavendish. Ce que la plupart des gens ne connaissent pas, ou moins, c'est le scandale sanitaire, environnemental et politique de sa production dans les Antilles. Pour le comprendre, il faut retourner au XVIIe siècle. À cette époque, des colons envahissent les îles de Guadeloupe et de Martinique, accaparent les terres des populations Arawak des Caraïbes et asservissent leurs membres qu'ils frappent, torturent, tuent et, pour les femmes, qu'ils violent. En parallèle, la traite négrière transatlantique se développe et jusqu'au XIXe siècle, près de treize millions de personnes sont déportées par les puissances coloniales. C'est dans ce contexte que la banane, originaire de Papouasie-Nouvelle-Guinée, est introduite. Trois siècles et une mondialisation plus tard, la banane est devenue la production phare de Martinique et de Guadeloupe et occupe une place prépondérante dans l'économie des îles. Mais dans les années 1970, les cultures bananières doivent faire face, dans un contexte de concurrence internationale accrue, à un insecte « ravageur » : le charançon.

C'est là qu'apparaît un nouveau « produit miracle » : le chlordécone. Inventé dans les années 1950 aux États-Unis, les premières alertes concernant sa toxicité sont données en 1963. Et pour cause : le chlordécone, appelé alors Kepone, altère le système nerveux, réduit les capacités de reproduction et peut induire des tumeurs. Il est introduit dans les Antilles en 1966, au sein de parcelles expérimentales sous la surveillance de l'État. Certains producteurs commencent à l'utiliser illégalement. Le chlordécone est officiellement autorisé en 1973. Trois ans plus tard, les deux entreprises américaines responsables de la fabrication du Kepone sont condamnées à payer la peine maximale pour pollution environnementale. Par ailleurs, une centaine de leurs employés est empoisonnée, et une trentaine d'entre eux hospitalisée. La même année de la condamnation des entreprises, en 1976, le Kepone est interdit aux USA. L'année suivante, un rapport établit déjà que les sols des bananeraies antillaises ainsi que certains milieux aquatiques sont pollués.

La France continue pourtant d'utiliser du chlordécone jusqu'en 1990. Plus précisément, l'État interdit l'utilisation de la molécule toxique en 1990, mais délivre des dérogations aux producteurs de bananes antillais pour trois années supplémentaires, jusqu'en 1993. Au final, un sixième de la production mondiale de la molécule est répandu sur les seules îles de Guadeloupe et de Martinique. Les ouvriers agricoles font état de malaises et de vomissements. Plus de cinq mille analyses de sang sont effectuées auprès de la population générale : en Martinique comme en Guadeloupe, neuf habitants sur dix sont contaminés par le chlordécone. Si l'on considère l'ensemble de la population, cela représente plus de sept cent mille personnes. Par ailleurs, les études montrent qu'à partir d'un microgramme de chlordécone par litre de sang, un homme double son risque de voir survenir un cancer de la prostate. Sachant qu'en Martinique et en Guadeloupe, il y a deux fois plus de cancers de la prostate qu'en France métropolitaine et qu'ils sont deux fois plus mortels… Ces îles détiennent ainsi le triste record mondial de ce cancer.

Du côté environnemental, la situation est également grave. Les deux tiers des cours d'eau des Antilles sont contaminés, ainsi qu'une grande partie des sols. Les études estiment que les terres polluées le seront pour soixante années à plusieurs siècles. Comme aux États-Unis, des filières aquacoles ferment, comme celle de la crevette. Des pêcheurs se voient interdire certaines zones de capture ainsi que certaines espèces, et une partie de la pêche antillaise disparaît. Comment une telle situation a-t-elle pu advenir ? Jessica Oublié a mené une vaste enquête sur le sujet, parue sous la forme d'un roman graphique fin 2020 aux Éditions Les Escales : *Tropiques toxiques*. On y découvre le lobbying intense réalisé par les fabricants de la molécule et la complicité de l'État pour protéger la filière banane malgré la connaissance des risques sanitaires et environnementaux encourus.

L'affaire du chlordécone n'est pas qu'une question de santé ou d'environnement : elle vient souffler sur les braises de la lutte des classes et du combat antiraciste. Pour bien comprendre cela, il faut se rappeler les fondements colonialistes et esclavagistes de la culture de la banane aux Antilles. Ces fondements ont laissé des entailles profondes dans la vie des Martiniquais et des Guadeloupéens. Car depuis cette époque, les injustices n'ont jamais cessé : elles ont simplement changé de formes. Les familles békés héritières des colons contrôlent les terres, les usines de production et la distribution. En découle un contrôle des prix : la vie est 30 à 40 % plus chère aux Antilles qu'en France métropolitaine, même pour des produits fabriqués sur place comme le sucre de canne et les bananes. Par ailleurs, dans les bananeraies, la plupart des propriétaires et des patrons sont des békés, là où la plupart des ouvriers agricoles sont afro-descendants.

Lundi 2 janvier 2023. J'écoute la radio. Les présentateurs rendent compte des conclusions d'une procédure juridique lancée il y a seize ans concernant le chlordécone. D'après l'Agence Française de Presse (AFP), l'enquête a établi « les comportements asociaux de certains des acteurs économiques de la filière banane relayés et amplifiés par l'imprudence, la négligence, l'ignorance des pouvoirs publics, des administratifs et des politiques qui ont autorisé l'usage du chlordécone à une époque où la productivité économique primait sur les préoccupations sanitaires et écologiques ». C'est cependant à un non-lieu que concluent les magistrates en charge du dossier.

Comme pour le chlordécone, l'avidité de certaines entreprises agro-industrielles peut faire de la vie de milliers de personnes un enfer. Il en va de même dans le secteur de la pêche. Tour d'horizon de l'enfer sur mer que les industries de la crevette et du thon peuvent faire subir à des êtres humains.

Crevettes sanguines

Entre 2011 et 2013, j'ai passé plus d'un an en Indonésie, dont une partie dans les Moluques, pour une mission de recherche. Ce dont je ne me doutais pas, c'est que sur l'île voisine, à Benjina plus précisément, des industriels de la crevette thaïlandais étaient en train d'exploiter des milliers d'immigrés venus de Birmanie, de Thaïlande, du Cambodge et du Laos. En 2015, des journalistes de l'agence Associated Press ont découvert sur cette île pas moins de deux mille esclaves retenus depuis parfois plus de dix ans. Certains étaient enfermés dans des cages. Ils avaient été dupés, vendus ou kidnappés aux entreprises de pêche.

Libérés dans les mois qui ont suivi la découverte du scandale, beaucoup ont déclaré avoir été frappés avec des queues de raie venimeuses, privés de nourriture et d'eau et forcés de travailler sans être payés, parfois plus de vingt heures par jour. Beaucoup ont vu des personnes mourir. Le business thaï-indonésien de plusieurs millions de dollars a été fermé. Au moins neuf personnes ont été arrêtées et deux cargos ont été saisis. Heureux d'être enfin libres, pour la plupart des travailleurs le retour à la maison a cependant été difficile : sans argent, traumatisés, atteints de dépression et parfois de séquelles physiques, ils peinent à retrouver du travail et à reprendre une vie normale.

Quel est le lien entre l'industrie de la crevette thaïlandaise et l'assiette des consommateurs français ? En fait, la France importe très peu, voire pas de crevettes de Thaïlande. Le cas énoncé plus haut dénoncé par l'Associated Press ne nous concerne donc pas directement, ou du moins pas que nous le sachions. D'après de nombreuses organisations cependant, comme la Fondation pour la justice environnementale, les abus et violations de droits humains sont systémiques à l'ensemble du secteur de la pêche thaïlandais. Une enquête menée entre août 2018 et octobre 2019 a en effet montré que sur soixante-deux bateaux pour lesquels des pêcheurs ont été interrogés, le quart fait état de violences physiques, de menaces de mort et de conditions de travail abusives.

En outre, dans une enquête publiée en 2023 concernant l'industrie thonière, l'association BLOOM rappelle l'opacité du secteur de la pêche, qui rend impossible la traçabilité des produits pêchés des bateaux aux assiettes des consommateurs. Cette opacité est due, entre autres, à la pratique dite de *transbordement* : afin de rester en mer le plus longtemps possible, parfois même pendant des années, des bateaux de pêche transfèrent leurs captures de pêche vers d'autres bateaux qui, eux, rentrent au port. Pour l'association, il est évident que le poisson, et en particulier le thon pêché par les bateaux thaïlandais, se retrouve dans nos assiettes. Elle rappelle que l'une des principales entreprises visées par les dénonciations de violation de droits humains est la tentaculaire Fong Chun Formosa Fishery Company (FCF), l'une des trois plus grandes sociétés de thon au monde et l'un des principaux fournisseurs européens. Parmi ses clients se trouve Thaï Union, numéro un mondial du poisson en boîte et surgelé et propriétaire de la marque Petit Navire depuis 2010.

Concernant les crevettes, le principal fournisseur de la France est l'Équateur, devenu ces dernières années le premier exportateur mondial des petits crustacés. D'après une étude de la fondation Monterey Bay Aquarium parue en 2022, l'industrie des produits de la mer dans ce pays est associée à du travail forcé et du travail d'enfants ; du trafic d'êtres humains a également été prouvé.

À terre, dans les usines de transformation des produits de la mer, les conditions de travail sont tout aussi déplorables. Plusieurs ONG telles que Greenpeace, Oxfam et Vérité, ainsi que les Nations unies, dénoncent régulièrement les violences physiques, le travail forcé et la traite d'êtres humains similaires à ce qu'il se passe en mer. Or, d'après les données 2012 de la FAO, l'immense majorité des personnes qui travaillent dans ces usines de transformation sont des femmes. Comme dans beaucoup d'autres secteurs, ces dernières sont souvent moins rémunérées que les hommes, elles sont soumises aux violences sexistes et sexuelles et peuvent se faire licencier lorsqu'elles tombent enceintes.

Une vie de porc sur caillebotis

Avril 2018. À notre arrivée sur le parking de l'exploitation porcine, en Normandie, Jérôme, la quarantaine, nous accueille avec un grand sourire. Il nous serre la main et nous invite dans une petite salle de bureau. L'odeur du café chaud réchauffe l'ambiance sobre instaurée par les murs blancs et l'armoire de dossiers qui trône dans un coin de la pièce. Nous sommes une demi-douzaine de membres de l'équipe agriculture de Greenpeace France. L'éleveur est détendu, mais il reste précautionneux : avant de visiter l'exploitation, il veut nous raconter son histoire et celle de la ferme. Jérôme est ce que l'on appelle un « naisseur-engraisseur » : avec sa femme, ils possèdent quatre cents truies, qui font naître plusieurs milliers de porcelets chaque année. Ces porcelets naissent dans un premier bâtiment, puis ils sont engraissés dans un autre, dans des box sur caillebotis, jusqu'à ce qu'ils aient atteint l'âge d'être tués et vendus. Très fier de son élevage, l'éleveur nous explique que grâce aux investissements de ces dernières années, il fait « ce qu'il y a de mieux dans l'élevage industriel porcin français ». Plus précisément, il élève plusieurs milliers de porcs dans une hygiène absolue (« mes porcs ne touchent jamais le sol »), ses truies sont « en liberté » et il génère en plus du méthane grâce à un dispositif installé plusieurs années auparavant pour traiter les tonnes de lisier que ses porcs rejettent chaque année.

Une petite demi-heure et deux tasses de café plus tard, nous sortons du bureau et traversons la cour pour nous rendre dans l'un des bâtiments où se trouvent les truies. Premier sas. J'enfile la combinaison et les surchaussures que Jérôme me tend. Au mur, de grandes affiches apportent des informations techniques sur l'évolution du poids des porcs selon leur âge et leur stade d'engraissement. Nous arrivons au cœur de son pôle de naissage. Une âpre odeur d'ammoniac s'infiltre dans mes sinus. Comme l'avait annoncé l'éleveur, tout est très « propre » : les sols, les murs et les couloirs sont exempts de terre ou d'excréments, pas une toile d'araignée ne pend du plafond, l'espace est plutôt bien ventilé et la température est très supportable. Je comprends vite, cependant, pourquoi certains de mes collègues n'ont pas voulu venir. Les truies et leurs porcelets évoluent dans des zones de quelques mètres carrés à peine, sur un sol de béton dur et froid. Ils ne se voient pas les uns les autres, mais ils entendent le bruit des barrières métalliques qui s'ouvrent et se ferment, les grognements de leurs semblables, le bruit de la ventilation lorsqu'elle s'active. Je croise le regard de certaines truies… La scène me fait froid dans le dos.

Nous poursuivons la visite. L'espace suivant est également constitué de boxes faits de caillebotis. Les porcelets y sont amenés au bout de quelques jours de sevrage. Jérôme nous montre les mesures prises pour « bien traiter les jeunes porcs », comme la mise en place de « jouets » dans les enclos, à savoir des morceaux de plastique qui tentent vainement d'égayer l'enclos de béton. Nous nous rendons ensuite dans le dernier espace, celui où les truies vont immédiatement après qu'on leur a enlevé leurs porcelets. Les truies sont enfermées dans des sortes de cages dans lesquelles elles peuvent à peine bouger : elles se « préparent » pour l'insémination suivante. J'entends soudain un moteur, des cris et des grognements sourds, je me retourne brusquement. Une cage mobile, dans laquelle se trouve un énorme verrat, se déplace lentement sur un rail le long des cages où se trouvent les truies. Je fais de mon mieux pour avoir l'air tranquille, comme si j'étais une habituée des porcheries industrielles. En réalité, je n'en crois pas mes yeux. Le porc défile durant de longues minutes devant les truies. Jérôme nous explique que c'est pour stimuler les chaleurs des truies qui sentent les hormones du porc en cage : cela facilite ensuite les inséminations.

Nous ressortons du bâtiment ; je savoure les rayons du soleil et l'air frais retrouvés. Les mots employés par l'éleveur au début de la visite me reviennent en mémoire : n'avait-il pas parlé de truies « en liberté » ? « Liberté, liberté… ce que je voulais dire, c'est qu'elles ne sont pas retenues par des cages, elles peuvent se mouvoir dans leur enclos, c'est déjà mieux que dans d'autres élevages ! » répond-il avec un rire gêné. Nous le remercions chaleureusement de nous avoir reçues : rares sont les éleveurs industriels qui acceptent d'échanger avec franchise, transparence et sympathie sur leur métier.

De toute évidence, Jérôme cherche avec sincérité à répondre aux injonctions contradictoires que lui et sa femme reçoivent : l'envie des mangeurs et des mangeuses que l'on traite le mieux possible les animaux mais qui veulent continuer à acheter de la viande à bas prix, les normes d'hygiène qui sont de plus en plus lourdes, la rentabilité nécessaire pour survivre... Simplement, nous n'avons pas la même conception de ce que représentent les notions de liberté, de bien-être animal ou encore d'environnement. J'aimerais que ce type d'élevage soit une exception, qu'il ne soit pas « le mieux de l'élevage industriel français » mais « le pire ». Tout ce que je sais, c'est qu'en 2020, plus de vingt-trois millions d'individus ont été abattus. Nous sommes ainsi le troisième plus gros producteur européen de porcs. 95 % des animaux sont élevés dans des élevages intensifs, sur caillebotis.

Les conditions d'élevage rendent les porcs agressifs, ils se mordent et mangent les queues de leurs semblables. À tout problème, sa solution : les dents sont meulées et les queues coupées – sans anesthésie, ça prend trop de temps. Auparavant, la castration systématique et à vif des porcelets mâles était également de mise, mais elle a été interdite en janvier 2022 sous la pression des associations animalistes. Dorénavant, elle doit être effectuée par un vétérinaire avec un traitement analgésique ou antalgique. La castration vise à limiter les risques que la viande ait un goût trop fort – un risque qui ne concerne qu'un tiers des porcelets mâles. Par ailleurs, un porcelet sur cinq meurt entre la naissance et le sevrage. À cela s'ajoutent les porcelets jugés trop chétifs, pas assez rentables : ils sont alors « claqués » à mort contre les murs de béton, à la main, une pratique interdite depuis 1997, sauf par procédé mécanique. D'après le Parlement européen cependant, le non-respect de la législation en matière de bien-être animal est le principal défi de la filière en Europe. Dans *L'Usine des animaux* (Arte, 2022), Stéphanie, une éleveuse de porcs qui a pratiqué un élevage industriel avant de se reconvertir à du plein air, raconte ses anciennes habitudes : « C'est du travail à la chaîne [...]. On castre, on castre, on castre. Parfois on est tellement dans notre truc machinal, paf on fait une hernie. Là, les boyaux sortent. Le porcelet est condamné... Donc là, tac, on assomme le porcelet et on continue, on passe à la suite, on castre, on castre, on castre. »

Si les élevages de porcs français sont pour la plupart intensifs, certains producteurs se lèvent tôt tous les jours pour maintenir et créer des modèles alternatifs. C'est le cas de Noémie Calais, une jeune éleveuse de porcs noirs en plein air et en bio dans le Gers. Ses animaux sont issus d'une race rustique, à croissance lente, bien loin des standards des cochons roses bodybuildés de l'industrie porcine. Dans *Plutôt nourrir*, elle prend la plume et témoigne : « Un pour mille, on est si peu nombreux. Il faut du courage, prendre le risque de ne rien gagner, ou si peu, juste parce qu'on croit à l'idée que chacun puisse se réapproprier le pouvoir de faire pousser sa propre pitance, de devenir maître de sa propre subsistance, de perpétuer les savoir-faire paysans qui nous nourrissent, alors que les recettes familiales et les gestes ancestraux se perdent à mesure que meurent les anciens. » Son rapport à la mort a beaucoup changé depuis qu'elle est devenue éleveuse. Dépitée par les conditions d'abattage classique (pour les humains comme pour les animaux), elle décide de tuer certains de ses animaux de sa propre main, sur sa ferme : « Le moment de tuer est d'une intense solennité. J'aimerais que chaque consommateur de viande fasse l'expérience de la mort de l'animal qu'il souhaite manger. Pas pour le culpabiliser ou le mettre au défi, mais pour qu'il prenne la mesure de ce que c'est que de prendre la vie, pour qu'il ressente les soubresauts nerveux de l'être vivant qui meurt, qu'il voie les paupières se fermer, qu'il palpe le pouls qui s'en va et sente le sang chaud sous ses doigts. Sinon, il mange de l'ignorance trois fois par jour. » Une alternative qui a un prix… Et de fait, pour la plupart de ses clients la viande de Noémie est trop chère pour être un aliment du quotidien. Mais là aussi, l'éleveuse a son avis : pour elle, « c'est normal que la viande soit chère, parce qu'elle a un coût économique, écologique, humain et aussi moral. Si la viande est "trop chère", c'est parce qu'on en mange trop, qu'on s'entête à croire et à faire croire que c'est un produit de consommation courante, quotidienne ».

Volailles de chair et poules pondeuses : l'explosion de la production

Juin 2022. Les portières claquent. Le ciel est d'un bleu éclatant et les lunettes de soleil sont de sortie. Nous sommes une dizaine, l'équipe agriculture de Greenpeace France est presque au complet. Un petit groupe de personnes nous accueille entre les silos métalliques de plusieurs mètres de haut et les trois hangars de l'élevage que nous venons visiter :

le représentant de la Chambre d'agriculture du département, qui a facilité l'organisation de la rencontre, la propriétaire du site, son associé et leur employé. L'éleveuse nous adresse un mot de bienvenue accueillant, mais elle a l'air tendu. C'est qu'il m'aura fallu du temps pour la convaincre de nous recevoir – les éleveurs industriels se méfient des écologistes. Mais nous ne sommes pas là pour mener l'enquête. Comme chaque année, nous nous retrouvons simplement entre membres de l'équipe agriculture de Greenpeace pour rendre visite à des éleveurs et échanger avec eux sur la réalité de leur métier et du terrain. Cette fois-ci, c'est dans la Drôme que nous nous rendons. Je ne donnerai pas plus de détails sur l'élevage en question car, pour convaincre l'exploitante de nous recevoir, nous avons dû signer des accords de confidentialité.

L'éleveuse introduit la ferme et ses activités ; l'ambiance se détend peu à peu. Puis vient le temps de la visite. Nous entrons dans un premier sas, où des combinaisons blanches et des surchaussures nous sont là aussi tendues. Je trempe mes semelles dans un mélange d'eau et de désinfectant avant de suivre mes collègues dans le hangar fermé où cinq mille poulets s'ébrouent çà et là. Mais ça, bien évidemment, ils ne nous le montreront pas. Il n'y a pas de fenêtre, aucune lumière naturelle ne pénètre dans le bâtiment. Il fait chaud, des ventilateurs font circuler l'air. Je marmonne dans ma barbe : je m'attendais à voir des volailles adultes, je découvre des individus âgés de quelques semaines à peine. Dans la perception de l'élevage, ça change tout : à cet âge, ils sont encore petits et la scène donne l'impression qu'ils sont à l'aise, qu'ils ont tout l'espace qu'il leur faut. En réalité, une fois adultes ils seront entassés les uns sur les autres. L'exploitante nous explique avec enthousiasme qu'ici, tout est contrôlé : l'humidité de l'air, la température et la luminosité du hangar.

Puis elle détaille le fonctionnement de l'ensemble de son exploitation : pour commencer, elle commande les poussins à une entreprise spécialisée dans la naissance. Les jeunes volatiles leur arrivent par camion avec l'alimentation et les médicaments nécessaires à leur production. Elle les met ensuite dans leur hangar puis, une fois les trente-cinq ou quarante jours atteints, l'entreprise les récupère et s'occupe de l'abattage et de la transformation. L'éleveuse n'a plus qu'à vider et désinfecter son hangar, et c'est reparti pour la fournée suivante. Pour elle et pour son équipe, ce système a ses avantages. Son associé explique par exemple qu'ainsi, ils n'ont pas besoin de négocier eux-mêmes le prix de l'alimentation des volailles, ce qui n'est pas forcément évident dans un milieu où il faut être « dur en affaires ». Et cela leur permet de se concentrer sur la partie qu'ils préfèrent, à savoir l'élevage à proprement parler. C'est ce que l'on appelle une filière « intégrée » : les éleveurs ne contrôlent plus l'ensemble de leur élevage, de la naissance à l'abattage des animaux, mais seulement la partie « croissance ».

Tout comme la filière porcine, le secteur de la volaille s'est largement intensifié ces dernières années. Il existe deux filières principales : celle des volailles de chair, et celle des poules pondeuses. Ce sont deux secteurs distincts car les volatiles sont sélectionnés génétiquement pour être les plus performants possible dans la production de viande dans un cas, et dans celle des œufs dans l'autre. Du côté des volailles de chair, un élevage standard regroupe quarante mille volailles et au total, près de huit cents millions de poulets sont tués chaque année en France pour l'alimentation humaine. 20 % ont accès au plein air, mais la très grande majorité est élevée en système intensif, c'est-à-dire dans des hangars fermés. Ces élevages intensifs français présentent une densité parmi les plus élevées du continent : de 39 à 42 kg de poulets par mètre carré. 42 kg par mètre carré, cela correspond à 22 poulets par mètre carré, autrement dit, chaque volatile possède une surface de l'équivalent… d'une feuille A4. C'est bien plus que ce que préconise l'Union européenne (25 kg/m^2) et que ce qui est autorisé (33 kg/m^2, sachant qu'à partir de 30 kg/m^2, les scientifiques considèrent que les animaux ne peuvent pas être bien). Cela reste cependant légal grâce aux dérogations obtenues. En outre, les poulets de chair grossissent dorénavant quatre fois plus vite que dans les années 1950 du fait des sélections génétiques réalisées. En fin de cycle, certains oiseaux se retrouvent avec le corps trop gros et ont du mal à supporter leur propre poids. Au bout de trente-cinq à quarante jours, ils sont envoyés à l'abattoir où ils sont pendus par les pattes et plongés dans des bains d'eau électrifiés.

Dans le cas des poules pondeuses, le fait que les races soient spécialisées signifie que les mâles ne peuvent devenir à leur tour des poules pondeuses : ils ne produisent pas assez de viande et ne sont donc pas assez rentables. Jusqu'à fin 2022, la filière éliminait donc plus de 50 millions de poussins mâles chaque année en les passant au broyeur ou en les faisant gazer. Depuis le 1er janvier 2023, suite à la pression exercée par les associations animalistes, la filière n'a plus le droit de broyer les poussins mâles et doit mettre en place les machines de sexage qui permettent de déterminer, au niveau de l'œuf, si c'est un mâle ou une femelle.

Cette interdiction devait concerner l'ensemble de la filière, comme c'est déjà le cas en Allemagne, mais les représentants des filières ont fait beaucoup de lobbying et ont obtenu des dérogations. Plus de 8 millions de poussins mâles, ceux issus des poules blanches et dont les machines peinent à déterminer le sexe, continuent d'être broyés en 2023, et pour plusieurs années à venir encore. Concernant les femelles, elles deviennent des poules pondeuses ; près d'un quart d'entre elles sont enfermées dans des cages, ce qui représente plus de dix millions de poules. Toutes sont envoyées à l'abattoir après une année, durant laquelle elles vont pondre plus de trois cents œufs ; au-delà, leur productivité baisse et elles perdent en rentabilité. Une productivité rendue possible par les nombreuses sélections génétiques effectuées : en 1950, les meilleures poules pondeuses n'en pondaient que cent soixante par an.

Point de vue de l'éleveur, ou de l'animal ?

Une précision me paraît essentielle à comprendre pour dénouer les tensions autour de ce sujet : la majorité des éleveurs et des éleveuses de bovins possède des élevages familiaux, à taille humaine. En revanche, dans les filières avicoces et porcines, une petite partie des élevages concentre une très grande partie des animaux. Ce qui fait que lorsque l'on dénonce les conditions d'élevage intensives et souvent terribles de millions d'animaux, la plupart des éleveurs ne se reconnaissent pas ; ils peuvent se sentir incompris, frustrés, en colère face à ce qu'ils considèrent comme des distorsions de la réalité. Et ils ont bien raison, si l'on adopte le point de vue des éleveurs.

Si l'on regarde les données du point de vue des animaux en revanche, alors il est tout à fait vrai de dire que la majorité d'entre eux sont élevés dans des conditions intensives. Ainsi, en 2021, le cheptel de poulets de chair est de 150 millions ; mais seulement 8 % des exploitations détiennent plus du tiers de la totalité des volatiles (exploitations de plus de cinquante mille poulets chacune). Du côté des porcs, c'est la même chose : moins de 9 % des exploitations détiennent les deux tiers des treize millions d'individus. Ces exploitations intensives concentrent quatre mille porcs en moyenne. Mais ce chiffre masque des disparités : à Landunvez par exemple, en Finistère Nord, la ferme-usine d'Avel Vor concentre à elle seule douze mille porcs.

Vaches à viande et vaches à lait : le problème des races spécialisées

Disons-le d'emblée : en France, les filières de ruminants, et des bovins en particulier, sont bien mieux-disantes, en matière de bien-être animal, que les filières de volailles et de porcs. Mais ces élevages ont aussi leur part d'ombre. Comme pour les volailles, les races sont spécialisées : il y a les vaches pour le lait et les vaches pour la viande. Les races mixtes existent, mais elles sont rares. Or, pour faire du lait, il faut des veaux… Cela signifie que lorsque les mâles naissent, ils sont considérés comme des sous-produits du lait. Qu'en fait-on ? C'est le point noir de tous les éleveurs laitiers (en vaches, mais aussi en brebis et en chèvres), qu'ils soient en filière industrielle ou bio. Certains vont les garder plusieurs jours sous la mère, et les transformer eux-mêmes en viande. D'autres font ce que l'on appelle de la « lactation longue » : ils traient les vaches en continu pour maintenir la production de lait tout au long de l'année, sans avoir besoin de repasser par la gestation. Ces deux systèmes font partie des pratiques les plus vertueuses qui existent à ce jour… Mais ceux qui font ça sont extrêmement minoritaires. La norme consiste plutôt à séparer les veaux de leur mère au bout d'une journée et à les nourrir au biberon. Certaines mères passent des jours à beugler pour retrouver leur petit perdu. Ils sont ensuite, au bout de quelques mois, tués ou envoyés dans des centres d'engraissement, en France ou dans d'autres pays comme l'Espagne et l'Italie.

Plus d'un million de veaux laitiers sont ainsi transportés chaque année, parfois sur de très longues distances, dont ils ressortent assoiffés et épuisés. Au bout de quelques mois, ils sont envoyés à l'abattoir. Par ailleurs, 20 % des vaches laitières n'ont pas accès au pâturage (ou alors très peu) lorsqu'elles sont en lactation. Au passage, peu de gens le savent, mais en fait, plus de la moitié de la viande bovine que nous mangeons en France provient des vaches laitières dites « de réforme », autrement dit qui sont envoyées à l'abattoir au bout de cinq à six ans (elles pourraient vivre plus de vingt ans), c'est-à-dire dès que leur productivité diminue.

Concernant la viande bovine, une majorité des vaches ont accès au pâturage. Comme pour la filière laitière cependant, il existe un « mais » : la France figure parmi les premiers exportateurs d'animaux vivants et est à l'origine de nombreux transports longue durée sur son territoire. Elle a ainsi exporté en 2020, et ce malgré la crise du Covid, plus d'un million et demi de bovins (jeunes bovins, appelés broutards, de type viande), principalement vers l'Italie, l'Espagne et l'Algérie. Plusieurs associations, dont CIWF, dénoncent régulièrement les conditions terribles de transport de ces animaux (entassement, épuisement, déshydratation, stress...), sans parler des accidents qui se produisent régulièrement. En septembre 2022, près de huit cents taurillons se sont par exemple retrouvés bloqués dans le port d'Alger pendant deux semaines : malgré des papiers en règle, une confusion sur leur statut sanitaire a amené l'Algérie à refuser les animaux. Dans l'attente, du foin algérien leur avait été donné. À leur retour en France, le gouvernement a décidé de faire appel au principe de précaution et d'euthanasier les jeunes taureaux (sans aucun élément de preuve), de peur qu'ils soient contaminés par une maladie présente en Algérie.

Des juments saignées pour leurs hormones de fertilité

Le cas des fermes de sang a été révélé par des ONG allemandes et suisses et relayé en France par l'association Welfarm depuis 2018. Établies en Amérique latine et en Islande, des juments enceintes s'y font prélever chaque semaine pendant plus de deux mois de l'année des quantités phénoménales de sang, à plus de quarante jours de grossesse, pour récupérer une hormone de fertilité appelée eCG. Cette hormone est ensuite utilisée dans des élevages bovins, porcins ou caprins européens et français pour contrôler les périodes d'ovulation des femelles.

La liste des exactions commises sur les animaux pour pouvoir satisfaire l'appétit des humains est sans fin, il serait vain de vouloir la détailler de façon exhaustive. Je tiens cependant à préciser que si des millions d'animaux souffrent des conditions d'élevage et d'abattage à l'œuvre en France, des milliers d'éleveurs et d'éleveuses font énormément d'efforts pour améliorer ou maintenir des pratiques qui prennent soin de leurs animaux. Ils leur parlent, les connaissent par leur prénom, les accompagnent dans leur mise-bas, les soignent… Ces liens sont parfois d'une intensité et d'une finesse que peu de personnes en France peuvent se targuer d'avoir avec des êtres autres qu'humains. Par ailleurs, si les conditions sont souvent inhumaines pour les animaux, elles le sont souvent aussi pour les humains. Nous y reviendrons dans le sous-chapitre suivant.

Le carnage de l'aquaculture et de la pêche industrielles

Faisons un petit détour par un sujet généralement peu connu, à savoir l'aquaculture. La France produit majoritairement des salmonidés, dont la truite arc-en-ciel. En 2018, L214 a enquêté sur Aqualande, première entreprise aquacole de France. D'après l'association, trois truites sur quatre proviennent de ses élevages. Elle y a découvert des milliers de truites entassées dans des bacs de béton pendant toute la durée de leur vie, à savoir deux ans. Les animaux y sont stressés, présentent de nombreuses blessures et certains ont des parasites. Une vision contrôlée par la société Aqualande, qui affirme que les images tournées ne sont pas représentatives. Plus généralement en aquaculture, certaines des méthodes d'abattage employées (comme l'asphyxie à l'air libre et les bains de dioxyde de carbone…) conduisent à l'agonie lente des poissons, et certains se vident de leur sang en toute conscience.

La pêche sauvage présente également son lot de souffrances : d'une part, les poissons qui sont pêchés se retrouvent écrasés, asphyxiés dans les filets. D'autre part, il existe ce que l'on appelle les « prises accessoires », autrement dit les poissons, raies, requins, tortues et autres animaux marins, mais aussi les oiseaux, qui se prennent malencontreusement dans les filets alors qu'ils n'étaient pas ciblés. La FAO a estimé ces prises accessoires à environ 10 % des captures mondiales. Sur la période 2009-2014 par exemple, plus de cent soixante-dix mille tortues ont été capturées accidentellement lors de la pêche à la crevette dans les eaux tropicales. La France serait responsable à elle seule de plus de trente mille de ces captures du fait de ses importations sur cette période.

Certaines de ces espèces repartent, blessées, et finissent par s'échouer sur les plages. Régulièrement, les corps de centaines voire de milliers de petits cétacés, principalement des dauphins communs, sont ainsi retrouvés sur les plages de la façade atlantique de l'Hexagone. D'après l'Observatoire Pelagis, la plupart des carcasses examinées attestent de traces de capture de pêche, et les scientifiques évaluent à environ dix mille le nombre de dauphins qui meurent chaque année des captures accidentelles dans le golfe de Gascogne, seule une petite partie d'entre eux s'échouant sur les côtes. À plusieurs reprises ces dernières années, la France s'est fait remonter les bretelles par la Commission européenne ainsi que par le tribunal administratif de Paris pour son manque d'implication dans la gestion de ce dossier. Pour l'instant, seules des mesurettes sont mises en place, telles que des dispositifs d'effarouchement des dauphins, qui sont peu efficaces et ajoutent à la pollution acoustique des fonds marins.

C'est pire ailleurs, pourquoi cibler les élevages français ?

Face aux souffrances humaines et animales que les élevages intensifs induisent, ainsi que pour répondre aux enjeux climatiques et environnementaux qu'ils posent, nombreux sont ceux qui réclament la fin de ces modes de production et leur évolution vers des systèmes plus vertueux. J'ai moi-même porté ces demandes à maintes reprises auprès de différents ministères. J'ai souvent reçu cette réponse : « Nos voisins font bien pire, donc il faut arrêter de dénoncer les élevages français. D'ailleurs, au pays de la baguette, les élevages industriels n'existent pas. »

Alors oui, c'est vrai, la France a des élevages relativement petits comparé à bien d'autres pays, même comparé à nos voisins européens. Nous sommes même très loin du gigantisme de certains projets : aux États-Unis et en Afrique du Sud, des centres d'engraissement (*feed-lots*) peuvent concentrer plus de cent cinquante mille bovins viande sur un même site. En Arabie Saoudite, une exploitation établie en plein désert réunit près de cinquante mille vaches laitières. En Norvège, une entreprise a mis en place une infrastructure aquacole de la taille d'une plateforme pétrolière et peut y produire jusqu'à un million et demi de poissons par an. En Chine, une entreprise a créé la plus grande mégaporcherie du monde : rapidement dénommée « l'hôtel à porcs », elle concentre six cent cinquante mille porcs sur vingt-six étages.

Mais est-ce que le fait que c'est pire ailleurs justifie ce que l'on fait en France ? Est-ce que, si dans un autre pays des personnes font travailler des enfants dans des conditions inhumaines dans des mines, il devient légitime de faire travailler des enfants en France dans des conditions « moins pires » ? L'analogie est osée, soit. Mais le fait que d'autres pays fassent pire ne justifie en rien que l'on ait des pratiques en France telles que celles que j'ai décrites précédemment. Arguer que c'est pire à l'étranger n'est qu'une manière pour la filière agricole dominante d'éviter sa remise en cause.

La France, championne des exportations

Nous importons énormément de viande, c'est un fait, et les défenseurs des modèles productivistes n'hésitent pas à le souligner pour justifier leur course effrénée à la productivité. Ce qu'ils se gardent bien de rappeler cependant, c'est que nous sommes aussi des exportateurs… ! La France est 12e, au niveau mondial, dans l'export de viandes et produits carnés (qui incluent les œufs), 4e dans l'export de produits laitiers et numéro 1 dans l'export d'animaux vivants (données 2022). Si l'on se penche sur les ratios production/consommation, nous sommes autosuffisants en viande bovine, en porc, en œufs et en produits laitiers. Les viandes pour lesquelles il y a bien un enjeu concernant les importations sont celles de volaille, de cheval et surtout d'agneau, pour lesquelles nous ne sommes autosuffisants qu'à 88, 67 et 45 % respectivement.

La viande d'agneau : une affaire politique

Si la balance commerciale de la France concernant la viande d'agneau est aussi déficitaire, c'est parce qu'il existe un blocage politique ancien. En 1985, le *Rainbow Warrior* de Greenpeace est amarré dans le port d'Auckland en Nouvelle-Zélande, prêt à partir en campagne pour s'opposer aux essais nucléaires français dans le Pacifique. Les services secrets français décident de saborder le célèbre bateau arc-en-ciel pour faire annuler l'expédition. Deux bombes sont déposées sur la coque par des nageurs de combat. Après la première

explosion, l'équipe évacue le navire mais un photographe de Greenpeace, Fernando Pereira, retourne sur le bateau récupérer son équipement et les photos prises les semaines précédentes. Une seconde explosion intervient ; Fernando Pereira sera retrouvé noyé quelques heures plus tard.
Les agents français de la Direction générale de la sécurité extérieure se font interpeller par la police néo-zélandaise et l'affaire fait grand bruit. Quel rapport avec la viande d'agneau ? Nous sommes en plein bras de fer commercial entre l'Europe et la Nouvelle-Zélande. Suite au scandale du *Rainbow Warrior*, la France doit faire profil bas. Parmi les mesures prises pour effacer son ardoise, elle accepte de ne plus s'opposer aux importations de moutons et d'agneaux néo-zélandais en Europe. Depuis, la grande distribution et la restauration hors-foyer importent massivement ces viandes, bien moins chères que celles produites en France, contribuant à la destruction des filières ovines locales.

Ces dernières années, la France s'est mise à exporter de plus en plus vers les pays hors de l'Europe, et de moins en moins vers ceux du continent. Toujours à la recherche de profits, les grands groupes industriels français font le choix de se positionner sur les marchés internationaux les plus lucratifs. Pour cela, ils se doivent d'être compétitifs et investissent donc dans du bas de gamme, produit de manière très intensive. Quelques mois avant de quitter mes fonctions au sein de Greenpeace France, en 2022, j'ai travaillé avec le Réseau Action

Climat et Oxfam France à la conduite d'une étude sur les exports de trois filières d'export bas de gamme : la poudre de lait, le porc et le poulet. En fait, en dehors du « poulet export » spécialement élevé pour ces marchés extérieurs, nos filières génèrent des « produits de dégagement », à savoir des produits dont les Français ne veulent pas et qui sont donc expulsés vers les pays tiers. Parce qu'ils sont issus d'élevages intensifs et largement subventionnés, ces produits arrivent sur les marchés de ces pays à des prix défiant toute concurrence. Ils y font des ravages dans les milieux ruraux en tirant les prix vers le bas, alors que l'élevage y joue un rôle économique majeur pour beaucoup d'habitants. S'ajoutent à cela les dégâts environnementaux occasionnés par ces élevages intensifs tels que les émissions d'ammoniac, les pollutions aux nitrates, les émissions de gaz à effet de serre et la déforestation importée. Enfin, comme toujours dans l'agro-industrie, ce ne sont même pas les éleveurs français eux-mêmes qui s'en mettent plein les poches avec ces filières d'export : ce sont les grands groupes tels que Lactalis, Cooperl, Bigard, Agromousquetaires et LDC. Les éleveurs, eux, se font tout simplement aspirer par le cercle vicieux de l'agrandissement-endettement-recherche de compétitivité.

Un témoignage me revient au sujet de l'export d'animaux. Nous sommes au printemps 2023. J'échange avec une personne dont le partenaire travaille au sein d'une entreprise bretonne spécialisée dans la volaille. Elle me raconte que la société, qui se décrit comme « familiale » et « passionnée » sur son site internet, exporte du poulet surgelé en Arabie Saoudite. Habituellement, elle le fait par bateau. Il arrive cependant régulièrement que le groupe manque, pour des raisons logistiques, de bateaux. Auquel cas, peu importe le coût environnemental de l'affaire, l'entreprise envoie ses poulets surgelés en Arabie Saoudite… par jet privé ! Une réalité qui est loin d'être anecdotique : nous exportons chaque année plusieurs milliers de chevaux vivants par avion au Japon, où ils sont engraissés puis abattus pour être transformés en sushis, tout comme nous exportons des milliers de bovins vivants par avion également. En 2017, la sénatrice de l'Orne était par exemple très fière de contribuer à l'envoi par avion de trois cents broutards normands, préfigurateurs d'une longue série. Elle était soutenue par un conseiller départemental, qui a déclaré le jour du tout premier envoi, dans la presse régionale, espérer « donner le goût de la viande en Iran, pays aux 80 millions d'habitants ». Au moins, l'ambition était claire.

*

Exploitation des femmes, des travailleurs d'ici et d'ailleurs, maltraitance voire massacre des animaux et des communautés indigènes, expérimentations sordides… *Sa zyé pa vwé, kè pa a fè mal*, comme on dit en créole : « Ce que les yeux ne voient pas ne fait pas mal au cœur. » Pour remplir nos assiettes, les agro-industriels sont capables du pire, du plus subtil au plus monstrueux. Si notre modèle agricole est basé sur un système de domination coloniale, patriarcale et écocidaire, c'est notamment parce qu'il repose sur un modèle de production qui, plutôt que de chercher à se combiner aux goûts des personnes qui habitent en France et aux limites écologiques de notre territoire et de notre époque, importe quantité de nourriture et en exporte des quantités tout aussi phénoménales aux seules fins d'alimenter les machines à profit.

Malgré les grands discours de la FNSEA sur une France qui « nourrit le monde », la réalité est toute autre : *c'est le monde qui nous nourrit*. Nous exportons bien de la nourriture, et en particulier des céréales, mais sans les vins et spiritueux, notre balance commerciale serait tout simplement déficitaire. Sans compter que nous n'importons pas uniquement de l'huile de palme, du porc ou des crevettes : nous importons également massivement du soja et autres tourteaux pour nourrir nos animaux, la grande majorité de nos engrais de synthèse pour faire pousser nos céréales, notre gaz et notre pétrole pour faire tourner nos tracteurs et nos machines, sans oublier les engins agricoles, robots et logiciels qui ont représenté à eux seuls plus d'un milliard d'euros de déficit en 2019.

Autant de talons d'Achille, dans un contexte où les crises géopolitiques vont bon train et où les ressources en minerais, en eau et en énergies s'amenuisent. Qui y gagne dans cette affaire ? Certains agriculteurs arrivent à tirer leur épingle du jeu, c'est un fait. Mais ils sont peu nombreux. Les heureux gagnants de cette situation, cc sont les grands groupes, largement soutenus par l'État qui dicte une économie libérale et creuse le sillon du capitalisme. Ce modèle intensif et industriel a de lourdes conséquences sur le nombre d'agriculteurs et leur bien-être, sur le vivant et sur le climat. C'est ce que nous allons voir dans le chapitre suivant.

Mal-être des producteurs, dérèglement climatique et effondrement de la biodiversité

Disparition des petites fermes et suicides d'agriculteurs

En 2022, les chiffres du dernier recensement agricole sont tombés, tranchants : en 2020, la France ne compte plus que quatre cent dix mille exploitations. C'est quatre fois moins que dans les années 1970. Dit autrement, ces dix dernières années plus de vingt-sept fermes ont disparu chaque jour. Il faut dire que le métier est rude : gros horaires, faible rémunération, pressions commerciales, accroissement des normes, dédales administratifs, aléas climatiques, attentes sociétales de plus en plus élevées… Le tout bercé par soixante ans de politiques agricoles acerbes, résolument tournées vers l'agrandissement des exploitations et la disparition des plus petites fermes.

À tout cela s'ajoutent l'isolement et la solitude, parfois même un sentiment de détresse. Les chiffres parlent d'eux-mêmes : les personnes de la tranche d'âge quinze-soixante-quatre ans affiliées au régime agricole ont un risque de mortalité par suicide 1,5 fois supérieur à celui des assurés tous régimes ; au-delà de soixante-cinq ans, ce risque est carrément deux fois supérieur. Attention cependant aux généralités : si l'on entre dans le détail, c'est surtout vrai pour les exploitants agricoles, en particulier s'ils ont entre 20 et 49 hectares (plutôt que 200) et qu'ils gèrent seuls leurs exploitations ; les salariés agricoles présentent au contraire moins de risque que dans la population générale – lié sans doute, d'après la MSA, à l'« effet du travailleur sain ». Dans le milieu, les taux de suicide sont également quatre fois plus élevés chez les hommes que chez les femmes. Mettre fin à sa vie est un geste de désespoir ultime. Beaucoup, sombrant dans la détresse, y pensent, hésitent, tournent autour du pot sans franchir le pas pour autant, se passent la corde autour du cou, l'enlèvent, y reviennent, la retirent de nouveau. Si leur mal-être est alors invisible pour la plupart, il est bien réel.

Jour après jour, le système agro-industriel broie les paysans et les paysannes. Implacablement, il enserre les plus petites fermes, pose un voile sur les plus isolées, étrangle les plus fragilisées. Comme le dit Christian Hascoët, un paysan installé près de Quimper et interrogé par le journaliste Nicolas Legendre, « On paye cher, nous, les paysans bretons, pour que d'autres deviennent riches. Je pense qu'il faut vraiment qu'on parle d'agricide. Il faut oser utiliser ce mot ». Bien évidemment, le tableau n'est pas noir tout le temps et ne concerne pas l'ensemble des agriculteurs et des agricultrices. Certains s'en sortent bien économiquement, et pour beaucoup, malgré un quotidien parfois âpre et souvent complexe, exercer un métier au contact de la terre et qui vise à nourrir les gens est source de joie et de fierté.

« Ça m'a rendu violent » : la réalité humaine des élevages intensifs

Nous sommes en juin 2023. Je rencontre Briac, un jeune Breton, au bord d'une écluse reconvertie en lieu de restauration. Il doit avoir vingt-trois, vingt-quatre ans tout au plus. Il me raconte son stage d'ingénieur d'études. « J'avais vingt ans, je cherchais un stage et j'ai été embauché dans une exploitation porcine bretonne qui produit plusieurs milliers de porcs par an. Je ne connaissais rien à ce milieu. Ma mission consistait à réparer la ventilation, en panne depuis plusieurs mois. C'était l'été, il faisait très chaud dans les bâtiments. Les jeunes porcs enfermés nous mordaient dès qu'on entrait dans l'enclos. Peu à peu, je me suis mis à les frapper pour les éloigner, je n'arrivais pas à faire autrement. Et au bout de quelques jours, je les frappais avant même qu'ils m'approchent. Ça m'a rendu violent. Mes collègues aussi étaient violents. Un jour, une truie s'est échappée de sa cage et a tenté de passer le mur de l'enclos. Mon collègue n'a pas réussi à la faire bouger, alors il s'est énervé et lui a planté le tournevis qu'il avait à la main dans la tête. Elle est morte sur le coup. Beaucoup de ces employés avaient l'air très seuls. Je me rappelle que le midi, ils mangeaient du porc. Moi, après cette expérience, je suis devenu végétarien. »

Le cas de Briac est loin d'être isolé : de nombreuses enquêtes montrent que le problème est inhérent à la filière viande dans son ensemble. En outre, bien d'autres sujets inquiètent les agences de santé : les risques de troubles musculosquelettiques liés au port de charges lourdes et aux gestes répétitifs sont accrus, le travail se fait souvent dans le froid, les vibrations et les sons forts, les accidents du travail sont deux à trois fois plus élevés dans ce secteur que dans les autres. À cela s'ajoutent toutes les difficultés psychiques des métiers qui ont pour but la mise à mort d'êtres sensibles. Dans les abattoirs, les salariés se retrouvent en effet dans une situation paradoxale intenable : d'un côté, ils doivent mettre à mort en série des animaux, interchangeables et anonymes, à des cadences infernales : un abattoir tue entre quarante-cinq et soixante-dix bovins à l'heure, jusqu'à huit cent quarante porcs à l'heure et environ cent quatre-vingt-dix mille poulets par jour. De l'autre, on leur demande de prendre en compte leur bien-être et de les faire le moins souffrir possible, autrement dit on fait appel à leur sensibilité et leur compassion envers des êtres qui, eux, ne veulent pas mourir. Les médicaments, l'alcool et parfois les drogues sont des refuges pour beaucoup d'employés.

Marins-pêcheurs : consommation de drogue pour tenir le coup en mer

Il existe un autre domaine, dans le secteur de l'agroalimentaire, dans lequel les drogues sont d'utilisation fréquente : celui de la pêche. Le sujet, profondément tabou, est néanmoins pris en main depuis plusieurs années par les spécialistes du secteur, alarmés par la situation. L'Institut maritime de prévention a par exemple mis en place une campagne de prévention intitulée « Pas d'ça à bord ! ». D'après une étude menée en 2013 auprès de mille marins-pêcheurs, les prises de cannabis et de cocaïne sont bien supérieures à celles de la population générale. Les marins-pêcheurs de moins de 35 ans sont les plus touchés : près d'un sur deux a été testé positif au cannabis au moment de l'étude et près d'un sur dix à la cocaïne. Comme pour les ouvriers d'abattoirs, l'usage de drogue comble un mal-être.

L'usage de drogue en mer, et de cocaïne en particulier, leur permet de tenir le coup, en particulier lorsqu'ils partent arpenter les océans pour de longues durées. Comme le confie un marin à l'Agence française de presse en 2019 : « Les pêcheurs sont des chasseurs, plus ils pêchent et plus ils gagnent, parfois il faut booster le bonhomme. » Pour de nombreux marins, ce n'est pas en mer que la drogue leur tend les bras : c'est une fois de retour à terre. L'héroïne fait partie de ces poudres sur lesquelles les marins jettent leur dévolu. Des hommes qui sniffent ou s'injectent de l'héroïne, ce n'est pas exactement l'image que l'on se fait habituellement des marins… La situation est pourtant bien réelle, en France comme à l'étranger. D'après une étude de 2008, la consommation d'héroïne chez les marins-pêcheurs est 2,5 fois supérieure à celle de la population générale. Le docteur Le Floch, qui a interrogé plusieurs marins-pêcheurs, relève un état défini par ce dernier de « no limit » : ils n'ont parfois qu'un, deux jours pour se reposer, pour rattraper le temps perdu pendant leur absence. Il cite l'un d'eux, resté anonyme : « Il y a un truc, vous rentrez, vous avez quand même tendance à vouloir récupérer les heures que vous avez perdues, profiter en fait, pendant quinze jours vous n'avez rien vu de ce qui se passe à terre… Vous voulez tout récupérer. »

Mais il y a autre chose : la dureté de la vie en mer, que l'on essaie d'oublier une fois revenu à quai. Les marins interrogés par Le Floch et par d'autres personnes rapportent l'ennui, la solitude, l'âpreté des relations, le rythme de travail infernal, les rapports de domination… et la violence de ce qu'il s'y passe, loin des regards, loin des terres. Certains évoquent des bizutages, des humiliations, des abus sexuels : « Moi, rapporte l'un d'eux, j'ai morflé avec des vieux en mer, il y avait pas de cadeau mon vieux, toutes sortes de saloperies, des menaces, des mains dans la culotte, peloter le cul, se faire toucher les couilles, des trucs bizarres ; j'ai été branlé à l'huile de cire. » À cela s'ajoute la peur de l'accident et l'angoisse de finir noyé. Des craintes qui prennent racine dans une réalité morbide : les accidents mortels sont quinze fois plus importants que la moyenne française et cinq fois plus fréquents dans le secteur de la pêche que dans le secteur du bâtiment et des travaux publics, secteur pourtant réputé le plus accidentogène du pays. Alors on sniffe, on fume et on s'envole vers d'autres réalités pour oublier.

Dérèglement climatique : on y est !

S'envoler vers d'autres réalités pour oublier, c'est ce que beaucoup d'entre nous aimeraient faire lorsqu'ils pensent au changement climatique. Chez les mangeurs, comme chez les agriculteurs. Parmi les inquiétudes qui pèsent sur le quotidien de ces derniers, le dérèglement climatique occupe dorénavant une place de premier choix. En ce sens, l'année 2022 a été un avant-goût de ce qui nous attend dans les années à venir : un quart de précipitations en moins par rapport aux années 1990, +2,9 °C comparé au début du siècle précédent, plus de cas de dengue (amenée par les moustiques tigres) que sur les dix dernières années réunies en France métropolitaine, trois milliards d'euros de coûts pour les assurances qui couvrent les bâtiments affectés par la sécheresse, des milliers de décès humains supplémentaires, des milliers d'oiseaux et d'amphibiens en moins, soixante-douze mille hectares partis en fumée. Même en Bretagne, où l'on se croyait épargné, les terres ont brûlé. D'après le Haut Conseil pour le climat, en 2030 les « années 2022 » vont être de plus en plus fréquentes et de plus en plus intenses. En 2050, elles seront devenues des années « moyennes ». À la fin du siècle, si les politiques publiques actuelles poursuivent leur sinistre trajectoire, nous serons très probablement passés à un monde à + 4 °C.

Les conséquences du dérèglement climatique sont terribles, pour les cultures comme pour le moral des agriculteurs. On pense évidemment en premier lieu aux problématiques liées à l'irrigation et à l'augmentation de la fréquence d'événements extrêmes : gros orages et averses de grêle destructeurs. Au printemps 2022, j'habitais encore dans la Drôme quand les épisodes de gel tardif ont eu lieu. Une nuit, l'une de ces vagues de gel parcourt le département. Au petit matin, en me baladant près de chez moi dans la vallée de la Gervanne, au sein du parc naturel du Vercors, je découvre les restes de tas de fumier brûlés au pied des lignes de fruitiers, gestes ultimes d'agriculteurs forcés à l'insomnie pour tenter de sauver les récoltes d'abricots en réchauffant l'air ambiant. L'après-midi, je me rends à Valence et y découvre la ville recouverte d'un épais voile gris. Je ne comprends pas tout de suite ce que c'est. Ce n'est qu'une fois à la ferme du Grand Laval qu'Elsa, paysanne en GAEC sur cette ferme, m'apprend que ce « brouillard » est en fait le reste de fumée des bougies anti-gel allumées par les arboriculteurs des environs. Quant à elle et Sébastien, avec qui elle produit des fruits, ils ont perdu une très grande partie de leurs récoltes.

Pour Baptiste Morizot, écrivain philosophe, ces épisodes de gel sont la résultante de *désynchronisations* entre la météo et l'« agenda des bourgeons » ; désynchronisations qui illustrent à quel point l'alliance entre les agriculteurs et le vivant repose sur des équilibres aussi savants que fragiles, et combien le moindre décalage peut faire partir à vau-l'eau l'ensemble d'une récolte. Et en effet, les gels tardifs ne sont pas dus au dérèglement climatique : ils ne sont pas habituels, mais pas rares non plus. En revanche, les bourgeons et les fleurs pointent le bout de leur nez de plus en plus tôt, à une époque de plus grande vulnérabilité en matière de gel. C'est aussi ça, finalement, le changement climatique : de grands bouleversements associés à d'infimes décalages qui viennent chambouler des interdépendances tissées depuis de longues années entre agriculteurs et éléments naturels.

L'agriculture est donc une victime immédiate du changement climatique. Elle en est aussi directement responsable : comme je le disais précédemment, le secteur représente 19 % des émissions de gaz à effet de serre de la France. C'est moins que les transports, mais au moins autant que l'industrie. Les défenseurs de l'agriculture industrielle se targuent de fournir des efforts en la matière, grâce à la méthanisation ou à des changements d'alimentation animale. Les émissions de gaz à effet de serre ont bien diminué ces dernières années, et de nombreux éleveurs entreprennent des efforts conséquents pour réduire leurs émissions. Mais au niveau national, ces efforts pèsent peu dans la balance et, d'après le Haut Conseil pour le climat, la très légère baisse d'émissions enregistrée n'est pas due à une stratégie concertée de la filière mais à la réduction du nombre d'animaux provoquée par les multiples crises que traverse le secteur.

Ça chauffe pour les océans

Qu'en est-il des liens entre océans et dérèglement climatique ? L'océan absorbe mécaniquement des quantités phénoménales de dioxyde de carbone de l'atmosphère. Depuis les débuts de la Révolution industrielle, il absorbe une part de l'excédent de CO_2 que nous émettons, compensant ainsi naturellement, et fort heureusement pour nous, 30 % des émissions anthropiques. Mais la résilience de ce corps aquatique a des limites. À force d'avaler trop de dioxyde de carbone, il s'acidifie. Cela perturbe les phytoplanctons (leur abondance et leur physiologie évoluent) et surtout menace la survie des coraux. Le problème est grave car ces derniers, qui s'assemblent pour former des récifs, abritent le quart de toute la vie marine.

La circulation océanique globale est un organe clé de la régulation du climat : elle assure le stockage et le transport de chaleur, de carbone, de nutriments et d'eau douce à travers le monde. Il faut imaginer des sortes de tapis roulants géants qui font plonger les eaux chaudes vers les profondeurs et ramènent les eaux froides, riches en nutriments, vers la surface. Cette circulation océanique globale est directement affectée par le dérèglement climatique. Certains chercheurs affirment qu'elle pourrait voir sa force diminuer au point d'atteindre un point de basculement irréversible. D'autres disent que les perturbations pourraient entraîner un ralentissement comme une accélération du changement climatique.

Le corps océanique, déréglé, devient en effet imprévisible : si nous continuons d'émettre des gaz à effet de serre, si l'acidité et les températures continuent d'augmenter, que se passera-t-il ? Les incertitudes sont grandes. Les études scientifiques se retrouvent cependant sur certains points. Premièrement, la circulation océanique globale ralentit, la survie des coraux est largement menacée, les poissons vont devenir de plus en plus petits et les autres animaux marins, dont beaucoup habitent la partie supérieure de l'océan (celle qui se réchauffe le plus et le plus vite), seront beaucoup, beaucoup moins abondants. Deuxièmement, les poissons, en recherche d'un climat plus propice à leurs aventures, font comme les humains fuyant des conditions difficiles : ils migrent. À terme, ces changements pourraient affecter des millions de personnes : d'après un rapport de la Banque mondiale paru en 2019, les captures de poissons pourraient drastiquement chuter dans certains pays tropicaux d'Afrique, comme au Ghana et en Côte-d'Ivoire. Autre précision, et non des moindres : quoi que nous fassions, les conséquences du changement climatique sont d'ores et déjà actées pour les années 2040, voire 2050. Au-delà, tout dépendra des mesures que nous prenons aujourd'hui, sur terre comme en mer…

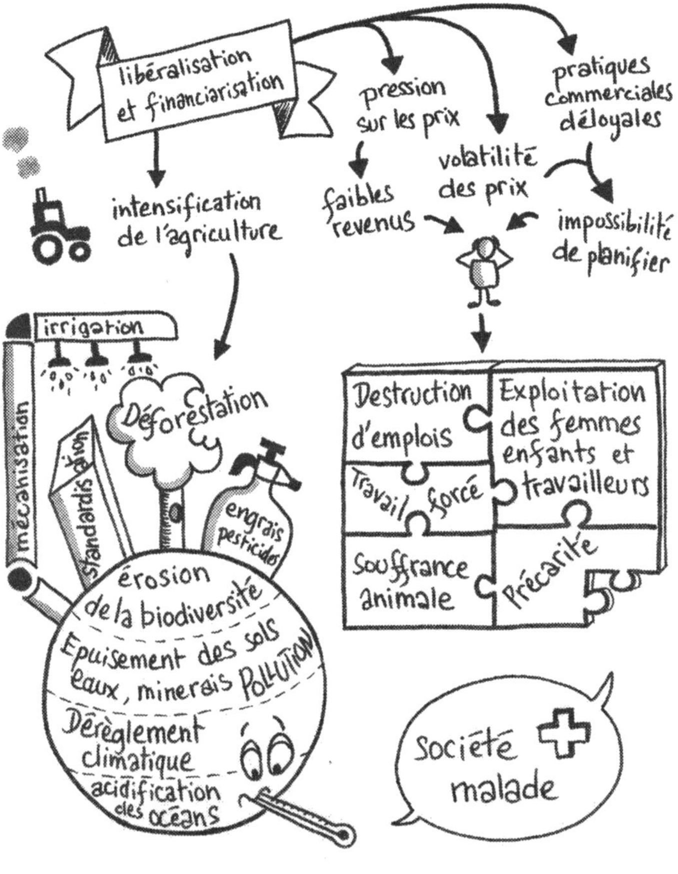

Illustration 8. Impacts générés par l'agro-industrie.

L'or bleu

Après l'eau salée, faisons un tour du côté d'un autre enjeu de taille : l'eau douce. Source de tensions de plus en plus vives dans les campagnes comme à Matignon, le sujet suscite de franches inquiétudes chez les agriculteurs. Quand on vit en ville, la question de l'eau peut paraître moins prégnante : il suffit de tourner le robinet et de l'eau potable apparaît, comme par magie. De fait, la France ne connaît pas, actuellement, de déficit chronique à l'échelle nationale. Mais cette réalité nationale ne doit pas gommer les disparités dans le temps et l'espace : l'accès à l'eau n'est pas garanti toute l'année, ni partout. En avril 2023, les habitants de plusieurs communes des Pyrénées-Orientales se sont vus contraints de recourir à de l'eau en bouteille. Le printemps venait tout juste de commencer et leur forage était à sec.

Surtout, l'eau n'est pas de la même qualité ici ou là, hier ou aujourd'hui. Car il y a bien deux aspects dont il faut tenir compte lorsque l'on parle d'eau : sa qualité, et sa quantité. Bien sûr, les deux sont liés : si les quantités d'eau d'une rivière ou d'un étang diminuent, la concentration en minéraux ou en polluants augmente et peut rendre une eau impropre à la consommation ou à la baignade. C'est ce qu'il se passe régulièrement dans certains départements l'été, comme en Drôme et en Haute-Loire, où nous n'avons plus le droit de nous baigner dans les seuls points d'eau encore accessibles en période de canicule, du fait de concentrations en bactéries trop élevées.

Il fait de plus en chaud, et il y a de plus en plus de sécheresses, soit. Mais d'un point de vue quantitatif, de quoi parle-t-on exactement ? Plus concrètement encore, qu'est-ce qui nécessite le plus d'eau dans les périodes où il y en a le moins ? Les chiffres sont très clairs : 58 % de la consommation *nette* d'eau (c'est-à-dire l'eau prélevée et non restituée aux milieux aquatiques) est due à l'agriculture, majoritairement pour l'irrigation. Sur cette consommation d'eau d'irrigation, au moins 43 % sont destinés à l'élevage : principalement pour produire du maïs, mais aussi des cultures fourragères et des prairies temporaires ou artificielles. À titre de comparaison, les fruits et légumes ne consomment que 15 % de l'eau d'irrigation. Tout cela n'inclut pas les importants volumes d'eau utilisés pour abreuver les bêtes. Je peux donc conclure sans trop prendre de risque qu'entre un quart et un tiers de toute l'eau douce consommée en France chaque année sert la production de viande, d'œufs et de produits laitiers. Dans un contexte où nous allons de plus en plus faire face à des épisodes de sécheresses et de faibles précipitations, et sachant que l'eau douce accessible aux humains sur Terre représente une quantité infime de toute l'eau existante, le fait que l'on utilise autant d'eau douce pour manger et exporter de la viande et des produits laitiers devrait déjà nous interroger.

À l'été 2022, le manque de précipitations associé aux températures élevées a engendré des baisses de rendement agricole de 10 à 30 % selon les filières. Certains éleveurs ont dû envoyer à l'abattoir une partie de leurs bêtes plus tôt que prévu pour faire face au manque de fourrage. Cet été-là, j'ai passé une grande partie de mon temps dans le Tarn, chez Marie et Thibaut, des amis paysans. Maraîchers, ils ont repris la ferme du vallon d'Andignac il y a quelques années ; ils y font pousser une trentaine de légumes différents en bio avec beaucoup de passion et d'enthousiasme. Lorsque je suis passée les voir lors de ce fameux été 2022, dire qu'ils étaient inquiets serait un euphémisme. « Le pire, témoignent-ils au sujet de la sécheresse, c'est que tout devient imprévisible. Nous aimerions mettre en place des choses pour adapter nos pratiques, mais tout est tellement aléatoire d'une année sur l'autre qu'il est très difficile d'anticiper les meilleurs changements à adopter. »

Comme je l'écrivais plus haut, l'enjeu est avant tout une affaire de temporalité : c'est pendant la saison estivale que les tensions sont les plus exacerbées. Le hic, c'est que là aussi, le problème est dû à la production intensive de nos élevages, et plus précisément aux productions intensives de porcs et de poulets, qui sont beaucoup nourris au maïs, une culture très demandeuse d'eau en été. L'enjeu sous-jacent à ce constat revient à pointer, une fois encore, la responsabilité de l'agriculture industrielle dans l'accaparement de ce qui est censé être un bien commun. Ce n'est pas pour rien qu'autant de paysans se mobilisent aux côtés des écologistes pour dénoncer la mainmise d'une toute petite partie des agriculteurs sur ce que l'on appelle, à juste titre, « l'or bleu ». Par ailleurs, si les politiques publiques continuent de soutenir les projets qui visent à pomper dans les nappes phréatiques l'hiver pour mieux arroser les champs l'été, comme c'est le cas avec la plupart des méga-bassines, les choses ne vont pas s'améliorer. D'après l'Office français de la biodiversité, plus d'une masse d'eau souterraine sur dix n'atteint déjà pas un niveau suffisant en 2019, et cela devrait empirer d'ici 2027. Or, de nos jours, moins de 7 % de la surface agricole utile sont irrigués : 7 % qui utilisent la moitié de l'eau douce consommée en France… Si nous irriguons de plus en plus nos cultures sans réduire notre consommation de viande, d'œufs et de produits laitiers, nous risquons fort de nous retrouver le bec dans l'eau, ou plutôt le bec à sec.

Faisons maintenant le point sur la *qualité* de l'eau. Car c'est bien joli d'avoir des lacs, des rivières et des nappes phréatiques, mais encore faut-il que leur eau soit en bon état écologique d'une part et en bon état chimique d'autre part (qu'elle ne soit pas trop polluée par les innombrables activités humaines comme l'agriculture, les industries, les routes, les transports, les antibiotiques, antidépresseurs, contraceptifs et autres médicaments…), ces deux formes d'état étant évidemment liées. Le constat ne fait pas rêver : plus de la moitié des cours d'eau, eaux côtières, plans d'eau, etc., sont en état écologique « moyen » voire « mauvais » ou « médiocre ». Et si les deux tiers de ces masses d'eau de surface sont considérées comme en bon état chimique de façon générale, en réalité la quasi-totalité d'entre elles présente des traces de pesticides, en plus d'autres polluants qui ne concernent pas l'agriculture. Dans les eaux souterraines, près de la moitié des substances identifiées sont même des produits interdits. Pourtant, la directive-cadre sur l'eau adoptée en 2015 devait contraindre les États membres de l'Union européenne à atteindre le bon état écologique de leurs masses d'eau en 2015. De dérogation en dérogation, cette date limite a été repoussée à 2027. Et cette date pourrait continuer d'être reportée…

La FNSEA sait bien tout cela, et les dispositions législatives et réglementaires qui encadrent la protection des eaux l'ennuient franchement. Qu'à cela ne tienne : en 2018, profitant d'un flou juridique, le syndicat entreprit un lobbying intense et réussit à faire rayer de la carte toute une partie des cours d'eau français en arguant du fait qu'il s'agissait de fossés, lui permettant ainsi d'éviter un grand nombre d'obligations, en particulier les distances d'épandages de pesticides et d'engrais. Selon les départements, cela s'est fait avec une plus ou moins grande complicité de la part de l'État et des collectivités locales.

L'exemple de Plouvorn

À Plouvorn, commune de trois mille habitants, dix-sept porcheries élèvent un total de quatre-vingt mille porcs. Les rivières et les plages des alentours sont polluées : il n'y a plus de poissons, la baignade est interdite et il y a des risques de pénurie d'eau potable. Dans une enquête publiée par le média breton Splann ! en février 2023, des journalistes dévoilent les manigances politiques à l'œuvre pour préserver de toute remise en question ces porcheries à l'origine des pollutions.

Quatre mois plus tard, au début de l'été, c'est au tour d'une autre ferme-usine d'être pointée du doigt. Située à dix minutes à peine de Plouvorn, près de Morlaix, la porcherie Kerjean, qui produit quarante mille porcs par an, a massivement contaminé la rivière de Penzé en y relâchant entre cent et trois cent mille tonnes de lisier. Eaux mousseuses, poissons morts flottants… Les pêcheurs et les passants ne tardent pas à découvrir le pot-aux-roses. Une fois planté devant le tribunal de Brest, le patron de l'entreprise a eu beau se tortiller sur sa chaise en bafouillant des explications peu convaincantes sur ce qu'il s'est passé, les associations n'ont pas lâché le morceau et ont fini par obtenir gain de cause : l'entreprise a été condamnée à deux cent mille euros d'amende et n'a plus le droit de demander des aides publiques pendant un an. L'entreprise a fait appel.

Du fait des quantités de nitrates et de pesticides qui se retrouvent dans l'eau, l'agriculture fait partie des principales sources de pollution aquatique, et bien souvent la réglementation n'est pas correctement appliquée. Or, rendre potable cette eau coûte cher : entre sept cent cinquante millions et un milliard trois cent mille euros par an, intégralement financés par les consommateurs via leurs factures d'eau et la redevance qu'ils versent aux agences de l'eau. Et malgré les traitements entrepris, un rapport publié par Générations Futures et l'UFC-Que Choisir en 2021 indique que près d'un demi-million de consommateurs ont bu une eau non conforme car contaminée par les pesticides.

Du côté des nitrates, ce n'est pas tout rose non plus. La meilleure façon de comprendre la situation est sans doute de se plonger dans le roman graphique *Algues vertes, l'histoire interdite*[1], de la journaliste Inès Léraud et du dessinateur Pierre Van Hove. Comme pour le chlordécone dans les Antilles, l'enquête révèle comment l'agro-industrie pollue à outrance les plages, les rivières et les sols, soutenue dans ses pratiques et ses mensonges par des pouvoirs publics que les nombreux rappels à l'ordre des instances européennes n'ont toujours pas suffi à faire évoluer.

Enfin, la production de ce que nous mangeons a des impacts sur les eaux bien au-delà des frontières françaises. La production de porcs pollue nos propres terres et nos propres eaux, mais il faut se rappeler que nous importons énormément de viande d'autres pays, et en particulier

1. Éditions Delcourt, 2019.

d'Espagne, notre principal fournisseur de charcuterie. Or, sur ces terres encore plus sévèrement touchées par les pénuries d'eau qu'en France, l'enjeu est crucial. Comme le gouvernement français, le gouvernement espagnol s'est fait reprendre à de multiples reprises par les instances politiques et juridiques européennes pour non-respect des normes légales en matière de nitrates. Quatre cents communes ont été déclarées zones vulnérables à la pollution de l'eau en raison de l'agriculture et de l'élevage. Les fermes-usines de porcs, très gourmandes en eau et polluantes, sont dans le collimateur des habitants et des associations.

Eau rage, eau désespoir

25 mars 2023, Sainte-Soline. Plus de vingt mille personnes se sont approchées du chantier de méga-bassine qui doit servir de réserve d'eau pour une partie des agriculteurs intensifs du territoire. Coupe-vent noir remonté à l'avant du front, masque FFP2 et lunettes de piscine sur le visage, je me faufile entre les premières lignes. Un camion de la gendarmerie brûle et des activistes affrontent avec des pancartes-boucliers et des cailloux des forces de l'ordre suréquipées. Des grenades lacrymogènes explosent dans un bruit assourdissant à intervalles rapprochés. Je tente d'éviter leur fumée irritante et enterre avec agitation celles qui tombent près de moi pour les éteindre. De temps à autre, des grenades désencerclantes explosent également et l'une d'elles atterrit entre les jambes d'un camarade à quelques mètres de distance ; il s'effondre sur le coup. Je m'avance dans sa direction mais des street medics (personnes formées aux soins de premiers secours en manifestation), débordés par la situation malgré leur nombre, l'ont aperçu également et accourent déjà pour le prendre en charge. Je reprends mon souffle et observe la scène un instant ; je transpire sous mon imperméable, quelque part derrière moi le son d'un tambour résonne et, bien plus loin, celui d'une fanfare. Les quads de la gendarmerie – l'État n'en finit pas de nous surprendre – sillonnent les champs de l'autre côté de la foule. J'aperçois un activiste se faire traîner par trois autres personnes hors des premières lignes, visiblement mal en point ; quelques minutes plus tard, un autre est extrait de la foule en brancard, inanimé et le front en sang. « Son état a l'air grave », ai-je à peine le temps de penser avant de plonger en avant pour éviter une grenade tombée du ciel. Ma gorge brûle, tout comme mes yeux et les quelques centimètres carrés de ma peau exposés au gaz collant des grenades lacrymo.

Contrairement à la mobilisation de l'année passée, où le groupe dans lequel je me trouvais avait pu passer cinq lignes successives de gendarmes et pénétrer, joyeux et dansant, dans le trou de la méga-bassine en chantier, cette fois-ci nous ne faisons pas le poids face à la stratégie choisie par la gendarmerie d'encadrer le trou d'eau. Je n'ai pas le temps de réfléchir plus à la situation, l'une des personnes avec qui je suis venue vient de se prendre un tir de LBD à l'épaule. Sous le choc, elle suffoque ; on s'écarte hors de portée des armes de la gendarmerie.

Au total, les forces de l'ordre décompteront plus de cinq mille grenades lacrymogènes (dont plusieurs centaines classées dans la catégorie A2 des armes de guerre), près de quatre-vingt-dix grenades désencerclantes et plus de quatre-vingts tirs de LBD exécutés sur les manifestants, le tout en l'espace de quelques heures à peine. Deux cents activistes sont blessés, dont une quarantaine gravement et deux qui passeront plusieurs semaines dans le coma, ainsi que quarante-sept gendarmes.

D'une surface moyenne de huit hectares, les méga-bassines doivent prélever l'eau des nappes phréatiques l'hiver, quand les réserves sont censées être au plus haut, pour pouvoir les réutiliser en été, quand l'eau vient à manquer. Clément Quintar, du collectif Reprise de terres, a interrogé deux chercheuses, Magali Reghezza-Zitt, membre du Haut Conseil pour le climat, et Florence Habets, hydroclimatologue et directrice de recherche au CNRS. Elles témoignent dans le hors-série *Socialter* de l'hiver 2022-2023 : « Le remède pérennise, voire aggrave, le risque qu'il est supposé résoudre » ; elles ajoutent qu'il existe « un contrat tacite entre les autorités et un petit nombre d'usagers, ces dernières concédant des investissements coûteux dès que la ressource devient insuffisante pour maintenir, voire continuer à intensifier l'usage de la ressource ».

Ce n'est pas la première fois que de tels conflits éclatent autour de l'usage d'eau. En 2014 déjà, des écologistes avaient monté une zone à défendre à Sivens, au nord-est de Toulouse dans le Tarn, pour empêcher la création d'un barrage. Celui-ci devait permettre la formation d'une retenue d'eau et submerger douze hectares de zone humide. Rémi Fraisse, jeune botaniste de vingt et un ans, y fut tué par une grenade lancée par les forces de l'ordre. Ce n'est qu'en 2021, après de longues années de procédure, que l'État reconnaîtra sa responsabilité dans l'affaire. Dix ans après la mort de Rémi Fraisse, la situation climatique empire mais rien ne change du côté de l'État. Nous continuons de produire des tonnes de maïs et de viande, et cherchons à faire taire les revendications citoyennes plutôt que de trouver des solutions qui permettent de prendre soin et de partager équitablement les usages de l'eau.

De l'air !

2 juin 2023. Mon portable sonne. Plusieurs personnes m'ont laissé un message : par SMS, par mail, sur Signal. Le collectif Bretagne contre les fermes usines vient de publier une enquête sur les émissions d'ammoniac déclarées par les plus grosses exploitations de porcs et de volailles en Centre-Ouest Bretagne, territoire à cheval sur les terres du Morbihan, du Finistère et des Côtes-d'Armor. Sur une petite vingtaine de communes, celle où j'habite remporte le palmarès de ces émissions.

L'ammoniac n'est pas un problème en soi : il permet au contraire d'apporter aux plantes un élément essentiel à leur croissance, à savoir l'azote. C'est la raison pour laquelle il est utilisé sous différentes formes d'engrais minéraux, et que les excréments des animaux, qui en contiennent aussi, sont épandus sur les cultures sous forme de lisier ou de fumier. L'ennui, c'est que ce composé est très volatile : apporté en trop grandes quantités aux cultures, il s'échappe dans l'atmosphère, les sols (dans lesquels il s'oxyde en nitrates) et les eaux. Il devient alors toxique pour les milieux aquatiques, eutrophise les cours d'eau et les eaux côtières (aboutissant au phénomène d'algues vertes), acidifie les eaux et les sols.

Dans l'air, c'est tout aussi problématique : l'ammoniac peut provoquer des irritations des yeux et de la gorge, voire engendrer de l'asthme et des bronchites. Les éleveurs et les animaux sont donc les premiers touchés par les concentrations d'ammoniac lorsqu'elles dépassent un certain seuil. Il y a plus grave encore : lors des pics de pollution, l'ammoniac ne trouve rien de mieux que de s'associer aux oxydes d'azote et de soufre, qui proviennent respectivement des transports et de l'industrie. Ils forment alors des particules fines. C'est la raison pour laquelle les pics de pollution aux particules fines sont particulièrement importants au printemps, période d'épandage d'engrais et d'effluents d'élevage. Le dépassement de certains seuils en particules fines, responsable de près de cinquante mille morts chaque année en France, c'est justement ce que dénonce le collectif Bretagne contre les fermes-usines. Ce collectif a fait de l'ammoniac l'un de ses chevaux de bataille, et à raison : l'élevage est responsable de l'immense majorité de ses émissions. La France est d'ailleurs le 2e plus gros émetteur d'ammoniac en Europe, derrière l'Allemagne.

Le collectif Bretagne contre les fermes-usines a également montré que durant le premier confinement mis en place par le gouvernement lors de la crise de Covid-19, période à laquelle les chaudières tournaient au ralenti (il faisait chaud) et où les transports étaient à l'arrêt, les pics de particules fines ont été tout aussi importants dans les cinq villes où des mesures sont relevées régulièrement, démontrant ainsi ce que seules des mesures prises pendant un confinement pouvaient révéler : au printemps et sur le territoire breton, les principaux contributeurs aux pics de particules fines sont les élevages industriels.

Fractures avec le vivant

On peut dérouler des tonnes de chiffres sur l'érosion de la « biodiversité » et la destruction des « écosystèmes », dont l'agriculture intensive est de loin la première cause, en France comme dans le reste du monde : les populations d'oiseaux ont par exemple décliné de près de 60 % dans les zones agricoles en Europe occidentale par rapport aux années 1980, et nous avons perdu près des trois quarts des populations de raies et de requins dans le monde depuis les années 1970. Mais ces chiffres froids comme un banc de métal en plein hiver ne reflètent pas l'immense tragédie qui est en train de se dérouler.

Dans *Raviver les braises du vivant*, paru en 2020, Baptiste Morizot rappelle combien la question ici n'est pas celle d'un improbable effondrement du vivant, mais bien la mise en péril de nos relations entre vivants : « En un mot, le vivant ne “s'effondre” pas : le vague de cette formule, les relents apocalyptiques, ne font pas justice au vivant (ni à nous : il y a encore de la mégalomanie anthropocentrique dans cette affaire). Non, la biosphère ne “mourra” pas : ce sont des myriades de formes vivantes et de relations entre vivants qui sont en danger, des tissages immémoriaux, et enfin nos relations constitutives avec le vivant actuel (et pas le vivant en soi) qui sont en passe de disparaître. »

Une phrase de l'anthropologue Nastassja Martin résonne à ce titre très fort en moi : « Vivre en forêt c'est un peu ça : être un vivant parmi tant d'autres, osciller avec eux. » S'il n'y a plus de forêt, et qu'une partie des autres qu'humains s'effondre ou disparaît, que restera-t-il de l'espèce humaine ? Que deviendra notre humanité lorsque nous nous retrouverons esseulés entre des murs de béton et des lumières de néon ? Nous serons comme ces koalas retrouvés effrayés et brûlés lors des terribles incendies australiens de 2019 : isolés, hagards, déracinés.

Une lueur d'espoir

Des dizaines d'espèces, du fait des mesures de protection adoptées et des réintroductions avisées il y a un certain nombre d'années, vont de mieux en mieux : c'est le cas des bouquetins, du Lynx pardelle, des vautours, des gypaètes ou encore du Faucon pélerin. Pour ce dernier, c'est l'interdiction des pesticides organochlorés qui a permis de faire remonter les effectifs en France de cent vingt-deux couples dans les années 1970 à plus de mille six cents aujourd'hui.

Impossible, dans un livre de quelques centaines de pages, de tout aborder quant aux rapports de pouvoir de l'agro-industrie et à ses conséquences sur les humains et les autres qu'humains. Il y aurait bien d'autres pistes encore à flairer et de scandales à révéler, comme l'accaparement de la production de semences par une poignée de multinationales, le brevetage du vivant ou encore la fabrication d'OGM. L'amertume de cet état des lieux me paraît cependant suffisante pour mesurer l'indécence d'une agro-industrie devenue toute-puissante et le mépris d'un État intimement complice dans l'industrialisation de notre agriculture et de notre alimentation. Les deux colosses courent, depuis toujours et aujourd'hui plus que jamais, main dans la main à la poursuite du pouvoir et des profits, au détriment de la vie : de notre vie, en tant que mangeurs et en tant que producteurs, et au détriment de celle des autres êtres vivants.

Soyons clairvoyants : nous ne nous libérerons pas des chaînes de l'agro-industrie en un claquement de doigts. Les liens de pouvoir sont trop resserrés et les informations trop opaques pour prétendre trancher les mailles du filet agro-industriel en un coup de cisaille. C'est d'autant plus difficile à faire que pour s'en libérer, c'est tout le modèle capitaliste et néo-libéral qu'il faut mettre à terre, en commençant par s'attaquer au commerce international et à la finance : supprimer les règles de l'Organisation mondiale du commerce largement en faveur des pays les plus riches, remplacer les accords de libre-échange par des traités multilatéraux qui protègent les populations et les modèles agricoles vertueux, mettre en place une fiscalité réellement juste… Autant de mesures complexes et qui paraissent souvent loin de notre quotidien, malgré l'impact majeur de ces éléments sur nos vies.

Dans le chapitre qui suit, je ne reviendrai pas sur ces thématiques commerciales et fiscales internationales. Les personnes intéressées pourront se référer aux travaux des économistes ainsi qu'aux centaines d'associations mobilisées sur ces thématiques, en France comme ailleurs : c'est le cas par exemple de la Via Campesina, de Reclaim Finance, des Amis de la Terre et d'Attac. Je ne déroulerai pas non plus une liste de mesures qui s'avérerait vite aussi ennuyeuse qu'infinie. Là aussi, je recommande d'aller consulter les publications des ONG, les propositions de la Convention citoyenne pour le climat ou encore les ouvrages des agronomes et autres passionnés de ces questions pour avoir un aperçu de tout ce qui pourrait être mis en œuvre pour passer d'un modèle agro-industriel à une agriculture nourricière, humaine et écologique. Pour un ouvrage général de refonte de notre système, celui rédigé et édité par le mouvement Utopia en 2023 (*Utopia, le Manifeste, Penser et agir pour un monde habitable*) peut constituer une bonne entrée en matière.

Ce que je souhaite explorer ici, ce sont plutôt les multiples *façons* que nous avons à notre disposition pour agir sur les espaces et les nœuds de pouvoir, contrer les projets destructeurs et transformer notre rapport aux mondes. Car l'heure n'est pas à l'atermoiement : *il est bien trop tard pour désespérer* – et le sentiment d'impuissance que nous sommes si nombreux à ressentir de temps à autre n'est pas une fatalité.

3.

REPRENDRE LE POUVOIR

S'extraire de l'influence de l'agro-industrie

Le discours dominant de l'agro-industrie et l'influence de la publicité

Pour justifier leurs politiques et leurs projets destructeurs, les agro-capitalistes diffusent leur rhétorique à travers tous les canaux d'influence possibles, tels que les médias, la recherche scientifique et la publicité. La première chose à faire pour s'extraire de leur influence est donc de contrer, par tous les moyens, cette rhétorique aussi subtile qu'agressive. Commençons par la publicité, qui influence grandement notre consommation. Elle est partout : dans les rues, les gares et les vitrines, à la télévision et la radio, sur les réseaux sociaux et dans les jeux vidéo.

Pour ce qui est de l'espace public, de nombreux collectifs ainsi que certaines collectivités militent en faveur d'une interdiction pure et simple des panneaux publicitaires. Dans le Grand Lyon par exemple, l'association RAP (Résistance à l'agression publicitaire) et le collectif Plein la Vue ont lancé en 2017 une vaste campagne de mobilisation pour la sobriété publicitaire. Vidéo, pétition, consultation citoyenne, actions de recouvrement des panneaux publicitaires, déambulations… Pendant plus de six ans, la mobilisation se poursuit. Jusqu'à une victoire : en juin 2023, le Règlement local de la publicité intercommunal est adopté. Il interdit les écrans publicitaires lumineux, les publicités sur bâche de chantier grand format et sur toiture, et réduit la taille maximale autorisée des panneaux publicitaires. Cette victoire s'oppose de façon très concrète aux publicitaires et contribue à une réappropriation de l'espace public.

Reste la question, franchement épineuse, des réseaux sociaux. Comme pour la télévision, où les publicités pour des produits gras, sucrés et salés continuent d'inonder les écrans et ce, même pendant les programmes destinés aux enfants, la lutte contre l'influence de l'agro-industrie sur les réseaux sociaux s'annonce difficile sans une évolution réellement efficace des réglementations nationales et internationales. Les plateformes telles que Meta (Facebook, Instagram, Threads), Twitter, LinkedIn, Snapchat ou encore TikTok n'ont aucune bonne raison d'encadrer ces publicités. Plutôt que d'attendre des réglementations officielles qui peinent à advenir et qui sont souvent trop peu efficaces, je préfère croire dans le travail des journalistes et des groupes de cyber-militantisme, qui dénoncent les réseaux et pratiques d'influence des politiques et des industriels de l'agrobusiness. Mais les dénonciations cyber-militantes qui visent à sensibiliser sur le sujet ne courent pas encore les réseaux…

Préserver l'indépendance des médias

Août 2023, plateau du Larzac. Je me trouve sur le camp des Résistantes, et il me reste quelques heures avant l'animation de mon atelier. C'est le premier jour des Rencontres, les militants vont et viennent avec empressement sur le champ sec reconverti en zone festivalière. Le vent souffle fort, et je me réfugie sous le grand chapiteau bleu et blanc rebaptisé pour l'occasion « chapiteau Outarde » – en hommage à l'Outarde canepetière, l'un des oiseaux les plus menacés des plaines cultivées de France – pour écouter la table ronde qui a pris place sur le rôle des médias indépendants. Sophie Chapelle, journaliste à Basta !, et Amélie Poinssot, journaliste à Mediapart, font partie des invitées de la table ronde ; elles enquêtent toutes les deux sur les questions agricoles et alimentaires depuis respectivement dix et cinq ans.

Les journalistes rappellent le rôle des médias indépendants dans la lutte contre l'agro-industrie et expliquent à quel point il est particulièrement difficile de faire la lumière sur ce secteur tant l'omerta qui règne est puissante. « J'ai enquêté en 2021 sur les salaires des dirigeants des coopératives agricoles, qui peuvent atteindre plusieurs dizaines de milliers d'euros par mois. Les informations étaient très difficiles à obtenir, il m'a fallu beaucoup de temps pour que les gens me fassent confiance et acceptent de témoigner », raconte Sophie Chapelle, avant d'ajouter : « Ce n'est pas suffisant pour transformer tout le secteur, mais on sait que la publication de l'enquête a fait bouger les choses. » En 2023, la journaliste a lancé avec Basta !

une lettre d'informations « On en agro ! » sur l'envers de nos assiettes et sur les alternatives à l'agro-industrie. Amélie Poinssot revient ensuite sur l'appropriation grandissante des médias par une poignée de milliardaires, la censure qui en découle et la difficulté pour les médias indépendants d'exister. Ces concentrations sont telles qu'en décembre 2021, deux cent cinquante professionnels de la presse ont publié une tribune dans *Le Monde* pour alerter contre ce qu'ils considèrent être « un fléau médiatique, social et démocratique ». Les journalistes doivent également faire face à des pressions externes croissantes, telles que les procédures-bâillons, la saisie de tribunaux de commerce pour les censurer ou encore l'attaque de leurs sources.

Face à une telle situation, il est absolument crucial de soutenir les médias indépendants. Ces derniers peuvent être définis comme des médias qui sont libres de l'influence du gouvernement, des entreprises et des personnalités au bras long. Ils ne dépendent ni de subventions, ni de la publicité, ni de riches actionnaires. En France, parmi les médias indépendants qui se penchent sur les sujets agricoles et alimentaires se trouvent Basta !, Blast, Disclose, Inf'OGM, *L'Âge de faire*, *La Revue dessinée*, Mediapart, Reporters sans frontières, Reporterre, Splann !... Le soutien dont ces médias ont besoin est avant tout financier et il peut être fait par des dons (certains étant, comme dans le cas de Reporterre et du Fonds pour une presse libre [FLP], déductibles des impôts) ou par abonnement – ces derniers donnant plus de visibilité et donc de sécurité aux médias concernés. Le soutien aux médias indépendants est d'autant plus essentiel que, comme le résume parfaitement le FLP dans un article publié en juin 2023 sur son site internet, ils constituent l'une des pierres angulaires de la démocratie : « La liberté de la presse n'est pas un débat professionnel entre journalistes. Elle concerne d'abord les citoyennes et les citoyens, le respect de leur droit de savoir, leur capacité à se forger connaissances et opinions. Sans une information indépendante, il ne peut y avoir d'authentique délibération démocratique. » Au fond, il s'agit, comme en agriculture, de reprendre le pouvoir sur des choses qui nous concernent toutes et tous : l'information est un commun, à nous de la développer et d'en garantir l'accès à toutes et tous.

Soutenir les lanceurs d'alerte

Que l'on soit scientifique, ouvrier, éleveuse ou cadre d'entreprise, tirer le signal d'alarme d'un train lancé à toute vitesse est synonyme de risques. J'ai mentionné plus tôt le cas de Yasmine Motarjemi, ancienne directrice sanitaire de Nestlé licenciée pour avoir dénoncé les pratiques de la multinationale en 2010 et dont la carrière professionnelle a pris un sacré coup suite à cette dénonciation. Dans le secteur de l'agro-industrie, les intimidations pour faire taire les lanceurs d'alerte prennent de multiples formes et créent une véritable omerta sur le secteur.

C'est particulièrement vrai en Bretagne. En 2021, la journaliste Morgane Large, connue pour ses enquêtes sur l'agro-industrie et cofondatrice du média breton

Splann !, commence à recevoir des intimidations et des menaces de mort : appels anonymes, roue arrière gauche de sa voiture déboulonnée, chien empoisonné... la liste est longue. En mars 2023, soit deux ans après les premiers faits, rebelote : elle constate un bruit étrange sur sa voiture, se rend chez un garagiste, trouve sa roue arrière gauche dévissée. Autre affaire : Paul François, agriculteur intoxiqué au Lasso avec de lourdes séquelles sur sa santé, porte plainte contre Monsanto en 2007. Après quinze ans de procédure, il gagne son combat et en décembre 2022, la justice condamne le fabricant de pesticides à lui verser onze mille euros de dommages et intérêts. Une décision de justice historique. Son combat, et les multiples prises de parole médiatiques de Paul François, ne plaisent pas à ses pairs. Quelques semaines plus tard, en janvier 2023, trois hommes l'agressent à son domicile : « On en a marre de t'entendre et de voir ta gueule à la télé », lui soufflent-ils.

Le travail de ces lanceurs d'alerte est précieux. Plus nous serons nombreux à les soutenir, plus les risques de lancer l'alerte seront réduits et nous gagnerons en force de résistance. C'est la raison d'être de la Maison des lanceurs d'alerte, fondée en 2018 par dix-sept organisations telles que Transparency International France, Sciences Citoyennes, Anticor, Greenpeace France et la CGT. En plus de soutenir individuellement les lanceurs d'alerte, l'association fait du plaidoyer pour améliorer leur protection d'un point de vue légal. À Bruxelles, elle pousse l'adoption d'un texte proposé par la Commission européenne qui vise à faire cesser les poursuites-bâillons, de plus en plus nombreuses ces dernières années.

Contrer la collusion entre les lobbies et l'État

Les lobbies sont partout. Ça, nous l'avons bien compris et les scandales nous tombent dessus régulièrement tels des grêlons : par surprise, alors que nous nous baladons tranquillement. Et nous avons beau y être habitués, cela pique toujours autant. Il y a dix ans, c'était surtout l'influence des représentants d'intérêts privés sur les politiques qui était dénoncée. Depuis quelques années, et en particulier depuis qu'Emmanuel Macron a pris la tête du gouvernement, c'est tout autant la fervente complicité de l'État qui est remise en cause. En 2022 par exemple, BLOOM et Anticor ont dénoncé le transfert illégal de la personne responsable au sein de l'administration française des flottes pêchant le thon en Afrique chez Orthongel, le plus puissant lobby thonier français. Ce transfert est d'autant plus scandaleux qu'il a été réalisé en pleine période de négociations européennes cruciales pour les pêches espagnoles et françaises. Après enquête, une journaliste s'est rendu compte que ce n'était pas un pantouflage classique (passage d'un représentant politique vers une entreprise) : en réalité, la responsable administrative avait tout simplement été *détachée* par le gouvernement au sein du lobby thonier pour une durée d'un an, afin de défendre les intérêts intrinsèquement alignés de la pêche industrielle et du gouvernement. La dénonciation de BLOOM et Anticor a permis de lever le voile sur cette collusion de l'État et du secteur de la pêche industrielle.

Un autre exemple est l'octroi d'aides publiques directes et indirectes pendant la pandémie aux entreprises du CAC

40. Chômage partiel, prêts garantis par l'État, plans de sauvetage et de relance sectoriels, achats d'obligations par la Banque centrale européenne, baisse des impôts… Au total, des milliards d'euros ont été octroyés aux firmes du CAC 40 sans aucune contrepartie sociale ou écologique. Une grande partie de ces entreprises ont pourtant annoncé la suppression de milliers d'emplois et certaines, comme Carrefour et Danone, ont continué de verser des millions d'euros de dividendes à leurs actionnaires. Face à une telle collusion, on se sent vite impuissant… Au niveau national, des solutions existent pourtant, comme le renforcement des moyens de la Haute Autorité pour la transparence de la vie publique et l'interdiction des cas de pantouflage ou de portes-tournantes problématiques pour la démocratie et l'écologie (les portes-tournantes étant le nom donné aux allers et venues entre des postes politiques à responsabilité élevée et le privé). Mais il est difficile de peser sur ces décisions directement en tant qu'individu. Pour faire bouger les choses au niveau national, il est essentiel de soutenir les mobilisations des ONG qui diffusent de l'information et mettent la pression aux décideurs sur ces sujets. Il est possible de les soutenir financièrement bien sûr, mais également en leur apportant des compétences.

Soyons honnêtes cependant : l'action menée par la société civile contre l'influence des représentants d'intérêts privés est avant tout une lutte de *damage control* (« contrôle des dommages »), en particulier sous le gouvernement Macron. Faute d'avoir des garde-fous nationaux efficaces et à la hauteur de ce que nécessiterait une démocratie en bonne santé, elle ne peut renverser la machinerie effrénée en cours. Elle reste toutefois absolument essentielle pour contrecarrer une partie de l'influence déployée par les entreprises privées et montrer que ni ces dernières ni l'État n'ont le champ libre pour étendre leur pouvoir. Si nous ne pouvons les faire reculer, nous pouvons *a minima* limiter leur influence. Et qui sait, si nous sommes suffisamment nombreux et nombreuses à nous mobiliser et que la conjoncture politique change, nous passerons peut-être un jour d'une stratégie du *damage-control* à un renversement du pouvoir d'influence.

En attendant, une chose reste à la portée de milliers de personnes qui habitent en France : repousser, partout où c'est possible, la représentation d'intérêts privés. Il est possible de sentir, renifler, identifier les zones d'influence et d'ambiguïté. Prendre son courage à deux mains et les dénoncer. C'est par exemple ce qu'a fait Serge Hercberg, nutritionniste et ancien président du Programme national nutrition santé, en publiant *Mange et tais-toi* en 2022[1]. Il y explique les pressions exercées par les lobbies de l'agro-industrie pour empêcher sa proposition de Nutri-Score de voir le jour. Une façon directe d'afficher au grand jour les manipulations du secteur pour torpiller toute tentative de transparence.

Si l'on fait partie du corps enseignant, il est également possible de refuser l'entrée de son école aux représentants des filières viande et sucre – comme l'a courageusement fait l'une des directrices d'école que nous avions interrogées lors de notre enquête sur les lobbies de la viande à

1. Éditions HumenSciences, 2022.

Greenpeace France. Une autre option est de veiller au grain lorsqu'un ou une nutritionniste intervient auprès des enfants : cette personne est-elle rémunérée par Interbev, le lobby des viandes rouges, ou par une autre filière agricole ?

Le poète humaniste Étienne de La Boétie écrivait, au XVIe siècle : « Les tyrans ne sont grands que parce que nous sommes à genoux. » Je ne suis pas totalement d'accord avec cette idée ainsi rédigée – ce serait nier les verrous mis en place par les dirigeants et les acteurs économiques pour préserver le *statu quo* capitaliste et oppressif de l'agro-industrie. En revanche, j'adapte volontiers cette maxime ainsi : *les tyrans sont d'autant plus grands que nous sommes à genoux.*

Agir dans sa commune

Coups de pression à Bagnolet

Printemps 2019, Bagnolet. Avec Morgane Le Bastard, chargée de mobilisation de Greenpeace France, nous entrons dans un café à l'allure sobre près de la sortie du métro ; l'ambiance est calme en ce milieu de matinée. Nous avons rendez-vous avec trois femmes du collectif Ensemble pour les Enfants de Bagnolet (EEB – devenu depuis Front de mères Bagnolet) : Anissa Baaziz, Hafida Ouhami et Fatima Ouassak. Du fond de la pièce où elles se trouvent, les trois mères nous adressent un signe de la main et nous nous approchons. Elles nous accueillent avec un grand sourire et nous les remercions d'avoir accepté un échange aussi rapidement. Une fois assises, nous expliquons la raison de notre venue : nous menons une campagne sur le moins et mieux de viande dans les cantines scolaires, et en parallèle de ce travail de plaidoyer au niveau national, nous cherchons à rencontrer des parents mobilisés localement afin de pouvoir créer des alliances entre les différentes échelles d'action et se renforcer mutuellement. Morgane a repéré sur les réseaux sociaux leur collectif, EEB, qui semble très actif sur le sujet et qui nous a beaucoup inspirées.

Les trois mères nous expliquent la situation qu'elles vivent à Bagnolet : la mauvaise qualité de la viande servie tous les jours à leurs enfants, l'impossibilité pour les enfants de choisir leur alimentation, la pénibilité pour les mères qui doivent s'organiser pour venir chercher leurs enfants le midi et leur préparer à manger lorsqu'il n'y a pas d'alternative à la viande, la surdité de la mairie qui refuse de les recevoir. En 2017, leur collectif commence par organiser des réunions collaboratives ; ces moments d'échange attirent tout de suite plusieurs dizaines de personnes, dont de nombreux parents des quartiers populaires. Les mères d'EEB font également venir des nutritionnistes et des représentants d'associations de défense des animaux, elles envoient des courriers à la mairie et des articles de leurs actions commencent à paraître dans les médias locaux. Mais la mairie refuse toujours de les écouter. Elles se rendent donc à la sortie des écoles pour réaliser un sondage auprès des parents ; celui-ci montre que 96 % d'entre eux aimeraient voir un plat végétarien servi chaque midi afin que les enfants puissent choisir leur alimentation au quotidien. Cela ne suffit pas ; les mères d'EEB poursuivent leur mobilisation et en février 2018, elles organisent une grande conférence avec des parents au centre de la lutte, des médecins et des ONG concernées par les enjeux de la surconsommation de viande. Greenpeace France devient partenaire de leur mobilisation et j'interviens en soutien pour porter la dimension écologique du projet. Les élus et des acteurs de l'Éducation nationale se déplacent. En parallèle, EEB organise également des pique-niques fédérateurs le dimanche midi, que le journal *Le Parisien* relaie.

Le contexte est difficile, et des associations pourtant censées être des alliées vont jusqu'à brandir la critique du communautarisme : comme me l'explique Fatima Ouassak, l'une des initiatrices d'EEB et cofondatrice de Front de mères, premier syndicat de parents d'élèves des quartiers populaires, pour certaines personnes il est difficile de croire que des femmes musulmanes des quartiers populaires sont sincèrement mues par des principes d'écologie et d'équilibre nutritionnel, au-delà des questions de religion. Hafida, Lila, Anissa et les autres mères d'EEB n'abandonnent pas pour autant. Elles multiplient leurs actions et en 2020, Fatima Ouassak publie *La Puissance des mères, pour un nouveau sujet révolutionnaire*, dans lequel elle témoigne de leur lutte en faveur de l'option végétarienne quotidienne. Peu à peu, le collectif de parents crée un véritable rapport de force avec la mairie, qui les reçoit à plusieurs reprises, commence à améliorer la qualité des repas servis et envisage d'expérimenter une alternative végétarienne quotidienne. M6, France Info, Bondy Blog… d'autres médias s'intéressent à leur mobilisation qui fait de plus en plus de bruit. Leur ténacité finit par payer : en septembre 2021, la ville de Bagnolet met en place l'option végétarienne quotidienne.

Cet exemple me tient très à cœur car il est au croisement de plusieurs luttes : l'amélioration de l'équilibre nutritionnel et donc de la santé des enfants, l'accès à une alimentation de qualité pour toutes et tous, la réduction de l'empreinte écologique de l'alimentation des cantines et la diminution de l'exploitation industrielle animale. Elle m'est d'autant plus chère qu'elle a été portée par des habitantes des quartiers populaires et rappelle à quel point notre alimentation, et celle des enfants en particulier, nous concerne toutes et tous.

Au-delà des cantines : le pouvoir des mairies

Les mairies ont un pouvoir d'agir conséquent concernant les politiques agricoles et alimentaires. Mouans-Sartoux, commune de plus de dix mille habitants située dans les Alpes-Maritimes, fait partie des pionnières inspirantes. En 2005, elle exerce son droit de préemption urbain pour retirer des mains d'un promoteur un ancien domaine agricole. Quelques années plus tard, deux hectares viennent s'ajouter aux quatre hectares initiaux, la ville fournit plus de 80 % de légumes bio à ses trois cantines – ce qui représente plus de cent cinquante mille repas par an – et une maison pédagogique a ouvert pour sensibiliser les enfants et les familles.

À Loos-en-Gohelle, ville de sept mille habitants du Pas-de-Calais, c'est tout un programme de transition alimentaire qui a vu le jour. Contrairement à Mouans-Sartoux, où c'est un agriculteur communal qui s'occupe de faire pousser des légumes bio, la commune du Nord a mis en place sur les quinze hectares de terres qu'elle avait acquis un programme « fifty-fifty » (50-50) : les agriculteurs voisins peuvent exploiter un hectare de ce terrain librement, à condition que ce soit en bio et qu'ils cultivent aussi un hectare de bio sur leurs propres terres. Les habitants de la ville sont également impliqués dans de nombreux projets autour de l'alimentation, comme Les Incroyables Comestibles, de petits potagers en libre service inspirés des villes en transition au Royaume-Uni.

Au-delà de cette mise en œuvre d'alternatives positives, les mairies ont également un pouvoir d'opposition non négligeable, quoique limité, en matière de pratiques agricoles et alimentaires. Elles peuvent en effet établir des arrêtés antipesticides, s'opposer à des projets agro-industriels et d'artificialisation des terres, ou encore récupérer du foncier et des bâtiments pour les soustraire au développement d'une agriculture de firme.

Dans de trop nombreux cas cependant, la ville n'est pas motrice dans la transition agricole et alimentaire des territoires. C'est là que les mobilisations des habitants interviennent. En 2014, à Saillans, alors que le Front national fait une percée historique dès le premier tour des municipales, des habitants novices en politique remportent la mairie avec près de 57 % des voix pour un taux de participation de 80 %. Comment un tel engouement a-t-il pu se produire dans cette commune drômoise de cinq mille habitants ? C'est face à l'entêtement des élus pour implanter un supermarché qui menaçait les petits commerces de centre-ville que les habitants ont commencé à s'organiser : pétition, création du collectif « Pays de Saillans vivant », publication d'un journal, organisation de manifestations... Pendant plus de dix-huit mois, le mouvement se mobilise sans relâche et expérimente, déjà, l'horizontalité. Grâce à la ténacité des habitants, le Géant Casino finit par jeter l'éponge. L'absence de concertation avec les habitants (sur d'autres projets également) et le manque de transparence questionnent alors ces derniers : comment faire pour que cela ne se reproduise plus ? De fil en aiguille, une liste « Autrement pour Saillans… tous ensemble » se monte pour les élections de 2014. Ses membres appliquent des méthodes peu communes : des réunions publiques permettent de faire émerger les candidats de la liste et d'élaborer le programme, l'équipe place les habitants au centre de la gouvernance avec des commissions participatives et un observatoire de la participation, composé de citoyens volontaires, est créé.

Dans les années qui suivent, plusieurs listes participatives et citoyennes s'inspirent de Saillans et se forment dans la perspective des élections municipales de 2020. C'est le cas à Saint-Senoux, en Ille-et-Vilaine, où la liste « Construisons Saint-Senoux ensemble » gagne également. La liste s'était créée suite au ras-le-bol des habitants, entre autres face à la fermeture de la régie communale pour la cantine des écoles malgré l'opposition de plus de deux cents personnes. Ces récits de victoires nous rappellent que, lorsqu'une mairie refuse d'entendre les habitants de sa commune, ces derniers peuvent s'organiser pour prendre le pouvoir et faire les choses différemment.

Croiser les luttes : des épiceries solidaires aux jardins de Cocagne

Pour rendre accessibles des aliments de qualité et qui rémunèrent correctement les producteurs, nombreux sont celles et ceux qui s'organisent pour monter des associations, des coopératives et des marchés. L'une des alternatives les plus connues est sans doute le système des Associations pour le maintien d'une agriculture paysanne (AMAP), qui consiste à créer un lien fort entre producteurs et mangeurs. Ces derniers s'engagent sur une année entière à récupérer chaque semaine des paniers de légumes bio auprès des agriculteurs, assurant à la fois une avance de trésorerie et une visibilité précieuse en agriculture. Les risques sont ainsi partagés entre mangeurs et paysans, fait rare dans le secteur. Côté mer, il existe par exemple Poiscaille : une entreprise qui rémunère les pêcheurs 35 % de plus que dans les circuits classiques et où tous les produits de la mer sont issus de pêches sauvages, françaises et de techniques de pêche durables (sans chalut ni drague), à partir de bateaux de maximum douze mètres de long. Ce type de démarche n'est cependant pas encore présent sur l'ensemble du territoire national.

Brigades d'actions paysannes

Il faut quitter nos frontières et se rendre jusqu'en Belgique pour rencontrer les Brigades d'actions paysannes. Les BAP sont un réseau d'entraide citoyen en soutien aux agriculteurs et aux agricultrices. Elles se définissent comme des « citoyennes et citoyens de divers horizons qui veulent défendre l'agriculture paysanne, leur droit à l'alimentation, développer l'agroécologie, promouvoir la transition et contribuer à l'avènement d'un modèle agricole fondé sur les principes de la souveraineté alimentaire ». Le terme « brigades » est une référence directe aux Brigades internationales créées en 1936 pour lutter contre le fascisme en Espagne – et une façon, pour le réseau, de marquer son engagement politique. Concrètement, les brigadistes interviennent sur des chantiers pour soutenir les paysans qui ont besoin d'un coup de main ponctuel pour cueillir leur récolte, construire un poulailler ou un abri à légumes ou encore désherber une parcelle. À quand les brigades d'actions paysannes françaises ?

Il existe d'autres initiatives qui, en plus de promouvoir d'autres modèles agricoles et alimentaires, entremêlent les luttes sociales. Les épiceries solidaires en font partie. De nature et de fonctionnement très divers, elles reposent toutes sur une forte implication des bénévoles et proposent des produits à des tarifs très avantageux, pour des personnes en situation de précarité ou des publics mixtes. Le réseau VRAC a par exemple été lancé dans la métropole de Lyon en 2013. En l'espace de dix ans, il a permis d'ouvrir près de quatre-vingt-dix groupements d'achat qui touchent près de sept mille foyers dans les quartiers prioritaires des villes, en France et en Belgique. Leur crédo : la mixité sociale et le faire ensemble.

Si VRAC a pu se déployer aussi rapidement, c'est entre autres grâce au soutien des bailleurs sociaux à l'origine du projet. D'autres projets se forment indépendamment des bailleurs ; c'est le cas par exemple de la Cantine Syrienne de Montreuil, à l'est de Paris. Inspirée par d'autres cantines populaires, elle s'est créée suite à la rencontre de personnes exilées de Syrie et des habitants de Montreuil lors d'une occupation de l'Université Paris 8 en 2018. Une manière pour ses bénévoles de « poursuivre [leur] activité politique au-delà du mouvement étudiant et des luttes de réfugiés ». La Cantine Syrienne propose des cours de cuisine, des repas à prix libre, des concerts et organise chaque année le festival internationaliste Les Peuples Veulent.

Le témoignage d'Habib, de l'association A4

L'Association d'Accueil en Agriculture et Artisanat, plus connue sous le nom d'A4, est composée de personnes avec et sans papiers venues de divers horizons. Elle développe un réseau de solidarité paysanne pour les personnes migrantes. Plus concrètement, elle les aide à se former et à s'installer en agriculture ou en artisanat. J'échange avec Habib, qui témoigne : « Il y avait cette idée parmi les migrants que la campagne était réservée aux Français, qu'on ne pouvait pas y aller. En fait on s'est rendu compte que si, c'était possible de s'installer à la campagne, qu'il y a beaucoup de racisme mais aussi beaucoup de gens chouettes. En janvier 2021, je me suis rendu à la ZAD pour échanger lors d'une rencontre des Soulèvements de la

> Terre. C'est là que l'idée de A4 s'est créée pour faire le lien entre la ville et la campagne. On était vingt-cinq à se lancer ensemble. Le sujet de relier le rural à l'urbain, l'environnement, le changement climatique et les migrations : ça parle beaucoup aux gens. On fait aussi des liens avec la Confédération paysanne, sur le travail des immigrés dans les champs dans des conditions souvent très mauvaises. »

En plus des initiatives pour réapprendre à cuisiner et faciliter l'accès à des produits de qualité tout en soutenant des producteurs, il existe les projets liés à l'activité agricole elle-même. Les Jardins de Cocagne par exemple sont des fermes, le plus souvent maraîchères, qui associent réinsertion professionnelle et production en agriculture biologique. Il en existe une centaine en France, la plupart sous forme d'associations. Les deux auxquelles j'ai rendu visite il y a quelques années partagent le même constat : travailler dans l'insertion professionnelle n'est pas une chose facile, et beaucoup de projets se cassent la figure au bout de quelques mois. Mais lorsque cela fonctionne, la satisfaction de combiner agriculture écologique et dignité humaine est immense.

*

La liste des initiatives portées par des individus ou des associations pour manger et produire mieux est infinie. Prises isolément, elles constituent des espaces précieux de liberté et de solidarité, sans toutefois remettre en cause systémiquement les rapports sociaux de domination. Additionnées, cependant, elles constituent une alternative puissante au système agroalimentaire capitaliste en place. Souvent, ces initiatives sont de véritables laboratoires où l'on pense, crée et expérimente de nouvelles façons de faire de la politique au sens originel du terme, celui de s'occuper des affaires de la communauté. Parce qu'il me paraît puissamment pertinent en ces temps de crises, j'aimerais m'arrêter un instant sur l'un des éléments centraux de ces façons de s'organiser autrement, politiquement : les communs.

Des communs à la Sécurité sociale de l'alimentation

Recréer des communs

Août 2023. C'est le deuxième jour des Résistantes, grande rencontre autour des luttes locales et globales organisée sur les terres de lutte historiques du Larzac. Une table ronde a lieu dans le chapiteau Outarde qui s'intitule « Reprendre et soigner les communs ». Les présentations n'ont pas encore commencé que déjà les bancs se remplissent ; je me faufile jusqu'à l'une des places restantes et entame une conversation avec mon voisin, un sexagénaire nantais fort affable. Au bout d'un certain temps, Geneviève Azam, économiste et militante écologiste de renom, ouvre la table ronde ; d'une voix calme, elle introduit les grandes lignes du cadre théorique constitutif des communs : « Ce terme vient du mouvement des Enclosures, au Royaume-Uni, qui a commencé il y a bien longtemps et qui s'est accéléré au XVI*e siècle, entame-t-elle devant un public attentif. Dans un objectif de modernisation de l'agriculture, des terres soumises à un droit d'usage communautaire ont été confisquées aux paysans et aux bergers ; elles ont été clôturées, consacrant le passage d'un régime de* *possession, avec des droits d'usage collectifs, à un régime de propriété privée. Les paysans ne pouvaient plus accéder comme bon leur semblait aux grands champs et forêts communales : c'est l'expropriation des moyens de subsistance et la base du capitalisme agraire.* »

Voilà pour l'origine du terme de « communs ». Mais que sont-ils, concrètement ? Pour la féministe universitaire Silvia Federici, les communs sont des espaces autonomes où l'on cherche à dépasser les divisions. Ils se basent sur l'existence d'une propriété collective, partagée et accessible à toutes et tous. L'accès aux moyens de production y est égalitaire et son organisation repose sur les principes de l'autogestion : le pouvoir se fait « par le bas ». Les communs se fondent sur le postulat d'Elinor Ostrom, une économiste célèbre pour avoir réfuté la *Tragédie des communs* de Garrett Hardin, qui affirme que si les acteurs d'un territoire échangent et délibèrent, ils finissent par s'organiser et prendre soin, dans la durée, des éléments naturels et de leurs habitats.

En France, des initiatives de communs – qu'elles se réfèrent ou non à ce terme – sont pléthoriques : logiciels libres, squats, AMAP, associations de producteurs… L'une de ces initiatives, qui m'inspire beaucoup, est celle du Larzac : suite à l'abandon du projet d'extension de la zone militaire en 1978, l'État s'est retrouvé propriétaire de plus de six mille hectares de terres. Les cent trois paysans et paysannes impliqués dans le cœur de la lutte se sont donc mis à étudier comment, d'un point de vue juridique, ils pouvaient continuer à orienter ces terres vers les installations paysannes et éviter qu'elles partent à l'agrandissement de fermes industrielles. En 1985, ils ont créé la Société civile des Terres du Larzac (SCTL) et obtenu de l'État un bail emphytéotique qui leur a attribué le droit d'usage (et non de propriété) jusqu'en… 2083. Morgane, paysanne installée sur ces terres depuis quelques années, fait partie des intervenantes de la table ronde des Résistantes. Elle revient sur cette expérience : « Contrairement à ce qu'il se passe dans la plupart des territoires, nous avons de plus en plus de paysans et de paysannes installés. L'installation ne coûte pas cher, donc les agriculteurs ne s'endettent pas. 85 % des terres sont en bio ou sans intrant chimique, et il y a beaucoup d'entraide et d'événements culturels partout. La clé, c'est la distinction entre droit d'usage et droit de propriété. Chez nous, une fois à la retraite nous devons quitter les bâtis et les terres, les laisser à des plus jeunes qui viendront à leur tour s'installer. C'est dur, mais ça permet le renouvellement des générations en évitant toute spéculation. Me concernant, je suis vraiment ravie car je ne trouvais pas de ferme, j'étais une femme seule, on ne me faisait pas confiance. Les paysans de la SCTL sont très ouverts d'esprit, ils m'ont choisie parmi douze candidats et j'ai pu m'installer. »

Parmi les expériences qui m'inspirent beaucoup se trouve également celle de la zone à défendre (ZAD) de Notre-Dame-des-Landes : ses habitants et ses habitantes, qui parlent de « communaux » plutôt que de « communs », n'ont pas réussi à obtenir le même type de bail qu'au Larzac suite à l'abandon du projet d'aéroport en 2018. Ils expérimentent donc des façons alternatives de s'organiser collectivement, notamment à travers une Assemblée des usages et des règles communes. Une autre expérience encore est celle du Syndicat de la montagne limousine, créé en 2019 sur le plateau de Millevaches. Des habitants s'y organisent pour faire face à l'industrialisation des productions de viande et de bois de leur territoire tout en assumant collectivement l'accueil de personnes exilées.

Comme la plupart des initiatives d'organisation sociale alternative, dans ces expérimentations tout n'est pas tout rose : on échappe rarement au fameux « PFH », le « putain de facteur humain ». Joan, éleveur de la ZAD, témoigne de son expérience dans le bocage nantais : « Les communs ne se décrètent pas. C'est un travail quotidien. Ce n'est plus une lutte contre l'État mais contre nous-mêmes, contre tout ce que nous avons internalisé du système. Mais même si c'est difficile, nous nous organisons collectivement, sans l'État, et nous avons beaucoup de fierté et de joie à faire ce que nous faisons. »

En fait, les communs sont avant tout un entremêlement de relations sociales qui doivent nous permettre de voir le monde comme une source de richesses plutôt que de dangers. S'ils me paraissent aussi essentiels de nos jours, c'est parce qu'en plus de constituer de véritables remparts à l'isolement et à l'individualisme croissants des sociétés néolibérales comme la nôtre, ils forment également un rempart puissant face au mouvement capitaliste de base qui consiste à tout privatiser : les forêts, l'eau, le génome de certaines plantes… C'est d'ailleurs parce que l'accès à tous ces éléments fondamentaux de la vie sur Terre se réduit à peau de chagrin que l'on assiste ces dernières années, en Occident, à un sursaut et à un regain d'attractivité de la mise en place de communs. Ces derniers ne sont pas nouveaux, cependant. Pour certains peuples amérindiens autochtones, la propriété privée ne fait aucun sens et la référence à des droits d'usage plutôt que de propriété constitue la base de leur fonctionnement depuis plusieurs siècles. Enfin, il me paraît important de rappeler que les communs peuvent parfois s'étendre sur de très vastes étendues. Au Pays de Galles par exemple, les terres communales recouvraient le quart du territoire à la fin du XVe siècle. Nous sommes bien loin d'une utopie de hippies ou d'écolos en mal de révolution.

Enfin, l'idée n'est pas de monter des alternatives de communs isolées politiquement et géographiquement. Silvia Federici insiste sur ce point : « Le défi qui se pose à nous n'est pas de multiplier les initiatives de communs, mais de savoir comment placer au centre de notre mode d'organisation la réappropriation collective des richesses que nous avons produites et l'abolition des hiérarchies et des inégalités sociales. » Il s'agit ainsi de tisser une alternative sociétale puissante face au capitalisme et, dans le cas de ce qui nous intéresse ici, à l'agro-industrie.

Transformer les Chambres d'agriculture en communs ?

Je sais à quel point c'est difficile à entendre pour nombre d'agriculteurs, mais je crois qu'il est temps que les habitants des territoires s'impliquent dans les orientations agricoles de leur lieu de vie. Non pas pour dicter aux paysans comment ils doivent faire leur métier – certainement pas – mais pour contribuer aux décisions prises concernant la transmission des fermes, le soutien à l'agriculture biologique plutôt qu'aux modes de production intensifs ou encore le développement de projets innovants de cohabitation avec le vivant.

Pour cela, les Chambres d'agriculture départementales et régionales sont clés : relais officiel de l'État en matière de politique publique agricole, elles influencent largement les orientations prises dans les départements et les régions, comme le soutien à une ferme-usine ou au contraire au développement de modes de production écologiques. Mais leurs modalités de scrutin et la composition des assemblées qui les dirigent favorisent largement la FNSEA. Cette dernière contrôle ainsi la quasi-totalité des quatre-vingt-onze Chambres d'agriculture du pays. Pour que l'ensemble des Chambres d'agriculture puisse mettre en œuvre des politiques agricoles qui prennent réellement en compte l'urgence écologique et cessent de favoriser les membres de la FNSEA, il faudrait donc revoir leur mode de scrutin ainsi que leur composition. Comme le propose Suzanne Dalle, mon ancienne collègue et chargée de campagne agriculture à Greenpeace France, cela pourrait être l'occasion d'intégrer les habitants aux réflexions et à la prise de décision concernant l'agriculture de leur territoire.

Au Pays basque, cela fait longtemps que des paysans ont mis cette utopie en pratique. Après de vaines tentatives de faire en sorte que leur Chambre d'agriculture historique prenne en compte les intérêts paysans, ils ont décidé de créer en 2005 leur propre Chambre d'agriculture : Euskal Herriko Laborantza Ganbara (EHLG) – Chambre d'agriculture basque en euskara, la langue basque. Dès son éclosion, l'État a tout fait pour étouffer le projet. Mais la chambre alternative a gagné les procès intentés et après trois ans de combat, elle a fini par mettre en œuvre des politiques agricoles qui entrelacent potentiel du territoire basque, respect des humains et préservation du vivant, en parallèle de la Chambre d'agriculture traditionnelle. L'association est dirigée par plusieurs collèges : les paysans, les salariés, les retraités, les consommateurs et les représentants environnementaux. Une sorte de « Parlement de l'alimentation », et donc de communs, où tout le monde a son mot à dire et qui pourrait en inspirer plus d'un.

Sécurité sociale de l'alimentation : un projet de communs aussi ambitieux que nécessaire

Le passé est riche d'enseignements. Faisons un tour au XVIIIe siècle : à cette époque, il faut compter sur le sens du devoir, la charité et l'Église pour prendre soin des personnes dans le besoin. Il existait également des confréries et des unions de travailleurs, dont le principe était de s'organiser au sein d'une même profession pour faire face collectivement aux abus de pouvoir des supérieurs hiérarchiques d'une part, et de s'entraider d'autre part. Mais en 1791, les corporations de ce type sont interdites par la loi Le Chapelier afin d'empêcher toute pression visant à faire valoir des revendications sociales qui limiteraient les libertés d'entreprendre de la bourgeoisie et affaibliraient l'État. En 1794, une poignée de sociétés de secours mutuels voit alors le jour afin d'assurer une continuité de revenus aux personnes qui tombent malades ; elles essaiment et sont plus d'une centaine en 1823. En parallèle, certaines usines mettent en place des logements sociaux, distribuent des allocations et d'autres formes de soutien afin d'acheter la paix sociale dans les rangs ouvriers. De fil en aiguille, de nombreux événements font évoluer les réflexions de protection sociale : la révolution industrielle pose de nouveaux risques pour les travailleurs, certaines faillites d'entreprises mettent en lumière la fragilité du principe de cotisation uniquement patronale, l'Alsace et la Moselle, qui ont connu les protections santé et retraite mises en œuvre en Allemagne, sont rattachées au territoire français. Peu à peu, le sujet d'une couverture sociale des travailleurs, puis de toute la population, se concrétise. Dans la suite du programme du Conseil national de la Résistance, et malgré les nombreuses oppositions, la Sécurité sociale est finalement mise en place par Ambroise Croizat, ouvrier communiste devenu ministre du Travail et de la Sécurité sociale en 1945.

L'universalité et la démocratie sont au cœur de ce nouveau système : les syndicats salariés sont majoritaires au conseil d'administration des caisses, le patronat est quant à lui minoritaire. Ce principe de gouvernance est important, car il signifie que la sécurité sociale est alors auto-organisée par les travailleurs et les travailleuses : ce sont eux, principaux concernés, qui pèsent sur les prises de décision. Dans les années qui suivirent, l'État a largement détricoté ce principe, jusqu'à transformer en profondeur sa nature. D'un système social auto-organisé et profondément révolutionnaire, la Sécurité sociale est passée à un système géré par l'État.

C'est en s'inspirant de cette histoire et des réflexions de Bernard Friot qu'ISF-Agrista (la branche « agriculture » d'Ingénieurs sans frontières) a lancé l'idée et la dynamique d'une Sécurité sociale de l'alimentation (SSA). L'objectif de la SSA est de garantir à toutes et tous le droit d'accéder à une alimentation choisie, dans le cadre de débats démocratiques, afin de transformer en profondeur notre modèle agricole et alimentaire. Elle se base sur trois piliers : un accès universel (qui permet d'éviter une stigmatisation des plus pauvres), un conventionnement des professionnels réalisé par des caisses gérées démocratiquement, et un financement par la création d'une cotisation sociale à taux unique.

Concrètement, à quoi cela ressemblerait ? Imaginez un instant : vous vous rendez à l'épicerie de votre ville ou de votre village, dont une série d'aliments est conventionnée. Vous choisissez quelques légumes et un paquet de biscuits, puis vous vous rendez à la caisse. L'épicier vous annonce que cela vous coûte vingt-deux euros, dont dix-neuf pour les produits conventionnés. Vous tendez votre petite carte de Sécurité sociale de l'alimentation à l'épicier, ainsi que trois euros en liquide pour payer la part non conventionnée. L'épicier vous annonce qu'il vous reste cinquante-huit euros sur la carte. De là, vous allez à la boulangerie, dont tous les pains sont fabriqués avec des céréales bio produites à moins de vingt kilomètres. Là, vous savez que l'ensemble des produits vendus sont conventionnés. Vous prenez un croissant, un pain de campagne et vous payez avec votre carte de Sécurité sociale de l'alimentation. Tous les 1er du mois, votre carte est recréditée de cent cinquante euros, quelles que soient vos ressources financières. En revanche, l'ensemble repose sur un système de cotisation, auquel vous contribuez plus ou moins selon vos revenus. Le principe d'universalité de ce système (tout le monde y contribue, et tout le monde reçoit) évite la stigmatisation des plus précaires.

Comment décider quels produits pourraient être achetés avec la carte de SSA ? L'objectif étant de se réapproprier collectivement et démocratiquement ce commun qu'est l'alimentation, la proposition du collectif SSA est de passer par des caisses primaires locales, au sein desquelles les habitants d'un même territoire décident des produits à conventionner, autrement dit qui pourraient être achetés par chacun grâce au budget perçu chaque mois. Dans certaines zones, les habitants pourraient décider de conventionner tous les produits bio et locaux du village uniquement. Dans d'autres, ils pourraient décider de conventionner tous les fruits et légumes locaux, bio ou non, de tous les producteurs sur vingt kilomètres à la ronde. Encore ailleurs, les habitants pourraient décider que n'importe quel aliment pourrait être acheté au moyen de la carte.

L'intérêt de ce mécanisme est que personne ne dit à qui que ce soit ce qu'il faut ou non acheter : les gens décident ensemble ce qu'ils veulent manger, et donc l'agriculture qu'ils veulent soutenir. Cela se ferait dans un cadre d'éducation populaire qui permettrait à toutes et tous d'avoir conscience des impacts socio-économiques et écologiques de notre modèle agroalimentaire afin de faire des choix en conscience et basés sur une dynamique collective.

D'après le collectif SSA, ce projet représenterait un budget annuel de cent vingt milliards d'euros (la moitié du budget de l'assurance maladie) pour l'ensemble des Français et des Françaises. Cela peut paraître beaucoup, mais en réalité ce n'est pas une dépense entièrement nouvelle, puisque nous dépensons de toute façon déjà un certain budget pour manger. Par ailleurs, il faut également se rappeler de tous les coûts cachés de notre alimentation qui pourraient en partie disparaître grâce à ce système, autrement dit ce que nous coûtent l'agriculture et la pêche industrielle, qui n'apparaît pas dans le prix payé à l'achat mais que l'on paie tout de même au travers de nos impôts : la dépollution de l'eau et de l'air, les soins apportés aux producteurs et aux mangeurs malades… Enfin, si ce projet me paraît particulièrement enthousiasmant, c'est parce qu'il remet au cœur de la révolution alimentaire en cours l'application concrète d'un droit à une alimentation digne pour toutes et tous d'une part, et d'un modèle démocratique articulé entre le local et le national (mais toujours auto-organisé) d'autre part. Sans leur retirer du pouvoir, l'articulation des initiatives locales avec un volet national est en effet essentielle pour éviter la concurrence entre les territoires et peser contre l'agro-industrie. Cela doit aussi permettre de percer le plafond de verre rencontré par nombre d'expérimentations locales et d'établir un véritable changement d'échelle qu'elles peinent à faire advenir à elles seules.

Soyons honnêtes : ce projet de SSA est ambitieux. Il ne se montera pas en un jour, et de nombreux obstacles devront être levés, comme la mise en place d'espaces réellement démocratiques pour décider du conventionnement des produits. Mais comme le dit Naomi Klein : « *There is no non-radical options left before us.* » Il ne nous reste plus d'options qui ne soient pas radicales.

Certains détails de l'application concrète du projet restent à affiner. Des personnes telles que Laura Petersell et Kévin Certenais, de Réseau Salariat, détaillent leur propre vision de la SSA dans *Régime général. Pour une Sécurité sociale de l'alimentation*. Les deux auteurs proposent par exemple que la cotisation qui servira à financer la branche « alimentation » de la Sécurité sociale soit calculée sur la valeur ajoutée des entreprises du secteur marchand plutôt que sur leur masse salariale, afin de mettre à contribution les entreprises qui emploient peu de main-d'œuvre mais utilisent beaucoup de machines.

Enthousiasmés par ce projet de SSA, et en attendant de le voir advenir au niveau national, des collectifs ont d'ores et déjà commencé à expérimenter la mise en place d'une SSA au niveau local. Certains projets, comme Caissalim à Toulouse, sont déjà très avancés et impliquent de nombreuses associations locales, des structures paysannes, des instances scientifiques et des habitants intéressés par la transition alimentaire. Hugo fait partie de ces habitants. Avec plus de quatre cents autres personnes, il participe au projet de la Caisse commune de l'alimentation à Montpellier, créée en janvier 2023 dans le cadre de Territoires à VivreS (une mobilisation inter-associative autour de l'accès à une alimentation de qualité portée par cinq organisations nationales, dont Réseau Cocagne et le Secours catholique). Je rencontre Hugo aux Résistantes. Il me raconte son expérience : « Au début, j'étais très sceptique. Et puis finalement j'ai été bluffé par toute la dynamique mise en place par Territoires à VivreS pour mettre en lien des associations et des gens, trouver des fonds… L'expérience démocratique est très forte, on s'organise ensemble pour créer un outil qui va améliorer concrètement l'accès à une alimentation digne au quotidien, pour toutes et tous. Ce qui est vraiment important c'est que dès le départ il y a eu des personnes de tout niveau social dans le collectif. Bien sûr, ce n'est pas encore suffisant, nous faisons ça à une très petite échelle et nous n'avons pas résolu la précarité alimentaire de tout le territoire. Mais c'est un début très encourageant, et je suis vraiment content d'en faire partie. »

Je ne m'attarderai pas plus ici sur les détails techniques et économiques de la mise en place d'un tel système : pour en savoir plus, il suffit de se rendre sur le site du collectif pour une Sécurité sociale de l'alimentation[1]. Porté par ISF-Agrista, le Réseau CIVAM, la Confédération paysanne,

1. securite-sociale-alimentation.org

Réseau Salariat, l'Atelier Paysan et six autres structures, il réalise depuis 2019 un immense travail de pédagogie sur le sujet. Le site référence également, au travers d'une carte de France, toutes les initiatives locales et les groupes locaux qui portent la SSA. En d'autres termes : les dynamiques locales vont bon train, l'articulation local-national est en cours et la Sécurité sociale de l'alimentation a de beaux jours devant elle.

Expérimenter le municipalisme libertaire

En avril 2023, j'ai été contactée par le mouvement Nantes en commun pour l'accompagner dans la traversée de ses tensions (une autre de mes activités). Créé en janvier 2019, ce mouvement a pour objectif la réappropriation par les habitantes et les habitants de leurs lieux de vie. Nous nous donnons rendez-vous le 1er mai au Chapeau Rouge, leur café autogéré établi en plein cœur de Nantes. Premier mai oblige, une manifestation a eu lieu l'après-midi même et à mon arrivée, le café fourmille de militants échaudés par les gaz lacrymogènes. Les membres de Nantes en commun avec qui j'ai rendez-vous m'expliquent que le café est rapidement devenu un quartier général de rencontres post-manifestation pour de nombreux militants de la justice sociale. Ils y distribuent également des repas sous la forme d'une cantine solidaire pour toutes celles et ceux qui en ont besoin.

Ensemble, les membres de Nantes en commun luttent contre la destruction de terres maraîchères, se mobilisent contre la réduction du nombre de lits et de postes à l'hôpital public et tissent des alliances avec de nombreuses luttes locales et nationales. Ils ont créé Énergie de Nantes, une association qui fait office de service public local de l'énergie, ainsi que Commun Champ, dans lequel ils apprennent à devenir autonomes en production maraîchère et qui constitue la première étape de création d'une coopérative alimentaire. Leur représentante, désignée par une élection sans candidat, a récolté 9 % des voix au premier tour des municipales de 2020 et leurs rencontres autour de la démocratie radicale réunissent chaque année des centaines de personnes.

Aujourd'hui, une grande partie des personnes engagées dans le changement social se détourne de la politique. Les déceptions sont trop nombreuses et trop fortes, les partis se vident et peinent à retrouver du souffle. Nantes en commun s'inscrit dans un mouvement qui vise à insuffler de nouvelles façons de faire de la politique, à partir de principes autogestionnaires et populaires. En plus de leurs inspirations tirées des organisations autour des communs, l'une de leurs références théoriques est Murray Bookchin. Né en 1921 aux États-Unis et mort en 2006, cet ancien ouvrier autodidacte est ensuite devenu professeur de sociologie au Ramapo College, dans le New Jersey. Il est considéré comme le fondateur de l'écologie sociale et surtout du *municipalisme libertaire*, également appelé *communalisme libertaire*. Basée sur des valeurs anticapitalistes, écologistes et féministes, l'idée générale de cette forme d'auto-organisation sociale est la mise en place d'assemblées citoyennes comme base de la démocratie de quartier, au sein de communes qui se rassembleraient ensuite dans un mouvement fédéral, à l'opposé ou plutôt en opposition à l'État-nation : là où dans le modèle actuel, c'est l'État-nation qui impose les règles aux communes qui peuvent agir uniquement dans le cadre qui leur a été défini, dans ce nouveau modèle ce sont les communes qui ont tout pouvoir et qui choisissent, là où elles le jugent nécessaire, de déléguer à une fédération nationale la gestion de certaines politiques dans le cadre qu'elles définissent. Les municipalités ainsi auto-organisées préfigurent une société de l'autogestion qui brise les formes classiques de domination.

Pour penser la mise en œuvre pratique de sa pensée, Bookchin s'inspire des expériences de la Commune de Paris, qui met en place l'autogestion populaire en 1871, ou encore des anarchistes de la guerre d'Espagne en 1936. Ces derniers, structurés au sein de la CNT (la Confédération nationale du travail), ont en effet collectivisé les usines et les champs ; ils se sont organisés en autogestion dans plusieurs centaines de communes, en milieu rural comme urbain. Au sein des collectivités agraires anarchistes d'Aragon par exemple, la terre était divisée en secteurs travaillés par des équipes selon leurs capacités ; les outils, les stocks et les terres appartenaient à toutes et tous et des délégués étaient élus par des assemblées générales pour organiser le travail mais sans bénéficier d'avantages supplémentaires pour autant.

Autre exemple étranger, contemporain cette fois-ci : le Rojava est la région syrienne du Kurdistan connue pour avoir repoussé Daech. Le système politique en place se réclame du communalisme libertaire de Bookchin. Abdullah Öcalan, le leader du Parti des travailleurs kurdes ou PKK (à l'origine du système politique en place au Rojava), a échangé pendant plusieurs années avec Murray Bookchin depuis la prison turque dans laquelle il est emprisonné depuis 1999. Il a fait évoluer le positionnement initialement marxiste-léniniste du PKK vers ce qu'il appelle le confédéralisme démocratique. La base de l'organisation sociale du Rojava repose sur les *Kommun*, des structures locales rassemblant entre trente et quatre cents ménages, qui envoient ensuite des délégations se coordonner à des échelons supérieurs. Les textes fondateurs du Rojava soutiennent les principes d'une politique laïque, démocratique, socialiste, écologique et assurant l'égalité des sexes. L'enclave kurde est devenue célèbre pour la puissance politique et émancipatrice portée par les femmes, qui ont fondé leur propre groupe armé dans les années 1990 et occupé des rôles clés dans les opérations militaires. Du côté agricole, des coopératives s'occupent des terres collectivisées qui appartenaient auparavant à l'État ou à de petits propriétaires. Nous sommes cependant encore loin d'un système réellement communaliste et libertaire tel que Bookchin l'a promu : le PKK, et son émanation appelée le Parti de l'union démocratique ou PYD, ne sont pas exempts de dérives autoritaires et le contexte de conflits armés ne peut tout justifier. Mais le Rojava reste, pour beaucoup, un espace d'expérimentation révolutionnaire très inspirant en matière de municipalisme libertaire.

En France, des centaines de listes citoyennes et participatives se montent pour 2020, certaines s'inspirant des principes proposés par Murray Bookchin. La coopérative Fréquence Commune recense et soutient les expériences de transformation démocratique et son site internet fourmille de ressources en la matière. Il existe également un cours en ligne publié par Commonspolis et le Mouvement Utopia, intitulé « La Commune est à Nous ! » qui, en se basant sur plusieurs expériences municipalistes européennes, permet d'en comprendre « la radicalité démocratique » et de « construire une nouvelle éthique politique ». Attention cependant : comme l'explique l'ancienne députée Isabelle Attard dans son ouvrage *Comment je suis devenue anarchiste*[1], « si municipalisme signifie simplement que des listes de citoyens non politiciens arrivent au pouvoir dans les villes et villages lors des élections locales, alors ce mot sera définitivement vidé de son sens et rien ne garantira que les habitants, les premiers concernés, seront à l'origine des décisions prises ». Pour que le municipalisme soit réellement libertaire, il s'agit en effet d'avoir un pied à l'intérieur des institutions, et des milliers en dehors, autrement dit de ne pas oublier la dimension centrale de l'implication et de la prise de décisions par les habitants, pour les habitants.

*

De la prise de mairies par des listes citoyennes à l'occupation illégale de terres en mode ZAD, en passant par

1. Le Seuil, 2019.

l'achat de foncier, avec des modalités d'action qui jouent le jeu des institutions dominantes ou qui assument des formes de confrontations plus explicites, cette diversité des tactiques, absolument essentielle dans le contexte actuel, pose la question des alliances : comment s'inspirer d'expériences de communs et de municipalisme libertaire passées ou présentes pour fédérer ces foisonnantes initiatives en réseaux organisés, à même de constituer une réelle force politique ? Comment s'extraire de l'anecdotique, du statut de petites alternatives, certes réjouissantes mais parfaitement inoffensives pour le système qu'elles prétendent combattre ? Pas de réponses toutes faites à ces questions bien sûr, mais quelques certitudes demeurent : derrière l'illusion démocratique dans laquelle nous continuons à baigner, la collusion entre l'État et les intérêts du grand capital est bien trop forte pour qu'on puisse s'en remettre à lui et ne compter que sur nos gouvernements pour nous tirer d'affaire. Il va falloir imaginer et actionner des leviers politiques nous permettant de peser depuis le bas, depuis les milieux de vie, depuis les mouvements paysans et l'ensemble des citoyennes et citoyens qui aspirent à reprendre la main sur leur alimentation et les usages agricoles. Laisser émerger, massivement, d'autres manières de penser et d'organiser notre alimentation et notre agriculture. Et assumer une forme de confrontation, trouver les moyens de peser dans le rapport de force contre l'agro-industrie. Ce qui passe par contrer les projets qui détruisent le vivant et les conditions d'habitabilité de la Terre.

Contrer les projets destructeurs

Reprendre les terres

La révolution se fera dans les territoires ou ne se fera pas. Face à l'appétit d'ogre de l'agriculture productiviste, aux inégalités sociales, aux désastres écologiques et à la situation foncière actuelle (départ à la retraite de la moitié des producteurs), la nécessité de reprendre les terres est immense. Cette réflexion n'est pas nouvelle : cela fait même des années que des habitants, des paysans, des associations diverses et des scientifiques expérimentent des stratégies et des tactiques foncières pour répondre à cette nécessité. Depuis 2019, le collectif Reprise de terres enquête sur ces différentes actions. Dans le hors-série *Ces terres qui se défendent* (hiver 2022/2023 de la revue *Socialter),* il résume les quatre grandes tactiques qui se détachent de leurs échanges : le rachat de terres, la reprise de terres par l'usage, la bataille législative et juridique et enfin l'action directe.

Concernant le rachat de terres, la situation est difficile car l'opacité sur les transferts de terres agricoles est totale. Le plus simple est qu'un collectif déjà installé, qui a de fait plus facilement accès aux informations et aux relations lui permettant d'accéder à des terres, les achète et les mette à disposition d'autres paysans. Une stratégie mise en œuvre depuis les années 1970 grâce à différents types de structures juridiques (sociétés civiles immobilières, groupements fonciers agricoles…) au Larzac, en Bretagne ou encore en Bourgogne. L'association Terre de Liens a étendu ce système de portage foncier au niveau national en créant la foncière Terre de Liens en 2007, déclinée ensuite au niveau local dans plusieurs zones. Des foncières solidaires ont également vu le jour, comme Antidote et La terre en commun. Le rachat de terres est un travail de longue haleine, qui après plusieurs décennies d'action n'a permis de récupérer ou de sauver de l'agrandissement qu'une infime proportion des surfaces. Il est néanmoins essentiel pour ancrer des îlots de résistance et susciter de nouveaux imaginaires agricoles et écologiques dans les territoires.

En fait, un peu moins des deux tiers des terres agricoles sont en fermage (location) ; c'est donc souvent la récupération de ce fermage, et non le rachat, qui est au centre des débats. Lorsque les terres ont été occupées pour empêcher leur bétonisation, comme ça a été le cas à Notre-Dame-des-Landes, les militants peuvent utiliser le droit rural pour obtenir l'autorisation légale d'exploiter. Dans les cas plus classiques, où il n'y avait pas d'occupation, des sociétés coopératives se sont montées pour geler les terres, autrement dit les louer en attendant de trouver des repreneurs. Cela permet de faciliter l'accès aux terres à des personnes qui ne sont pas issues du milieu agricole et qui n'ont donc souvent ni le réseau ni les savoirs et savoir-faire des familles d'agriculteurs. Des structures comme les ADEAR (Associations pour le développement de l'emploi agricole et rural) et les CIVAM (Centres d'initiatives pour valoriser l'agriculture et le milieu rural) jouent un rôle essentiel dans ces installations.

Les troisième et quatrième tactiques identifiées par Reprise de terres sont la bataille juridique et législative d'une part, et l'action directe d'autre part. Je les aborde au fil des sous-chapitres suivants, dans un contexte plus large que celui de la reprise de terres.

Multiplier les actions juridiques

La France est loin d'être exemplaire en matière de justice sociale et écologique. Mais nous avons tout de même la chance de disposer d'un ensemble de lois et de réglementations qu'il nous est possible d'activer pour faire advenir d'autres modèles agroalimentaires. Dans les campagnes comme dans les villes, très régulièrement, des habitants et des associations obtiennent des victoires juridiques leur permettant de préserver des terres agricoles, de limiter l'extension d'élevages industriels et de regagner du terrain démocratique.

En 2020, une riveraine soutenue par le Collectif pour une alternative aux fermes-usines en Pays bigouden ainsi que par des organisations écologistes et des militants politiques a par exemple obtenu l'annulation de l'agrandissement de l'une des plus importantes fermes-usines du Finistère. En février 2022, les associations Pollinis, Générations Futures et L214 ont déposé des recours en justice et obtenu le démantèlement partiel de la cellule de gendarmerie Demeter mise en place par le ministère de l'Intérieur à la demande de la FNSEA. La cellule, dont la mission consistait à identifier et poursuivre les agressions, intrusions et dégradations sur les exploitations agricoles, a dû cesser toute prévention et suivi d'actions « de nature idéologique ». Le mois suivant, Les Amis de la Terre et France Nature Environnement ont obtenu l'annulation du permis de construire d'un entrepôt Amazon de 76 000 m² qui prévoyait d'artificialiser treize hectares de zones humides et de terres agricoles près de Mulhouse, en Bourgogne-Franche-Comté. En 2023, plusieurs syndicats agricoles, associations environnementales et apiculteurs ont saisi le Conseil d'État pour faire annuler les dérogations d'usage des néonicotinoïdes, ces pesticides « tueurs d'abeilles » octroyés par le gouvernement français. Elles ont obtenu raison au mois de mai de cette même année. Ces exemples ne constituent qu'une infime partie des victoires juridiques obtenues par des habitants et des associations au niveau national et local.

Poursuivre le plaidoyer malgré les obstacles

Pour transformer le système agroalimentaire, les associations environnementales, les syndicats paysans et d'autres formes d'organisations sont nombreux à choisir comme modalité d'action l'influence des lois et des réglementations. Des responsables de plaidoyer passent ainsi du temps à développer des argumentaires rigoureux, échanger avec les parlementaires, rédiger des propositions d'amendements aux projets de loi en discussion et coconstruire des mobilisations citoyennes pour les faire voter. C'est ce que l'on appelle faire du plaidoyer – la variante positive du lobbying (le plaidoyer se faisant au service de l'intérêt général, quand le lobbying vise la défense des intérêts privés). Plus concrètement, faire du plaidoyer consiste à créer un rapport de force. Cela signifie travailler de concert avec certains parlementaires, et mettre la pression aux autres. Mais pour cela, il faut rester lucide, ne pas se faire happer par l'attrait des cercles de pouvoir parce que l'on participe à telle ou telle instance nationale par exemple, ni se faire berner par l'octroi de miettes de « victoires » destinées en réalité à obtenir la paix sociale. Rester vigilant, et extrêmement exigeant. Refermer la porte au moindre signe de récupération. Pousser des mesures qui affaiblissent la collusion des lobbies et du gouvernement, la puissance des acteurs de l'agro-industrie et l'autoritarisme de l'État d'une part, et qui renforcent le pouvoir de la société civile d'autre part. Cela peut également vouloir dire laisser de côté l'échelle nationale et poursuivre les efforts à l'échelle européenne, absolument centrale et souvent plus progressiste que la France concernant les sujets agricoles et alimentaires, le temps que les choses évoluent en France.

Lorsque je repense à ces dix dernières années, il me faut fouiller dans les méandres de ma mémoire pendant plusieurs minutes avant de faire ressurgir du passé les quelques victoires notables obtenues dans le domaine de l'alimentation, de l'agriculture et de la pêche. L'association BLOOM a remporté plusieurs victoires suite à un plaidoyer de longue haleine et au soutien de certains parlementaires européens : l'interdiction du chalutage profond dans toutes les eaux européennes au-dessous de huit cents mètres de profondeur en 2016 et l'interdiction de la pêche électrique aux navires de pêche de l'Union européenne dans toutes les eaux qu'ils fréquentent, y compris en dehors de l'UE, en 2021. Générations Futures obtient également très régulièrement des victoires pour réduire l'usage des pesticides les plus dangereux. Comme le rappelle Yannick Igor dans *Le Paysan impossible*, « ce genre de victoires fabrique certes toujours des situations d'exception, qui n'améliorent en rien la situation de l'ensemble des paysans, mais elles entretiennent un goût de la lutte qui permet de se défaire du sentiment de soumission et de culpabilité ».

Après avoir passé huit ans dans les ONG, dont une grande partie à faire du plaidoyer avec des dizaines d'organisations environnementales et paysannes différentes, je constate que nous travaillons beaucoup, que nous perdons souvent, et que nous gagnons très peu. Nous passons finalement plus de temps à contrer les attaques de l'agro-industrie qu'à obtenir des avancées de fond. Vu de l'extérieur, le très faible nombre de victoires obtenues ces dernières années peut donner l'impression que cela ne sert pas à grand-chose, et je me suis moi-même posé la question des centaines de fois : à quoi bon poursuivre cette stratégie de *damage-control* ? Se concentrer sur des actions de terrain ne serait-il pas plus pertinent ? En réalité, sans le travail acharné des organisations militantes qui veillent au grain et ralentissent le rouleau-compresseur des agrocrates et autres assoiffés du pouvoir, sans la persévérance, l'intelligence et la patience de toutes celles et ceux qui se battent pour reprendre chaque interstice de démocratie et d'écologie aux multinationales et aux élites politiques, la situation serait bien pire. Alors on serre les dents et on lutte. Chaque dixième de degré de réchauffement évité compte. Chaque interstice de liberté compte.

Face à la dérive autoritaire de l'État, ne rien lâcher

En 2015, suite aux attentats terroristes du Bataclan à Paris, l'état d'urgence est déclaré. De l'avis de nombreux observateurs, c'est le début de la dérive autoritaire de la politique gouvernementale. Depuis, plusieurs lois ont été votée (loi SILT contre le terrorisme en 2017, loi « anti-casseurs » en 2019, loi « contre le séparatisme » en août 2021). Ces lois, ainsi que les mesures de droit pénal prises en parallèle, apportent leur lot de répression envers les mouvements sociaux et écologistes. Depuis le 1er janvier 2022, les associations se voient par exemple dans l'obligation de signer des « contrats d'engagement républicain » pour continuer à recevoir des subventions et prendre part à des actions en justice. Des contrats dangereux pour toutes les organisations qui pratiquent la désobéissance civile, puisqu'ils stipulent qu'elles « ne doivent entreprendre ni inciter à aucune action manifestement contraire à la loi ». Dans les Deux-Sèvres, la préfecture a par exemple retiré sa subvention à un collectif local de sensibilisation à l'environnement car il avait pris position contre les méga-bassines.

Interventions brutales des forces de l'ordre, fichage de milliers de militants, surveillance rapprochée et arrestation d'activistes écologistes… L'étau des libertés se resserre peu à peu autour des collectifs et des associations impliquées dans les luttes, et continue de générer de lourds dégâts dans les quartiers populaires. Le problème, c'est que se rendre à une action de désarmement de l'agro-industrie pour défendre le vivant et la paysannerie est une chose, s'y rendre et risquer six mois de prison ferme, des traumatismes psychiques et des mutilations – comme lors de la mobilisation contre les méga-bassines à Sainte-Soline – en est une autre. Soutien financier lors des procès, mise en place de collectifs pour faire face à la répression policière, entraide pour éviter la surveillance numérique… Les possibilités pour faire face à la dérive autoritaire de l'État sont nombreuses. Face à une telle dégradation de nos libertés, la solidarité est notre meilleure arme : dans les quartiers populaires, dans les luttes contre l'agro-industrie et pour le vivant, partout.

Lorsque les mots ne suffisent plus, les actions de désobéissance civile s'imposent

Avec des chiffres rigoureux, des argumentaires solides et diverses formes de mobilisations sur le terrain, la société civile a alerté, questionné, interpellé l'État sur l'urgence écologique et la nécessité de revoir en profondeur notre modèle agroalimentaire. Nous avons même obtenu plusieurs victoires juridiques : l'État français a été reconnu coupable par les tribunaux d'inaction en matière de dérèglement climatique et d'effondrement de la biodiversité ; il a également été condamné par la Cour de justice européenne pour les taux de nitrates trop élevés des sols. Quelles réponses a-t-il apportées à cela ? Des « débats », des conventions citoyennes foisonnantes classées sans suite, des plans d'actions sans moyens, des orientations budgétaires qui favorisent les modes de production intensifs, des investissements dans des technologies gourmandes en minerais rares, des labels « bas carbone » et « Haute Valeur Environnementale » qui n'ont d'enthousiasmant que le nom, la réduction des moyens humains et financiers des instances chargées de contrôler l'influence des lobbies, les opérations de concentration et les fraudes, des milliards d'euros d'aides aux entreprises sans aucune contrepartie écologique ni sociale. Pendant ce temps, les paysans et les petits pêcheurs disparaissent, les océans se vident et se réchauffent, les forêts brûlent, la vie sauvage s'effondre, la pollution des cours d'eau par les pesticides croît en même temps que les cancers, baisses de la fertilité, malformations génitales, asthmes et autres problèmes de santé dus aux contaminations environnementales et à une mauvaise alimentation.

Comme l'écrit Isabelle Attard, ancienne députée devenue anarchiste : « J'espère que ceux qui croient naïvement au pouvoir et à la volonté de l'État d'agir dans l'intérêt général se réveilleront un jour. » Il n'est plus temps d'attendre une hypothétique réponse de la part du gouvernement. Face à son mépris et à celui de l'agro-industrie, il nous faut dire stop aux grands projets destructeurs. Opposer nos corps et nos esprits aux solutions court-termistes qui nous enfoncent dans un modèle agroalimentaire mortifère. Les méga-bassines, les entrepôts Amazon, les pseudo-écoquartiers, les contournements autoroutiers inutiles, les fermes-usines de trois, cinq, dix mille porcs ou vingt, quarante, cent mille poulets : ces projets qui artificialisent terres agricoles et espaces de vie sauvage n'ont plus leur place dans un monde qui s'effondre.

Je ne suis pas en train de dire qu'il faut sauter à pieds joints dans une spirale de la violence qui ne peut que devenir infernale, et je ne soutiens pas les formes d'action qui peuvent blesser des humains, quelles qu'elles soient. Je rejoins plutôt la pensée d'un ou d'une anarchiste anonyme publiée sur le site d'Informations Anti Autoritaire Toulouse et alentours quinze jours après la mobilisation des Soulèvements de la Terre à Sainte-Soline : « Nous n'aurons jamais le rapport de force dans ce jeu viril. Ils ont pour eux la légitime violence, nous avons pour nous la légitime défense. Dans cette configuration, rien ne sert de "contribuer à la guerre en cours", il vaut mieux penser des formes de résistances qui ne nous exposent pas à la férocité des forces de l'ordre. Et la résistance, ce n'est pas la guerre frontale : notre seule défense, c'est l'autodéfense populaire et le sabotage. »

Autodéfense populaire, sabotage, désobéissance civile… autant de mots pour désigner des mobilisations qui visent à s'opposer à un projet, une politique ou une loi néfaste, ici pris dans le sens de la lutte contre les formes de domination et d'oppression, pour une émancipation populaire et une libération collective des humains et des autres qu'humains. Les actions de mobilisation ou de désobéissance civile peuvent être plus ou moins créatives, plus ou moins osées, plus ou moins risquées ; elles peuvent entraîner de la dégradation de matériel ou non, de la confrontation policière ou non. Elles n'ont rien de nouveau : le sabotage était prôné au XIXe siècle déjà, et les actions de protestation de paysans et de paysannes avaient déjà lieu deux siècles plus tôt.

Depuis 2003, les Faucheuses, Faucheurs Volontaires d'OGM multiplient par exemple les occupations d'usines et le fauchage des champs OGM. Ses membres ont largement contribué à l'interdiction, en France, de la culture des OGM à des fins commerciales et continuent de se mobiliser pour que les mêmes règles s'appliquent aux nouveaux OGM. En 2010 à Dijon, neuf hectares de terres maraîchères à l'abandon étaient menacés par un projet de construction immobilière. De manifestations en occupations illégales, le quartier libre des Lentillères a pris forme et le jardin des Maraîchères est né.

Les Soulèvements de la Terre ont quant à eux décidé de perturber, bloquer, occuper et désarmer tous les acteurs institutionnels, politiques et économiques qui accaparent les terres ou les détruisent. Lancés par d'anciens membres de la ZAD de Notre-Dame-des-Landes en janvier 2021, ils ont été rejoints depuis par des autonomes, des paysans, des militants du mouvement pour le climat et bien d'autres personnes encore. Concrètement, depuis le début du mouvement, des activistes se sont réunis par groupes de quelques personnes à plusieurs dizaines de milliers. En 2021, ils ont désarmé des méga-bassines en déchirant leur fond de plastique et en retirant la pompe qui leur permettait d'accaparer l'eau des nappes phréatiques dans les Deux-Sèvres. L'année suivante, ils ont organisé la vendange sauvage d'une parcelle de vignes du Château d'Esclans, rachetée par le groupe LVMH et dirigée par le milliardaire Bernard Arnault, qui se vante d'y produire le rosé le plus cher du monde. Quelques mois plus tard, en décembre 2022, d'autres groupes militants relayés par Les Soulèvements ont occupé et désarmé à Marseille une usine Lafarge. En plus de contribuer largement à la bétonisation des terres et la pollution des eaux, la multinationale du ciment est connue pour avoir financé le terrorisme islamiste en Syrie – dont Daech –, ce dont elle a plaidé coupable aux États-Unis à l'automne de la même année. En 2023, paysans et écologistes du mouvement ont arraché du muguet et de la mâche d'exportation industrielle dont les productions sont très gourmandes en sable et en eau près de Nantes. Cela va sans dire : la répression de l'État à l'encontre des membres des Soulèvements de la Terre, en tant qu'individus et en tant que mouvement, est très, très élevée.

Les possibilités de mobilisation sont infinies. À chacun, chacune de trouver ce qui lui convient selon ses compétences, ses envies et ses possibilités : tout le monde ne souhaitera pas ou ne voudra pas s'impliquer dans le désarmement d'une méga-bassine ou d'une usine de ciment. En revanche, il est possible de participer autrement à des événements de soutien ou des mobilisations : cuisiner dans les cantines militantes, assurer la logistique et apporter du matériel médical est tout aussi essentiel pour la réussite d'une mobilisation que les actions directes elles-mêmes. Tout comme le montage et le démontage des infrastructures, l'organisation de sorties et d'inventaires naturalistes et le chant des révoltes passées sont essentiels pour faire de ces temps forts des moments de joie et de reliance marquants. Quelle que soit notre manière de contribuer, ce qui compte finalement c'est d'occuper un maximum d'espaces-temps avec nos corps, de creuser les failles de l'agro-industrie avec notre rage et de remplir ses interstices avec notre détermination afin de la repousser partout où elle se manifeste, à chaque fois qu'elle se manifeste – ne lui laisser aucun répit et espérer, un jour, la faire reculer pour de bon.

Repenser notre rapport aux mondes

La transformation du monde passe aussi par la transformation de soi

La responsabilité des individus comme premier levier d'action face au dérèglement climatique et à l'érosion de la biodiversité est un leurre que les industriels et les responsables politiques adorent agiter sous nos yeux désespérés. L'insistance des messages publicitaires, médiatiques ou politiques sur la responsabilité « éco-citoyenne » est même, comme l'a parfaitement démontré le chercheur Jean-Baptiste Comby, profondément dépolitisante. En plus de cela, elle fait table rase des inégalités de classe en mettant au même niveau les habitants d'une passoire thermique au SMIC et les patrons de multinationales (rappelons au passage que, d'après une étude publiée en 2022 dans *Nature Sustainability*, les 10 % les plus riches de la planète ont émis près de la moitié des émissions de CO_2 en 2019, et la moitié la plus pauvre de la population mondiale seulement 12 %).

Bien que cette dépolitisation basée sur la responsabilité des individus existe, elle ne doit pas occulter deux choses :

premièrement, le changement de régime alimentaire (arrêter d'acheter des aliments issus de l'agro-industrie et favoriser autant que possible les aliments bruts, bio, végé, locaux, issus d'une agriculture paysanne) est absolument crucial pour cesser d'alimenter l'agro-industrie et peser sur les équilibres du monde. Deuxièmement, il ne faut pas oublier l'importance du changement *intérieur* – un changement qui s'étend bien au-delà de nos pratiques au quotidien : il s'agit en réalité de revoir en profondeur nos croyances, nos modes de pensées et nos façons d'être en relation.

Travailler sur soi pour pour agir ensemble

Lorsque l'on cherche à faire advenir d'autres mondes, que ce soit en luttant contre le système actuel ou en s'organisant pour créer des alternatives, le facteur humain occupe une place centrale. Il me paraît donc essentiel de le considérer lorsque l'on réfléchit à « comment agir ». Je relève trois points centraux dans la réussite (ou l'échec) des projets et des luttes : savoir identifier, individuellement et collectivement, les enjeux de pouvoir, de privilèges et les mécanismes oppressifs que nous avons toutes et tous intériorisés ; la capacité à coopérer, à se comprendre et à s'accueillir tels que nous sommes, là où nous en sommes (soi-même et les autres) ; et enfin l'acculturation aux conflits nécessaire pour traverser les tensions.

Il pourra paraître étrange aux lecteurs et aux lectrices de terminer un livre sur les enjeux agroalimentaires en abordant la thématique des oppressions et des rapports de pouvoir. Cela me tient pourtant à cœur, car beaucoup de personnes qui luttent pour stopper le développement de l'agriculture industrielle et pour faire advenir des alternatives à ce modèle reproduisent, en luttant, des schémas oppressifs. Dans son livre *Pour une écologie pirate* publié en 2023, Fatima Ouassak explique par exemple ce qu'il advient parfois avec le mouvement climat lorsqu'il se met à considérer les quartiers populaires comme une masse de personnes qu'il faudrait « éduquer » ou « engager » : « Cette stratégie d'élargissement du front climat traduit une vision coloniale des quartiers populaires. Elle n'est pas spécifique au mouvement climat, elle s'inscrit dans le continuum colonial du traitement de leurs populations, considérées comme de l'énergie à extraire afin d'élargir tel ou tel front. » De la même façon, des intellectuels ou des néoruraux qui pensent avoir tout compris au monde paysan et disent aux agriculteurs quoi faire peuvent entraîner des réactions de rejet. Au fond, c'est d'un enjeu de liberté et d'interdépendance qu'il s'agit : un monde dans lequel l'agro-industrie aurait disparu au profit de fermes bio en polyculture-élevage et en circuit court ne m'intéresse pas si en parallèle il présente toujours autant de féminicides, d'abus sur mineurs et de violences policières dans les quartiers populaires.

Je renvoie les lecteurs et les lectrices curieux d'en savoir plus sur tous ces sujets vers les innombrables ressources de Miki Kashtan[1] et de Roxy Manning, formatrice

1. Site internet intitulé thefearlessheart.org

afro-américaine de Communication NonViolente® depuis une perspective systémique de justice sociale, ainsi que vers des ouvrages tels que *40 activités pour renforcer son courage social* de Nora El Massioui et Floréal Sotto, ou encore *Comment s'organiser ? Manuel pour l'organisation collective* de Starhawk.

Remplacer le fantasme de délivrance par la perspective de subsistance

Moulin Coz, Morbihan. Je me gare et descends le chemin qui mène jusqu'à la yourte centrale et biscornue de chez Simone. Nous sommes mardi soir, c'est le jour de rencontre hebdomadaire des habitants et des habitantes des environs : on tend l'oreille pour savourer la musique de la pianiste, on déguste les pizzas cuites au feu de bois, on achète des légumes cueillis le matin même et on échange sur les dernières péripéties du monde ou de notre quotidien. Ce lieu, c'est une ferme de onze hectares spécialisée dans la production de légumes anciens – plus de trois cents variétés au total – et sur laquelle des habitants durablement installés ou de passage apprennent à cultiver la terre en permaculture ou en biodynamie, à réparer les machines et à maîtriser les bases de l'éco-construction. Derrière ce lieu rocambolesque où s'articulent habitats légers et serres maraîchères se trouve une femme : Simone. Allemande éprise des terres bretonnes après plusieurs années de voyage, elle est réputée pour sa liberté d'esprit et son enthousiasme à transmettre ses savoir-faire. Je la trouve en train de discuter tranquillement dans la yourte. Je me présente, on échange.

Si j'ai cherché à rencontrer Simone, c'est parce qu'en France Moulin Coz fait partie de ces rares espaces d'émancipation et de réflexion en matière d'agriculture, de reliance au vivant et de vivre-ensemble qui s'inspirent des mouvements éco-féministes des années soixante aux États-Unis. Pour ces mouvements, la domination sur le vivant et sur les femmes vient d'une seule et même oppression. Ainsi, des mouvements écoféministes tentent, dans le monde entier et depuis près d'un siècle, de se réapproprier les terres et l'activité nourricière en même temps qu'ils s'affranchissent des mécanismes de domination patriarcale.

Catriona Sandilands est une écrivaine canadienne réputée pour sa conception de l'écologie queer. Dans un texte paru en France dans le recueil de texte *Reclaim : Anthologie de textes écoféministes* d'Emilie Hache[1], elle revient sur les communautés séparatistes lesbiennes rurales de l'Oregon, dont le but était de s'extraire du capitalisme et de l'agro-industrie. Ses mots résonnent avec ceux que des habitantes de Moulin Coz m'ont partagés : « Pratiquement toutes les femmes auxquelles j'ai parlé considéraient le jardinage comme une pratique cruciale pour l'apprentissage du respect et de la compréhension de la terre ; une partie de leurs travaux manuels était certainement née de la nécessité, mais était aussi devenue un plaisir viscéral et un

1. Cambourakis, 2016.

principe éthique. » Sortie de la propriété privée, accueil des femmes « de toutes classes et de toutes races », réinvention des rapports sensibles aux vivants, spiritualité… La vision et les expériences apportées par ces mouvements constituent une source d'inspiration infinie pour sortir du modèle agro-industriel capitaliste.

À cette inspiration s'ajoute celle des mouvements décoloniaux et de l'écologie décoloniale. Les luttes paysannes dans l'*assentamento*, un ensemble de terres situées à 185 kilomètres de Fortaleza, dans l'État du Ceará sur la côte nord-est du Brésil, en sont un exemple. Les femmes de cette région, dont le travail de la terre et du soin est invisibilisé, s'y battent pour leurs droits (congés maternité, retraite, sécurité sociale…), en même temps qu'elles luttent contre les *latifundia*, de grandes exploitations agricoles pratiquant l'agriculture extensive et possédées par l'élite des planteurs coloniaux. La sociologue Héloïse Prévost a montré que pour les femmes paysannes de l'*assentamento*, le travail militant (contre l'accaparement des terres et la domination des propriétaires terriens coloniaux), le travail de *care* (soin des proches malades, soin de la famille mais aussi soin du territoire, de la forêt, des terres) et le travail productif (dans les jardins agroécologiques, dont une partie est réservée à l'autosubsistance) sont « les trois piliers de la résistance/r-existence ». Approches décoloniales et féministes se fondent ainsi dans les pratiques de ces femmes paysannes en lutte.

Cette perspective de la subsistance d'un point de vue féministe, écologique et décolonial, Maria Mies et Veronika Bennholdt-Thomsen, deux sociologues allemandes, l'ont pensée il y a bien longtemps déjà[1]. Tout comme Aurélien Berlan, auteur de *Terre et liberté*[2], elles invitent chacun et chacune d'entre nous à sortir de cette croyance que la subsistance est une pratique arriérée dont il faudrait se défaire et que le progrès et la technologie vont nous en délivrer. Il s'agit au contraire de se la réapproprier en prenant soin de toutes les formes de vie et de s'extraire, ce faisant, de la domination que les industries agroalimentaires font peser sur notre quotidien. Pour Silvia Federici, se réapproprier un quotidien basé sur l'entraide communautaire, le soutien et le soin est crucial : « Dans un système social voué à la dévalorisation de nos vies, la seule possibilité de survie psychologique et économique réside dans notre capacité à transformer la vie quotidienne en terrain de lutte collective », écrit-elle dans *Réenchanter le monde. Le féminisme et la politique des communs*. Cela ne signifie pas que tout le monde doive quitter les villes pour vivre dans des collectifs ou en autarcie à la campagne (l'hypothèse est peu crédible, et les milieux sauvages ne le supporteraient pas), ni qu'il faille abandonner toutes les technologies, revenir à la bougie ou encore cesser les échanges entre pays, mais de retrouver, autant que faire se peut, des pratiques d'autosuffisance et d'autonomie à l'échelle de quartiers, de communes ou de petits territoires. La perspective de la subsistance est une perspective politique concrète, ancrée dans la matière, qui défend la vie. Que ce soit en cultivant un bout de jardin

1. *La Subsistance. Une perspective écoféministe*, La Lenteur, 2022.
2. La Lenteur, 2021.

ou en donnant des coups de main réguliers aux agriculteurs et aux agricultrices voisins, la perspective de subsistance nous pousse à remettre les mains dans la terre et à reprendre contact avec le vivant.

Voir le vivant qui nous entoure

Nous traversons ce que l'historienne d'art Estelle Zhong Mengual appelle une « crise de notre sensibilité au vivant ». Nous voyons la « nature » comme quelque chose d'abstrait, et le vivant comme un ensemble de « ressources » : de l'eau pour boire et refroidir nos réacteurs nucléaires, des arbres-grumes pour faire des meubles, de la terre pour nous nourrir. Dans les territoires colonisés, comme dans les Antilles, ce changement dans notre perception du monde ne s'est pas fait naturellement au fil du temps : il a été imposé. C'est ce que Malcolm Ferdinand appelle l'« impérialisme ontologique » : en obligeant les peuples colonisés à remplacer la « Terre Mère » par un « Père éternel », en détruisant leurs forêts pour y mettre des plantations, les colons leur ont imposé un changement ontologique et cosmologique. Réapprendre à voir le vivant pour ce qu'il est – à savoir un enchevêtrement d'espèces, de relations et d'interdépendances tissées depuis des millions d'années – me paraît essentiel si l'on veut sortir du modèle agro-industriel dans lequel nous sommes aujourd'hui plongés. Comment faire ? Comment définir les « égards ajustés » de la diplomatie à laquelle nous invite Baptiste Morizot avec les espèces sauvages ?

D'après Estelle Zhong Mengual, pour réapprendre à voir et à sentir il faut deux types d'équipements : un équipement perceptif et un équipement mental, propre à la culture d'une époque. En Europe, près de trois mille écoles maternelles dites « écoles-forêt » se sont développées pour que les enfants grandissent et apprennent *dans* la forêt, *de* la forêt – autrement dit, pour réapprendre à voir. Mais il en existe moins d'une soixantaine en France, et elles coûtent très cher. En dehors du système éducatif, il est évident qu'il est bien plus facile d'effectuer ce travail de déconstruction-reconstruction lorsque l'on a accès aux campagnes, aux fleuves et aux montagnes. Mais la transformation des regards et des relations que l'on entretient avec le vivant n'est pas l'apanage des personnes qui vivent en milieu rural ou des urbains privilégiés qui peuvent voyager où bon leur semble.

À Pantin-Quatre Chemins, quartier populaire du 93 dans lequel j'ai habité pendant plus de sept ans, j'ai aussi vu les vivants dans les fissures du béton et de l'asphalte. Lors du confinement, des botanistes avaient par exemple écrit sur le sol le nom des chélidoines, des pourpiers et des vergerettes qui poussent le long des trottoirs : une façon de permettre aux passants de prendre conscience de leur existence. Une autre fois, mon ami ornithologue Maxime Zucca a posé sa longue-vue devant chez moi. Il avait découvert récemment un nid de faucons pèlerins sur l'une des tours de La Villette, visibles depuis la rue. C'était en 2020, il n'en existait alors que cinq ou six en Île-de-France. Privilégiant les heures de sortie d'école, la pose de la longue-vue a fait fureur : des tas d'enfants et de parents se pressaient à la lunette pour tenter d'apercevoir les rapaces, la magie de l'oculaire les aspirant un instant hors de leur monde de bitume gris pour les projeter dans celui des plumes brunes d'un faucon nouveau-né.

Bâtir des alliances inter-espèces

« Tritons crêté·e·s contre béton armé » : le slogan de la marche organisée lors du rassemblement Enracinons l'avenir, en février 2018 à la zone à défendre de Notre-Dame-des-Landes, donne le ton. Un groupe de chanteurs et de chanteuses révolutionnaires me dépasse, gorges déployées et yeux rieurs, tandis que je me glisse sur le côté pour observer un instant le défilé des dizaines de milliers de personnes venues soutenir la métamorphose de la ZAD : un mois plus tôt, le gouvernement a annoncé l'abandon du projet d'aéroport. L'ambiance est on ne peut plus festive et carnavalesque. J'aperçois soudain un triton géant qui danse et se dandine, tel un immense dragon chinois, entre les manifestants enthousiastes. Il faut dire que les tritons font partie des stars du bocage : comme d'autres espèces sur d'autres territoires, ils ont contribué à faire achopper le projet de bétonisation des terres.

En février 2023, Les Naturalistes des terres ont publié dans la revue *Terrestres* un appel aux botanistes, ornithologues, entomologistes et autres naturalistes à les rejoindre et s'organiser pour réinventer leur mode d'action et penser l'articulation de leurs savoirs avec les luttes locales. « Témoins directs du silence qui progresse » et refusant que le geste naturaliste se résume « à la seule contemplation ou à l'inventaire du désastre », ses membres ont créé une carte de France pour mettre en lien naturalistes amateurs et confirmés avec les luttes locales. En l'espace de six mois, près de mille passionnés s'étaient déjà inscrits pour se mettre en action. Par ailleurs, certains de ces naturalistes s'investissent dans le Conseil national de protection de la nature. Peu connue du grand public, cette instance officielle a été créée en 1946 et modernisée en août 2016 par la loi pour la reconquête de la biodiversité, de la nature et des paysages. Composée de soixante membres, l'une de ses missions consiste à donner un avis sur les plus gros projets qui vont entraîner une destruction du vivant : contournement autoroutier, création d'un golf ou d'un village de vacances… Bien que consultatif, son avis est supposé éclairer les décisions préfectorales ou ministérielles, et il est aussi utilisé par les associations pour appuyer leurs actions juridiques ainsi que par certains juges pour rendre leur décision lorsqu'elle donne raison aux associations.

Réaliser des inventaires naturalistes, trouver une espèce protégée et faire ralentir, voire avorter un projet : c'est probablement l'une des tactiques les plus répandues aujourd'hui pour lutter contre l'artificialisation des sols – une façon de faire qui s'est étendue en même temps que se sont multipliées les actions juridiques. Bien plus qu'une pratique naturaliste utilitariste, où l'on ne chercherait à trouver des espèces que pour défendre un bout de terrain, c'est une véritable alliance inter-espèces qui se crée car il ne s'agit pas seulement d'identifier des espèces protégées pour les brandir en totem protecteur, mais bien de les comprendre, d'apprendre à vivre avec et donc de prendre soin des habitats communs. Certains lieux de lutte ont bien compris l'intérêt et vont jusqu'à créer des conditions d'accueil favorables à la venue de nouvelles espèces, comme au quartier libre des Lentillères de Dijon où une mare a été creusée. Dans *Nous ne sommes pas seuls. Politique des soulèvements terrestres*[1], Léna Balaud et Antoine Chopot rappellent le sens de cette solidarité : « Être solidaire de quelque chose, [...] c'est soutenir l'autre *en tant qu'autre.* » Il ne s'agit pas de s'exprimer au nom de ces espèces, mais de comprendre quelles sont les potentielles causes communes qui nous habitent et de les défendre.

Agriculture et monde sauvage

Et du côté agricole ? Pour transformer notre modèle agroalimentaire de telle sorte que le vivant soit enfin considéré pour ce qu'il est – un ensemble de co-hôtes avec lesquels nous partageons les mers et les terres –, des paysans et des paysannes œuvrent depuis plusieurs années au changement de perception du vivant. Depuis 2017 par exemple, l'association Paysans de nature diffuse et met en place des systèmes agricoles pour lesquels la défense de la biodiversité sauvage est une activité centrale. Annaïg Servain et Matthieu Vaslin, qui élèvent des chèvres dans les Corbières, dans l'Aude, en font partie. Je leur ai rendu visite à plusieurs reprises ces dernières années. En plus de

1. Le Seuil, 2021.

leur activité agricole, ils font partie des rares paysans en France à avoir eu le droit d'installer une placette d'équarrissage naturel collective (il est normalement obligatoire de faire venir un équarrisseur professionnel pour collecter les animaux morts). La placette se situe dans un champ à quelques centaines de mètres de leur maison. Ils attachent les cadavres de chèvres au bout d'une chaîne, ce qui permet de garder les oiseaux près des pièges-photos déposés discrètement autour. Ces derniers servent à suivre individuellement les gypaètes barbus, vautours fauves, vautours percnoptères, vautours moines, milans noirs et aigles royaux venant se nourrir plus ou moins régulièrement, soit grâce à la lecture de leurs bagues (des anneaux numérotés placés autour de leurs pattes), soit par les caractéristiques de leur plumage. Ces placettes sont étudiées car en plus de bénéficier aux rapaces, aux grands corbeaux et aux renards, elles constituent une alternative naturelle, gratuite, non consommatrice d'énergie fossile et plus efficace sur le plan sanitaire que les systèmes d'équarrissage classique.

Un autre exemple de paysans passionnés par les relations entre agriculture et monde sauvage, ce sont Elsa Gärtner et Sébastien Blache. Ils élèvent dans la ferme du Grand Laval, dans la plaine de Valence, des brebis et des poules en polyculture-élevage : en plus des animaux ils cultivent des fruitiers, des céréales et des légumineuses sur une trentaine d'hectares. Je me souviens d'une de mes visites, en juin 2022. Je trouve Elsa à peine sortie de l'atelier de poules pondeuses en train de courir pour préparer la réunion de travail de leur association Fermes paysannes et sauvages. Sébastien, naturaliste et ornithologue, vient de terminer de s'occuper des fruitiers ; nous remontons la route qui va de leur épicerie-salle de réunion à leur bergerie. Il indique d'un geste le cours d'eau qui circule en parallèle de l'asphalte : lorsqu'il est arrivé sur la ferme il y a un peu plus de dix ans, le cours d'eau filait droit et ses berges étaient d'une grande monotonie florale. Depuis, il a demandé à la mairie d'arrêter d'en raser les bords, a récupéré des bouts de branches de saules qu'il a plantées directement dans le sol et a créé des mini-barrages de branches pour le faire déborder à certains endroits, sur le champ à côté de sa bergerie. J'ai presque du mal à y croire : sous nos yeux se trouve un formidable ruisseau ombragé par tout un tas d'arbustes et de ronciers, on y aperçoit plusieurs espèces de poissons, des tas d'insectes en peuplent les berges, le martin-pêcheur vient s'y nourrir et, lors des migrations, des bécassines sourdes et des chevaliers s'envolent sous nos pas lorsque nous nous approchons des zones nouvellement inondées.

En fait, c'est toute la ferme d'Elsa et Sébastien qui est pensée pour cohabiter avec les espèces sauvages : des perchoirs ont été plantés dans les champs pour accueillir les rapaces mangeurs de mulots (qui eux-mêmes mangent les récoltes), des nichoirs d'oiseaux et de chauves-souris sont accrochés sur tout le pourtour de la maison et d'une partie de la bergerie (si on tombe au bon moment, on peut y voir une chouette effraie et une chouette chevêche s'y ambiancer), des murs de pierre ont été ajoutés sur certaines parcelles pour permettre à de nouvelles espèces de mousses de s'y déposer, des branches et des pierres sont entassées en bordure de parcelles pour inviter lapins, lézards, champignons et autres espèces du coin à s'y installer confortablement.

En matière de pratiques agricoles, Elsa et Sébastien n'utilisent aucun intrant chimique, ils récoltent leurs cultures et leur foin le plus tard possible pour laisser le temps aux oiseaux et aux insectes des champs de s'y reproduire et laissent des bandes non récoltées pour servir de refuge. Ils ont planté des haies bordées de larges bandes enherbées et fleuries pour permettre aux pollinisateurs de trouver de quoi manger presque toute l'année. Les inventaires naturalistes ont permis de recenser en un an et demi pas moins de deux mille espèces de plantes, fleurs, animaux, champignons et autres espèces sauvages sur les trente-cinq hectares de l'exploitation. D'un point de vue économique enfin, leur ferme fonctionne très bien : ils vendent leur production en circuit court et en tirent des salaires tout à fait décents.

En parallèle, avec l'aide de Baptiste Morizot, Estelle Zhong Mengual, Maxime Zucca, Brice le Maire et des paysans des environs, Elsa et Sébastien ont créé une véritable dynamique paysanne autour des questions de cohabitation avec le vivant et le réseau local des Fermes paysannes et sauvages s'agrandit. Brice installe des nichoirs par centaines pour favoriser les chauves-souris et les mésanges insectivores dans les fermes du département et de la France entière, une façon d'enclencher une collaboration assumée de la part des paysans avec les espèces sauvages. Désormais, les paysans du réseau s'échangent davantage de messages concernant la nouvelle chenille mystérieuse ou le serpent magnifique qu'ils ont observé qu'à propos de leurs pratiques agricoles. Plus que des alliances, ce sont de véritables relations qu'ils ont nouées avec les espèces sauvages, qui les traversent et les façonnent tout autant qu'eux-mêmes façonnent leurs champs et leurs paysages.

Et maintenant ?

Je ne sais pas si le souffle de nos actions suffira à faire vaciller les voiles de l'agro-capitalisme. Le système est dense, complexe, verrouillé de toutes parts. Peut-être qu'elles ne feront que l'effleurer, mais que les crises climatiques et sanitaires achèveront de le faire virer de bord… Ou bien peut-être qu'il nous entraînera dans sa chute. Car le bateau-monde dans lequel nous sommes embarqués n'a pas de rivage sur lequel se réfugier ; il est la mer et le rivage en même temps. Il n'y a donc pas d'échappatoire : il faut changer de cap, ou couler toutes et tous ensemble. « Dans l'immensité de l'incertitude se trouve de la place pour agir », écrit l'écrivaine et activiste américaine Rebecca Solnit dans *Hope in the dark*. C'est bien de cela qu'il s'agit : faute de connaître la fin de l'histoire, on lutte. L'heure n'est plus au désespoir ; des événements terribles ont lieu, mais également des avancées immenses : l'espoir consiste à regarder ces réalités en face, sans sombrer dans un récit du « tout va bien » ou du « tout va mal ». Comme le disait le poète allemand Bertolt Brecht : « Celles et ceux qui luttent ne sont pas sûrs de gagner, mais celles et ceux qui ne luttent pas ont déjà perdu. »

Au milieu de cet océan d'incertitudes, il y a une chose dont je suis persuadée : la transformation du modèle agro-industriel hégémonique vers des modèles vertueux et diversifiés nécessite que l'on s'implique collectivement dans la définition de notre alimentation : avec tous les mangeurs, et tous les producteurs. Face à l'agro-industrie, il nous faut faire front commun. Et si cela nécessite de lutter contre les projets destructeurs, l'influence des lobbies et la toute-puissance des multinationales, tout commence dans notre assiette : en faisant le choix quotidien d'une alimentation qui rémunère les producteurs, et qui prend soin de la planète et de notre santé, nous pouvons d'ores et déjà préfigurer d'autres mondes. Manger moins de viande et de poisson, augmenter sa consommation de légumes et de légumes secs, cuisiner des produits bruts, s'approvisionner auprès des éleveurs et des agriculteurs bio et locaux autant que possible : si toutes les personnes qui ont un tant soit peu de marge de manœuvre pour faire cela le faisaient, l'impact sur notre société serait sans aucun doute majeur.

Toutes ces évolutions ne seront pas faciles, car ce n'est pas d'améliorations à la marge que nous avons besoin : c'est d'une transformation profonde de nos façons de penser, de manger et de vivre ensemble – et cela ne pourra advenir sans inconfort, ni sans effort. Le rapport de force avec l'agro-industrie et l'État doit être assumé, tout comme il va falloir s'armer de beaucoup de patience et de persévérance pour monter les millions d'alternatives dont notre société a tant besoin. La bonne nouvelle, c'est qu'en plus d'être celui de l'inconfort et de l'effort, ce chemin est celui de l'interdépendance, de la joie, du sensible et de la découverte. Et qui sait ? Au bout du sentier se trouve possiblement un monde où chacun, chacune peut choisir son alimentation, où les paysans et les paysannes sont nombreux et fiers de leur métier et où la vie dans les campagnes et les océans fleurit.

BIBLIOGRAPHIE

Par souci de concision, cette bibliographie ne présente qu'une partie des trois cents références sur lesquelles ce livre s'appuie. Pour retrouver la bibliographie complète, rendez-vous sur le profil LinkedIn de l'auteure : https://www.linkedin.com/in/laure-ducos-a5a3ba86/

OUVRAGES

Association Carpelle, *Sans fumier ! Manuel de maraîchage biologique sans intrant d'élevage pour un futur soutenable*, 2021

Baptiste Morizot, *Raviver les braises du vivant*, Éditions Actes Sud, 2020

Catriona Sandilands, *Womyn's land : communautés séparatistes lesbiennes rurales en Oregon,* in *Reclaim – Anthologie de textes écoféministes*, Éditions Cambourakis, 2016

Éric Birlouez, *Histoire de l'alimentation des Français*, Éditions Ouest-France, 2022

Fatima Ouassak, *La Puissance des mères, pour un nouveau sujet révolutionnaire*, La Découverte, 2020 ; *Pour une écologie pirate, et nous serons libres*, La Découverte, 2023

Hors-série *Ces terres qui se défendent, Socialter*, hiver 2022-2023

Inès Léraud, Pierre Van Hove, *Algues vertes, l'histoire interdite*, Éditions Delcourt, 2019

Isabelle Attard, *Comment je suis devenue anarchiste*, Éditions du Seuil, 2019
James C. Scott, *L'Œil de l'État, Moderniser, uniformiser, détruire*, La Découverte, 2021
Jessica Oublié, Nicola Gobbi, Vinciane Lebrun, *Tropiques toxiques,* Éditions Les Escales, 2021
Laura Petersell, Kévin Certenais, *Régime général ! Pour une Sécurité sociale de l'alimentation*, Éditions Riot, 2022
Malcolm Ferdinand, *Une écologie décoloniale. Penser l'écologie depuis le monde caribéen*, Éditions du Seuil, 2019
Marta Zaraska, *Meathooked : The History and Science of Our 2.5-Million Year Obsession with Meat*, Basic Books, 2016
Maud Bénézit et Les paysannes en polaire, *Il est où le patron ?*, Éditions Marabout, 2021
Maud Dugrand, *La Petite République de Saillans – Une expérience de démocratie participative,* Éditions du Rouergue, 2020
Naomi Klein, *La Stratégie du choc : la montée d'un capitalisme du désastre*, Éditions Actes Sud, 2013
Naomi Oreskes et Erik M. Conway, *Les Marchands de doute*, Éditions Le Pommier, 2021
Nastassja Martin, *Croire aux fauves*, Éditions Verticales, 2019
Nicolas Bricas, Damien Conaré, Marie Walser, *Une écologie de l'alimentation*, Éditions Quae, 2021
Nicolas Legendre, *Silence dans les champs,* Éditions Arthaud, 2023
Noémie Calais, Clément Osé, *Plutôt nourrir, l'appel d'une éleveuse*, Éditions Tana, 2022
Paul Ariès, *Une histoire politique de l'alimentation. Du paléolithique à nos jours*, Éditions Max Milo, 2016
Rebecca Solnit, *Hope in the dark, The Untold History of People Power*, Éditions Canongate Books Ltd, 2005
Silvia Federici, *Réenchanter le monde. Le féminisme et la politique des communs*, Éditions Entremonde, 2022
Stéphane Horel, *Lobbytomie, comment les lobbies empoisonnent nos vies et la démocratie*, La Découverte, 2018

Tanguy Martin, *Cultiver les communs. Une sortie du capitalisme par la terre*, Éditions Syllepse, 2023
Val Plumwood, *L'Œil du crocodile. L'humanité comme proie,* Éditions Wildproject, 2021
Yannick Ogor, *Le Paysan impossible – récits de luttes*, Éditions du bout de la ville, 2017

PUBLICATIONS SCIENTIFIQUES

Anses, *Étude individuelle nationale des consommations alimentaires 3 (INCA 3)*, Rapport d'expertise collective, Saisine 2014-SA-0234, 2017
Axel Mie, Helle Raun Andersen, Stefan Gunnarsson, Johannes Kahl, Emmanuelle Kesse-Guyot, Ewa Rembialkowska, Gianluca Quaglio & Philippe Grand-jean, « Human health implications of organic food and organic agriculture : a comprehensive review », *Environmental Health*, 16(1) : 111, PMID : 29073935 ; PMCID : PMC5658984, doi : 10.1186/s12940-017-0315-4, 2017
Bénédicte Michalon et Serge Weber, « Éditorial : Les migrations internationales au cœur de l'agriculture et de l'agroalimentaire industriels », *Revue européenne des migrations internationales*, vol. 38, no. 3-4, pp. 7-18, doi : 10.4000/remi.20963, 2022
Bernard Srour, Léopold K. Fezeu, Emmanuelle Kesse-Guyot, Benjamin Allès, Caroline Méjean, Roland M Andrianasolo, et al., « Ultra-processed food intake and risk of cardiovascular disease : prospective cohort study (NutriNet-Santé) », *BMJ*, 365 : l1451 doi : 10.1136/bmj. l1451, 2019
Carine Barbier, Christian Couturier, Prabodh Pourouchottamin, Jean-Michel Cayla JM., Marie Sylvestre, Ivan Pharabod, *Empreinte énergétique et carbone de l'alimentation en France – de la production à la consommation,* Club Ingénierie Prospective Énergie et Environnement, IDDRI, ADEME, Collection Expertises, 2019
Frédéric Le Manach, Jennifer Jacquet, Megan Bailey, Charlène Jouanneau, Claire Nouvian, « Small is beautiful, but large is certified : A comparison between fisheries the Marine Stewardship Council (MSC) features

in its promotional materials and MSC-certified fisheries », *PLoS ONE* 15(5) : e0231073, doi : 10.1371/journal. pone.0231073, 2020

Joseph Poore & Thomas Nemecek, « Reducing food's environmental impacts through producers and consumers », *Science*, 360 (6392), 987-992, 2018

Luc Multigner, Jean Rodrigue Ndong, Arnaud Giusti, Marc Romana, Helene Delacroix-Maillard, Sylvaine Cordier, Bernard Je´gou, Jean Pierre Thome et Pascal Blanchet, « Chlordecone Exposure and Risk of Prostate Cancer », *Journal of clinical oncology*, Vol. 28, n° 21, 2010

Mark Ryan, « Agricultural Big Data Analytics and the Ethics of Power », *Journal of Agricultural and Environmental Ethics*, 33 :49–69, doi : 10.1007/s10806-019-09812-0, 2020

Matthieu Maillot, Florent Vieux, Fabien Delaere, Anne Lluch, Nicole Darmon, « Dietary changes needed to reach nutritional adequacy without increasing diet cost according to income : An analysis among French adults », *PLoS One*. Mar 30 ; 12(3) : e0174679. PMID : 28358837 ; PMCID : PMC5373615, doi : 10.1371/journal. pone.0174679, 2017

RÉFÉRENCES INSTITUTIONNELLES

Agreste, *Graph'Agri 2022 : l'agriculture, la forêt, la pêche et les industries agroalimentaires*, ministère de l'Agriculture et de la Souveraineté alimentaire, 2022

Centre d'étude et de prospectives du ministère de l'Agriculture et de l'Alimentation, *Actif'Agri : transformations des emplois et des activités en agriculture*, 2021

FAO, FIDA, OMS, PAM et UNICEF, *L'État de la sécurité alimentaire et de la nutrition dans le monde 2022. Réorienter les politiques alimentaires et agricoles pour rendre l'alimentation saine plus abordable*, Rome, FAO, 2022

FAO, *La Situation mondiale des pêches et de l'aquaculture 2022. Vers une transformation bleue*, 2022

FranceAgriMer, *Pêche et Aquaculture, Chiffres clés de FranceAgriMer. Les filières pêches et aquaculture en France,* 2021

Haut Commissariat au Plan, *Série « L'agriculture : enjeu de reconquête ». La France est-elle une grande puissance agricole et agroalimentaire ?*, 2021

Haut Conseil pour le Climat, *Acter l'urgence, engager les moyens, rapport annuel 2023*, 2023

Organisation internationale du Travail, *Les Régimes de migration saisonnière : repenser leurs principes et mécanismes fondamentaux à la lumière du COVID-19*, note d'information 2020

Santé Publique France, *Nombre et fractions de cancers attribuables au mode de vie et à l'environnement en France métropolitaine en 2015 : résultats principaux*, 2018

World Health Organization, *Protecting children from the harmful impact of food marketing : policy brief*, 2022

ÉTUDES & ENQUÊTES ASSOCIATIVES

BASIC, Fondation pour la Nature et l'Homme, *Étude des financements publics et privés liés à l'utilisation agricole de pesticides en France*, 2021

BLOOM, *Violence en boîte : brutalité et violations des droits humains dans l'industrie du thon*, 2023

Générations Futures, UFC-Que Choisir, *Pesticides dans l'eau du robinet : la réglementation fait l'impasse sur les perturbateurs endocriniens*, 2021

Greenpeace France, *Vérités de campagne. Le double discours du syndicalisme agricole au pouvoir*, 2019

L214, Enquête *Les poissons aussi ressentent la douleur, Et si nous les laissions hors de notre assiette ?*, 2018

Ligue contre l'obésité, *Forte progression de l'obésité en France en 2020,* Étude ObÉpi-Roche, 2020

Oxfam, *Quand la souffrance rapporte gros*, 2022

Réseau Action Climat, *L'Heure des comptes pour les supermarchés*, 2023

Secours catholique Caritas France, *Précarité alimentaire : quelles recettes pour en finir ?*, Résolutions, supplément au journal messages n° 752, 2021

Terre de Liens, *La Propriété des terres agricoles en France, à qui profite la terre ?*, L'état des terres agricoles en France n° 2, 2023

REMERCIEMENTS

Ce livre n'existerait pas sans Mathieu Vidard, qui en a eu l'idée et me l'a proposée : un immense merci pour sa confiance, son soutien et sa bienveillance tout au long de cette aventure ; travailler ensemble a été un véritable plaisir. Une pluie de mercis à Maxime Zucca et Julien B., qui m'ont soutenue dès les prémices du projet, ainsi qu'à Solenn Boiziau, qui m'a accompagnée jusque dans les derniers instants : tous les trois m'ont fait d'innombrables et précieux retours, tant sur le fond que sur la forme. Mille mercis également aux personnes tout aussi expertes que passionnées qui ont pris le temps de m'apporter leurs conseils malgré les périodes chargées dans lesquelles elles se trouvaient : Thomas Uthayakumar, Victoire Guillonneau, Sarah Bienaimé, Elyne Etienne, Caem A. Un merci particulier à Quentin Rochat, pour ses retours mais aussi pour avoir pris en charge une grande part de la cuisine quotidienne dans notre collectif, ce qui m'a permis de me consacrer au mieux à l'écriture de ce livre tout en savourant d'excellents plats. Merci au soutien précieux de toutes les personnes qui, chacune sur leur sujet d'expertise, m'ont permis d'affiner et de compléter mes arguments sur des points précis : Xavier Poux, Anthony Fardet, Charlie Brocard, Alice Macia, Jesse Robert, Marie-Lou Bachélery, Laurence Marty, Anne Sophie Simpere, Tanguy Martin, Sébastien Demange, Christophe Ganno, Valérie Le Brenne, Alessandro Pignocchi. Un merci spécial et plein de paillettes pour le travail de Luce Gardais, qui a relevé le défi de réaliser en l'espace de quelques semaines des planches de dessin pour illustrer le propos de ce livre. Merci enfin à Charles Dantzig ainsi qu'à toutes les personnes des Éditions Grasset pour leur accompagnement dans l'édition de cet ouvrage.

TABLE

3. Reprendre le pouvoir

DANS LA MÊME COLLECTION

L'Odyssée des fourmis, Audrey Dussutour et Antoine Wystrach

L'Hypothèse K., Aurélien Barrau

Cet ouvrage a été achevé d'imprimer sur Roto-Page
par l'Imprimerie Floch à Mayenne
pour le compte des Éditions Grasset
en janvier 2024

Mise en pages
PCA 44400 Rezé

PAPIER À BASE DE FIBRES CERTIFIÉES

Grasset s'engage pour l'environnement en réduisant l'empreinte carbone de ses livres. Celle de cet exemplaire est de :
650 g éq. CO_2
Rendez-vous sur www.grasset-durable.fr

N° d'édition : 23028 – N° d'impression : 103707
Dépôt légal : février 2024
Imprimé en France